MW00480139

Lysias I and Plato's Crito

Greek Text with Facing Vocabulary and Commentary

Geoffrey Steadman

Lysias I and Plato's Crito
Greek Text with Facing Vocabulary and Commentary

1ˢᵗ edition

© 2012 by Geoffrey D. Steadman

revised June 2014

All rights reserved. Subject to the exception immediately following, this book may not be reproduced, in whole or in part, in any form (beyond that copying permitted by Sections 107 and 108 of the U.S. Copyright Law and except by reviewers for the public press), without written permission from the publisher.

The author has made an online version of this work available (via email) under a Creative Commons Attribution-Noncommercial-Share Alike 3.0 License. The terms of the license can be accessed at creativecommons.org.

Accordingly, you are free to copy, alter, and distribute this work freely under the following conditions:

(1) You must attribute the work to the author (but not in any way that suggests that the author endorses your alterations to the work).
(2) You may not use this work for commercial purposes.
(3) If you alter, transform, or build upon this work, you may distribute the resulting work only under the same or similar license as this one.

The Greek text for Lysias I is from the edition by Karl Hude first published by Oxford University Press in 1912. The Greek for Plato's Crito is from the edition by John Burnet, first published by Oxford University Press in 1903.

ISBN-13: 978-0-9843065-6-5
ISBN-10: 0-9843065-6-0

Published by Geoffrey Steadman
Cover Design: David Steadman

Fonts: Times New Roman, GFS Porson, New Athena Unicode

geoffreysteadman@gmail.com

Table of Contents

Lysias I

Crito

Glossary

Preface to the Series

The aim of this commentary is to make both Lysias I: *On the Murder of Eratosthenes* and Plato's *Crito* as accessible as possible to intermediate-level Greek readers so that they may experience the joy, insight, and lasting influence that comes from reading some of the greatest works in classical antiquity in the original Greek.

Each page of the commentary includes 9-10 lines of Greek text, exactly one-third of a page from Hude's 1912 Oxford Classical Text of Lysias I or one-third of a page from Burnet's 1903 Oxford Classical Text of Plato's *Crito*, with all corresponding vocabulary and grammar notes arranged below. The vocabulary includes all words occurring nine or fewer times, organized alphabetically, while the grammatical notes are arranged according to line numbers. The advantage of this format is that it allows me to include as much information as possible on a single page and yet insure that the numerous commentary entries are distinct and readily accessible to readers.

To complement the vocabulary within the commentary, I have added a very short core list of words occurring 10 more times in the preface of each commentary and recommend that readers review this list before they begin reading. Together, this book has been designed in such a way that, once readers have mastered the core list, they will be able to rely solely on the Greek text and commentary and not need to turn a page or consult outside dictionaries as they read. Readers who desire a more extensive vocabulary review may consult a running list of 327 highly frequent Greek words available in the glossary of this commentary.

The grammatical notes are designed to help beginning readers read the text, and so I have passed over detailed literary, historical, and philosophical explanations in favor of short, concise, and frequent entries that focus exclusively on grammar and morphology. The notes are intended to complement, not replace, an advanced level commentary. Assuming that readers finish elementary Greek with varying levels of ability, I draw attention to subjunctive and optative constructions, identify unusual aorist and perfect forms, and in general explain aspects of the Greek that they should have encountered in first year study but perhaps forgotten. As a rule, I prefer to offer too much assistance rather than too little.

Better Vocabulary-Building Strategies

One of the virtues of this commentary is that it eliminates time-consuming dictionary work. While there are many occasions where a dictionary is absolutely necessary for developing a nuanced reading of the Greek, in most instances any advantage that may come from looking up a word and exploring alternative meanings is outweighed by the time and effort spent in the process. Many continue to defend this practice, but I am convinced that such work has little pedagogical value for intermediate and advanced students and that the time saved by avoiding such drudgery can be better spent reading more Greek, memorizing vocabulary, mastering principal parts, reviewing morphology, and reading advanced-level commentaries and secondary literature.

As an alternative to dictionary work, this commentary offers two approaches to building knowledge of vocabulary. First, I isolate the most common words (10 or more times) for immediate drilling and memorization. These words are not included elsewhere in the commentary but have been gathered into a running list in the introduction to this book. Second, I have included a eight-page running vocabulary of 327 high frequency words in the glossary of this volume. Readers who want a quick review of core vocabulary before reading should consult and master the core list; while those who desire a regular review of vocabulary may single out, drill and memorize the high frequency vocabulary. Altogether, I am confident that readers who follow this regimen will learn Greek more efficiently and develop fluency more quickly than with traditional methods.

Print on Demand Books

This volume is a self-published, print-on-demand (POD) book, and as such it gives its author distinct freedoms and limitations that are not found in traditional publications. After writing this commentary, I simply purchased an ISBN number (the owner is *de facto* the publisher) and submitted a digital copy for printing. The most significant limitation of a POD book is that it has not undergone extensive peer-review or general editing. This is a serious shortcoming that should make readers wary. Because there are so many vocabulary and commentary entries, there are sure to be typographical and factual errors that an extra pair of eyes would have spotted immediately. Until all of the mistakes have been identified and corrected, I hope the reader will excuse the occasional error.

The benefits of POD, however, outweigh the costs. This commentary and others in the series simply would not exist without POD. Since there is no traditional publisher acting as a middle man, there is no one to deny publication of this work because it may not be profitable *for the publisher*. In addition, since the production costs are so low and there is no publishing company which needs to recover its own investment, I am able to offer this text at a low price of my own choosing. If I wish to make revisions or publish a second, third, or fourth edition, I alone make the decision. Finally, since this book is no more than a .pdf file waiting to be printed, I am able to make corrections and place a revised edition of a POD book for sale in as short as 24 hours. In this regard, we should liken PODs to software instead of typeset books. Although the first edition of a POD may not be as polished as a traditional book, I am able to respond very quickly to readers' recommendations and criticisms and create an emended POD that is far superior to previous editions. Consider, therefore, what you hold in your hand as an inexpensive beta version of the commentary. If you would like to recommend changes or download a free .pdf copy of any of the books in this series, please see one of the addresses below. All criticisms are welcome, and I would be grateful for your help.

Lastly, I would like to thank Dr. Tarik Wareh, Lisa Baerga, Christopher Boyd, Olivia Fitzgerald, Tom Walker, and in particular K.P. from Adelaide, Australia for reading through earlier versions of this commentary and recommending changes. Their astute observations have saved readers from numerous omissions and embarrassing gaffes throughout the work.

Geoffrey Steadman, Ph.D.
geoffreysteadman@gmail.com
www.geoffreysteadman.com

How to Use this Commentary

Research shows that, as we learn how to read in a second language, a combination of reading and direct vocabulary instruction is statistically superior to reading alone. One of the purposes of this book is to encourage active acquisition of vocabulary.

1. Master the Running High Frequency List.

A. Develop a daily regimen for reviewing vocabulary and learning principal parts before you begin reading. Review and memorize the words in the running high frequency list (pp. 133-140) *before* you read the corresponding pages in Greek.

B. Download and use the digital flashcards available online in .ppt or .jpg formats (www.geoffreysteadman.com). Research has shown that you must review new words at least seven to nine times before you are able to commit them to long term memory, and flashcards are efficient at promoting repetition. As you review, delete flashcards that you have mastered and focus your efforts on the remaining words.

2. Read actively and make lots of educated guesses

One of the benefits of traditional dictionary work is that it gives readers an interval between the time they encounter a questionable word or form and the time they find the dictionary entry. That span of time often compels readers to make educated guesses and actively seek out understanding of the Greek.

Despite the benefits of corresponding vocabulary lists, there is a risk that without that interval of time you will become complacent in your reading habits and treat the Greek as a puzzle to be decoded rather than a language to be learned. *Your challenge, therefore, is to develop the habit of making an educated guess under your breath each time before you consult the commentary.* If you guess correctly, the vocabulary and notes will reaffirm your understanding of the Greek. If you answer incorrectly, you will become more aware of your weaknesses and therefore more capable of correcting them.

3. Reread a passage immediately after you have completed it.

Repeated readings not only help you commit Greek to memory but also promote your ability to read the Greek as Greek. You learned to read in your first language through repeated readings of the same books. Greek is no different. The more comfortable you are with older passages the more easily you will read new ones.

4. Reread the most recent passage immediately before you begin a new one.

This additional repetition will strengthen your ability to recognize vocabulary, forms, and syntax quickly, bolster your confidence, and most importantly provide you with much-needed context as you begin the next selection in the text.

5. Consult an advanced-level commentary for a more nuanced interpretation

After your initial reading of a passage and as time permits, consult some of the literature in the selected bibliography for a more detailed and learnéd discussion than this commentary can provide.

A Note for Greek Instructors

Many of the features of this book are the result of requests made by instructors in third-semester Greek courses. In other books in this series, I have tabulated running core vocabulary lists for words that occur in high frequency *within* the Greek text that is the focus of the commentary. Such a method allows readers to focus vocabulary review exclusively on words that are specific to the author and the work at hand.

Since, however, this commentary on Lysias I and the *Crito* will be used in third-semester college courses and Greek instructors desire a broader review of the vocabulary that students may have encountered in first-year Greek, I decided to create a running high frequency list of all the words in Lysias I and *Crito* that are *also* found in a general high frequency list of *all words in Classical Greek literature* (see p. 133-140). The result is an extensive eight-page 327-word running vocabulary list that includes (1) words that may not occur frequently in Lysias I or the *Crito* but are highly useful in future courses and (2) words that readers have encountered in first-year Greek but must review and know nonetheless.

Below are recommendations on how to use all of the features of this book:

1. Since students no longer need to dedicate time to dictionary work, require that they take regular vocabulary, verb stem, and morphology quizzes.

The running high frequency list includes the page number in the commentary where the word first occurs. If you ask students to prepare the Greek for pages 2-4, for example, consider also asking them to review the corresponding high frequency words in the glossary for a short vocabulary quiz at the beginning of each class. Principal parts lists, running and alphabetical, are conveniently available on the website for instructors who want students to review specific verbs for assessment.

2. Require that students use the Greek-only pages when reviewing in class.

The Greek-only pages have been added at the request of Greek instructors who wish to set an appropriate level of expectations for classroom review and want students to avoid the temptation of looking at vocabulary lists and grammar notes when asked to translate or identify forms and constructions in class.

3. Download the free .pdf and copy and paste relevant vocabulary lists and the Greek text for presentations, quizzes, and exams.

Since all of the Greek is written in unicode, it is easy to copy (ctrl+c) and paste (ctrl+v) text or vocabulary directly from the .pdf into a document for translation quizzes and tests. If you wish to preserve the formatting of the original, simply enlargen the .pdf on the computer screen and take an image capture of the passage you wish to copy (Shift+Command+4 on a Mac, Alt+Prt Scr or 'Snipping Tool' on a PC) and insert the resulting image into your document. Finally, if you want to design an impromptu whiteboard presentation, just enlargen the .pdf on a computer or tablet and project the image onto a whiteboard screen.

A Very Short Introduction to Lysias I for the Intermediate Reader

We must never forget, or fail to appreciate, the extraordinary technology that allows us to bring the past to the present. Imagine if the world were suddenly to discover an intelligible signal from a star 2400 light-years away. We would scramble as a people to find a way to interpret those signs. We would share our insights freely with others, debate the validity of what we had deciphered, and offer alternative readings. We would pool our resources and develop public institutions, where we would seek to preserve our understanding and pass on what we had learned to others so that they might reinterpret and reflect on what they had observed. Our hope, above all, would be not merely to add to the encyclopedia of knowledge but, through similarities and differences with that alien world, to discover more about what it means to be human. To the untrained, such a discipline might seem impractical, useless to confront the problems of the modern world; but to others, such learning would expand our imagination and help us realize to what extent our lives are the sum of forces and choices of which we are knowingly or unknowingly a part. Through the study of this 2400-year-old alien world, we would learn how to live more deliberately.

For many Greek students, Lysias I is the first work that they read after an initial study of grammar. The speech is suitable not only because it is of manageable size and conveniently reinforces many of the lessons of first-year study but also because it offers remarkable insight into both the public and private lives of the Greeks. Lysias (ca. 445-380) was a *logographer*, a speechwriter hired, in this case, to write a speech defending an ordinary Athenian named Euphiletus on the charge of the murder of Eratosthenes, a adulterer caught in bed with Euphiletus' wife. While a jury might excuse such a killing if Euphiletus acted out of the passion of the moment, the prosecution argues that the murder was premeditated and the defendant should be punished. In addition to providing a window into Athenian law and the domestic lives of the Athenians, the speech reveals Lysias' skill in responding to the rhetorical challenge of the work: how to depict the killing as unpremeditated and yet make the husband Euphiletus not appear so naïve as to incur the contempt of the jurors.

Lysias I Core Vocabulary (10 or more times)

The following is an alphabetized list of all words that occur ten or more times in the Lysias I. These words are not included within the vocabulary in the commentary and therefore must be reviewed and mastered as soon as possible. The end of the dictionary entry, both below and throughout the commentary, indicates the number of ccurrances of the word in the entire speech. The number counts were tabulated by the author.

ἀλλά: but, 15
ἀνήρ, ἀνδρός, ὁ: man, husband, 27
ἄν: modal adv., 21
ἄνθρωπος, ὁ: human being, person, 10
ἅπας, ἅπασα, ἅπαν: every, quite all, 10
αὐτός, -ή, -ό: -self; he, she, it; the same, 47
δέ: but, and, on the other hand, 69
δύναμαι: to be able, can, be capable, 20
ἐγώ: I, 75
ἐκ, ἐξ: out of, from (+ gen.), 15
ἐκεῖνος, -η, -ο: that, those, 27
ἐμός, -ή, -όν: my, mine, 10
ἐν: in, on, among. (+ dat.), 16
ἐπειδή: when, after, since, because, 11
ἐπί: near, at (+ gen.), to, toward (+ acc), near, at (+ dat.), 15
ἔχω: to have, hold, possess; be able; be disposed, 13
εἰ: if, whether, 13
εἰς: into, to, in regard to (+ acc.), 21
εἰμί: to be, exist, 161
εἰσ-έρχομαι: to go in, enter, 12
γάρ: for, since, 31
γίγνομαι: to come to be, become; be born, 19
γυνή, γυναικός, ἡ: a woman, wife, 20
ἤ: or (either...or); than, 18
ἡγέομαι: to lead; consider, think, believe, 14
καί: and, also, even, too, 107
κελεύω: to bid, order, command, exhort, 13
λαμβάνω: to take, receive, catch, grasp, 12
μέν: on the one hand, 34
μή: not, lest, 12
νόμος, ὁ: law, custom, 19
ὅς, ἥ, ὅ: who, which, that, 20
ὅτι: that; because, 17
οἶδα: to know, 21
οἰκία, ἡ: a house, home, dwelling, 10
οὗτος, αὕτη, τοῦτο: this, these, 51
οὖν: and so, then; at all events, 10
οὐ, οὐκ, οὐχ: not, 21
οὐδ-είς, οὐδε-μία, οὐδ-έν: no one, nothing, 15

οὔ-τε: and not, neither...nor, 11
οὕτως: in this way, thus, so, 17
πᾶς, πᾶσα, πᾶν: every, all, the whole, 18
περί: around, about, concerning (+ gen., dat., acc.), 17
ποιέω: to do, make, create, compose, 16
πράττω: to do, accomplish, make, act, 36
τις, τι: anyone, anything, someone, something, 14
τοιοῦτος, -αύτη, -οῦτο: such, 16
ὑμεῖς: you, 19
ὡς: as, thus, so, that; when, since, 19
ὦ: O! oh! (in direct address) 25

Abbreviations

abs.	absolute	impf.	imperfect	plpf.	pluperfect
acc.	accusative	imper.	impersonal	pred.	predicate
act.	active	indic.	indicative	prep.	preposition
adj.	adjective	i.o.	indirect object	pres.	present
adv.	adverb	inf.	infinitive	pron.	pronoun
aor.	aorist	inter.	interrogative	reflex.	reflexive
app.	appositive	m.	masculine	rel.	relative
comp.	comparative	n.	neuter	seq.	sequence
dat.	dative	nom.	nominative	sg.	singular
dep.	deponent	obj.	object	subj.	subject
d.o.	direct object	opt.	optative	superl.	superlative
f.	feminine	pple.	participle	voc.	vocative
fut.	future	pass	passive	(S. 813)	(Smyth ¶ 813)
gen.	genitive	pf.	perfect	(813)	(Smyth ¶ 813)
imp.	imperative	pl.	plural	(D. 41)	(Denniston p. 41)

Citing Lysias

Although the speech below is commonly called *On the Murder of Eratosthenes*, scholars refer to the text by a Roman numeral, in this case Lysias I. The speech itself is also divided into fifty numbered sections, which scholars use to cite and locate a particular passage in different editions of the speech. In this commentary, the numbers 1-50 are embedded in the Greek text. If you must cite a passage from the speech, use both the Roman numeral and the relevant section numbers, e.g. Lysias I.5-8.

In addition to the section numbers, Hude's 1912 edition of the Greek Text, which I use, includes line numbers which start at 1 and descend to 27 or 28 on each page of his OCT edition. Since the line numbers are more precise than section numbers—which may cover 8-9 lines of text—I use Hude's line numbers as a convenient way of citing lines in the grammatical notes on each page of the commentary.

Selected Bibliography

Bateman, J.J. 1958. "Lysias and the Law." *TAPhA* 89: 276-85.

Bury, R.G. 1893. "The Use of Prepositions in Lysias." *CR* 7.9: 394-6.

Carey, C. 1989. *Lysias: Selected Speeches.* Cambridge.

---. 1995. "Rape and Adultery in Athenian Law." *CQ* 45.2: 407-17.

Gagarin, M. 2003. "Telling Stories in Athenian Law." *TAPhA* 133.2: 197-207

Hall, E. 1995. "Law Court Dramas: the Power of Performance in Greek Forensic Oratory" *BICS* 40: 39-58.

Harris, E. M. 1990. "Did the Athenians Regard Seduction as a Worse Crime than Rape?" *CQ* 40: 370-77.

Herman, G. 1993. "Tribal and Civic Codes of Behaviour in Lysias I" *CQ* 43: 406-19.

Lefkowitz, M. 1983. "Wifes and Husbands." *Greece and Rome* 30:31-47.

Morgan, G. 1982. "Euphiletos' House: Lysias 1." *TAPhA* 112: 115-23.

Porter, J.R. 1997. "Adultery by the Book: Lysias I and Comic Diegesis." *EMC* 41: 421-53.

Scodel, R. 1993. "Meditations on Lysias I and Athenian Adultery." *Electronic Antiquity* 1.2.

Todd, S.C. 2007. *A Commentary on Lysias: Speeches 1-11*. Oxford.

Wolpert, A. 2001. "Lysias I and the Politics of the Athenian oikos." *CJ* 96: 415-24.

Injustice anywhere is a threat to justice everywhere. We are caught in an inescapable network of mutuality, tied in a single garment of destiny. Whatever affects one directly, affects all indirectly.

-Martin Luther King, Jr.
Letter from a Birmingham Jail

To make the ancients speak, we must feed them with our own blood.

-von Wilamowitz-Moellendorff

1 περὶ πολλοῦ ἂν ποιησαίμην, ὦ ἄνδρες, τὸ τοιούτους ὑμᾶς
   ἐμοὶ δικαστὰς περὶ τούτου τοῦ πράγματος γενέσθαι, οἷοίπερ
   ἂν ὑμῖν αὐτοῖς εἴητε τοιαῦτα πεπονθότες· εὖ γὰρ οἶδ᾽ ὅτι, εἰ
   τὴν αὐτὴν γνώμην περὶ τῶν ἄλλων ἔχοιτε, ἥνπερ περὶ ὑμῶν
5 αὐτῶν, οὐκ ἂν εἴη ὅστις οὐκ ἐπὶ τοῖς γεγενημένοις ἀγανακτοίη,
   ἀλλὰ πάντες ἂν περὶ τῶν τὰ τοιαῦτα ἐπιτηδευόντων τὰς
   ζημίας μικρὰς ἡγοῖσθε. 2. καὶ ταῦτα οὐκ ἂν εἴη μόνον παρ᾽
   ὑμῖν οὕτως ἐγνωσμένα, ἀλλ᾽ ἐν ἁπάσῃ τῇ Ἑλλάδι· περὶ
   τούτου γὰρ μόνου τοῦ ἀδικήματος καὶ ἐν δημοκρατίᾳ καὶ
10 ὀλιγαρχίᾳ ἡ αὐτὴ τιμωρία τοῖς ἀσθενεστάτοις πρὸς τοὺς τὰ
   μέγιστα δυναμένους ἀποδέδοται, ὥστε τὸν χείριστον τῶν αὐτῶν

ἀγανακτέω: to be irritated, annoyed, angry, 1
ἀδίκημα, -ατος, τό: a wrong done, a wrong, 2
ἄλλος, -η, -ο: other, one...another, 8
ἀπο-δίδωμι: to give back, allow, assign, 2
ἀ-σθενής, -ές: weak, feeble, sick, 1
γιγνώσκω: to come to know, learn, realize, 4
γνώμη, ἡ: judgment, resolve, opinion, 5
δημοκρατία, ἡ: democracy, 1
δικαστής, οῦ, ὁ: a juror, judge, 1
Ἑλλάς, Ἑλλάδος, ἡ: Hellas, Greece, 1
ἐπιτηδεύω: to pursue. follow, practice, 2
εὖ: well, 2
ζημία, ἡ: loss, damage; penalty, fine, 6
μέγιστος, -η, -ον: very big, great, important 3

μικρός, -ή, -όν: small, little; trifle, 2
μόνος, -η, -ον: alone, only, solitary, 6
οἷοσπερ, οἵαπερ, οἷονπερ: very sort which, 1
ὀλιγαρχία, ἡ: oligarchy, 1
ὅσπερ, ἥπερ, ὅπερ: very one who, which, 5
ὅστις, ἥτις, ὅ τι: whoever, whatever, 6
πάσχω: to suffer, experience, 2
παρά: from, at, to the side of; in respect to, 9
πολύς, πολλά, πολύ: much, many, 7
πρᾶγμα, τό: deed, act; affair, trouble, 6
πρός: to, towards (acc); near, in addition, 7
τιμωρία, ἡ: punishment; help, aid, 6
χείριστος, -η, -ον: worst, most inferior, 1
ὥστε: so that, that, so as to, 8

---

1 περὶ πολλοῦ...ποιησαίμην: *I would
   consider it of great (importance)*; idiom, ἂν
   + aor. optative is a potential optative
   τό...γενέσθαι: *that you become...;* acc.
   articular infinitive, ὑμᾶς is acc. subject
   τοιούτους δικαστὰς: predicate of γενέσθαι
2 ἐμοὶ: *for me;* dat. of interest ἐγώ
   τοιούτους...οἷοίπερ: *the sort... as;* "the
   sort...which" correlatives, demonstrative,
   and relative, S. 340; enclitic -περ adds force
   ἂν εἴητε: *you would be; potential* opt. εἰμί
3 ὑμῖν αὐτοῖς: *for you yourselves;* reflexive
   dat. of interest parallel to ἐμοὶ
   πεπονθότες: pf. act pple πάσχω
   οἶδ ᾽: οἶδα, 1st sg. pf. with present sense
4 εἰ ἔχοιτε...ἂν εἴη: *should...would be;* fut.
   less vivid condition; opt. ἔχω and εἰμι
   αὐτὴν: *the same;* between article and noun

ἥνπερ..ὑμῶν αὐτῶν: supply ἔχετε
5 οὐκ εἴη ὅστις: *there would not be (anyone)
   who*
   ἐπὶ: *in the case of...;* + dat.
   γεγενημένοις: pf. pple γίγνομαι
   ἀγανακτοίη: potential opt., the initial ἂν
   with εἴη applies to both verbs, S. 1767
6 ἄν...ἡγοῖσθε: 2nd pl. potent. opt. ἡγέομαι
7 ἂν εἴη: neuter pl. ταῦτα takes a sg. verb
   οὐκ...μόνον...ἀλλὰ: *not only...but (also)*
8 ἐγνωσμένα: *recognized;* pf. pple + εἰμί is a
   periphrastic pf. optative pass.
10 πρὸς τοὺς...δυναμένους: *against those
   being capable of;* i.e. most powerful
   ἀποδέδοται: pf. pass. ἀπο-δίδωμι
   αὐτὴ: *the same;* between article and noun
11 τῶν...τυγχάνειν: *so as to attain the same*

infinitive:
General result clause

infinitive
in indirect
statement

τυγχάνειν τῷ βελτίστῳ· οὕτως, ὦ ἄνδρες, ταύτην τὴν ὕβριν
ἅπαντες ἄνθρωποι δεινοτάτην ἡγοῦνται. 3. περὶ μὲν οὖν τοῦ
μεγέθους τῆς ζημίας ἅπαντας ὑμᾶς νομίζω τὴν αὐτὴν διάνοιαν
ἔχειν, καὶ οὐδένα οὕτως ὀλιγώρως διακεῖσθαι, ὅστις οἴεται 15
δεῖν συγγνώμης τυγχάνειν ἢ μικρᾶς ζημίας ἀξίους ἡγεῖται
τοὺς τῶν τοιούτων ἔργων αἰτίους· 4. ἡγοῦμαι δέ, ὦ ἄνδρες,
τοῦτό με δεῖν ἐπιδεῖξαι, ὡς ἐμοίχευεν Ἐρατοσθένης τὴν
γυναῖκα τὴν ἐμὴν καὶ ἐκείνην τε διέφθειρε καὶ τοὺς παῖδας
τοὺς ἐμοὺς ᾔσχυνε καὶ ἐμὲ αὐτὸν ὕβρισεν εἰς τὴν οἰκίαν τὴν 20
ἐμὴν εἰσιών, καὶ οὔτε ἔχθρα ἐμοὶ καὶ ἐκείνῳ οὐδεμία ἦν πλὴν

indirect
statement

to show
that

αἰσχύνω: to shame, dishonor; feel ashamed, 4
αἴτιος, -α, -ον: responsible, blameworthy, 3
βέλτιστος, -η, -ον: best, 2
δεῖ: it is necessary, must, ought (inf.), 5
δεινός, -ή, -όν: terrible; wondrous, clever, 3
διά-κειμαι: to be disposed, affected; settled, 4
διάνοια, ἡ: thought, intention, purpose, 1
δια-φθείρω: to corrupt, lead astray, destroy, 5
ζημία, ἡ: loss, damage; penalty, fine, 6
ἐπι-δείκνυμι: to prove, point out, show 4
Ἐρατοσθένης, ὁ: Eratosthenes, 6
ἔργον, τό: work, labor, deed, act, 3
ἔχθρα, ἡ: enmity, hostility, 1
μέγεθος, —εος, τό: magnitude, size, 1

μικρός, -ή, -όν: small, little; trifle, 2
μοιχεύω: to commit adultery with, debauch, 2
νομίζω: to believe, think, deem, 4
οἴομαι: to suppose, think, imagine, 4
ὀλίγωρος, -ον: contemptuous, scornful, 1
ὅστις, ἥτις, ὅ τι: whoever, whatever, 6
παῖς, παιδός, ὁ, ἡ: a child, boy, girl; slave, 4
πλήν: except, but (+ gen.), 4
συγ-γνώμη, ἡ: forgiveness, pardon, 2
τε: both, and, 8
τυγχάνω: to chance upon, get; happen, 6
ὑβρίζω: to commit outrage, insult, maltreat, 3
ὕβρις, ἡ: hubris, outrage, insult, violence, 1

12 τῷ βελτίστῳ: *as...*; dat. governed by
αὐτῶν, "the same"
13 δεινοτάτην: superlative adj. δεινός
αὐτήν: *same*; between article and noun
15 οὕτως ὀλιγώρως διακεῖσθαι: *to be
disposed so carelessly*; διακεῖμαι, used
four times in the speech, governs an adv.
τυγχάνειν: *to gain, attain*; + gen. object
ἤ: *(rather) than*; comparative in force
16 μικρᾶς ζημίας: *of a small penalty*; gen.
object of acc. pl. ἀξίους

17 τῶν...ἔργων: *for...deeds*; object gen.
governed by αἰτίους
18 τοῦτο...ὡς: *this...(namely) how*; object of
aor. inf. ἐπιδεῖξαι
με: obj. of δεῖ, subject of ἐπιδεῖξαι
ἐπιδεῖξαι: aor. inf. ἐπι-δείκνυμι
20 ᾔσχυνε: 3rd sg. aor. αἰσχύνω
ἐμὲ αὐτόν: *me myself*; intensive
21 εἰσιών: nom sg pres. pple εἰσ-έρχομαι (-ι)
ἐμοὶ καὶ ἐκείνῳ: governed by ἔχθρα
ἦν: 3rd sg. impf. εἰμί

1   ταύτης, οὔτε χρημάτων ἕνεκα ἔπραξα ταῦτα, ἵνα πλούσιος ἐκ
     πένητος γένωμαι, οὔτε ἄλλου κέρδους οὐδενὸς πλὴν τῆς κατὰ
     τοὺς νόμους τιμωρίας. 5. ἐγὼ τοίνυν ἐξ ἀρχῆς ὑμῖν ἅπαντα
     ἐπιδείξω τὰ ἐμαυτοῦ πράγματα, οὐδὲν παραλείπων, ἀλλὰ
5   λέγων τἀληθῆ· ταύτην γὰρ ἐμαυτῷ μόνην ἡγοῦμαι σωτηρίαν,
     ἐὰν ὑμῖν εἰπεῖν ἅπαντα δυνηθῶ τὰ πεπραγμένα.
     6. ἐγὼ γάρ, ὦ Ἀθηναῖοι, ἐπειδὴ ἔδοξέ μοι γῆμαι καὶ γυναῖκα
     ἠγαγόμην εἰς τὴν οἰκίαν, τὸν μὲν ἄλλον χρόνον οὕτω διεκείμην
     ὥστε μήτε λυπεῖν μήτε λίαν ἐπ' ἐκείνῃ εἶναι ὅ τι ἂν ἐθέλῃ

ἄγω: to lead, to bring, to carry, to convey, 2
Ἀθηναῖος, -α, -ον: Athenian, of Athens, 2
ἀληθής, -ές: true, 4
ἄλλος, -η, -ο: other, one...another, 8
ἀρχή, ἡ: beginning; rule, office, 1
γαμέω: to marry, take as a husband or wife, 1
διά-κειμαι: to be disposed, affected; settled, 4
δοκέω: to seem good, seem, think, imagine, 6
ἐάν: εἰ ἄν, if (+ subj.), 7
ἐθέλω: to be willing, wish, desire, 2
εἶπον: aor., said, spoke, 8
ἐμαυτοῦ, -ῆς, -οῦ: myself, 7
ἕνεκα: for the sake of, because of (+gen.), 2
ἐπι-δείκνυμι: to prove, point out, show 4
ἵνα: in order that (+ subj.); where (+ ind.), 9
κατά: down, down along (acc.); down from, 5
κέρδος, -εος, τό: gain, profit, advantage, 1

λέγω: to say, speak, 9
λίαν: too much, exceedingly, 1
λυπέω: to cause pain, distress, grief, 2
μή-τε: and not, neither...nor, 2
μόνος, -η, -ον: alone, only, solitary, 6
παρα-λείπω: to pass by or over, 1
πένης, -ητος, ὁ: a poor man, a day-laborer, 1
πλήν: except, but (+ gen.), 4
πλούσιος, -α, -ον: rich, wealthy, opulent, 1
πρᾶγμα, τό: deed, act; affair, trouble, 6
σωτηρία, ἡ: deliverance, safety, 1
τιμωρία, ἡ: punishment; help, aid, 6
τοί-νυν: well then; therefore, accordingly, 5
χρῆμα, -ατος, τό: thing, money, goods, 4
χρόνος, ὁ: time, 8
ὥστε: so that, that, so as to, 8

---

1 ἕνεκα: often governs a genitive that comes
  before rather than after the preposition
  ἵνα...γένωμαι: so that...; purpose clause,
  aor. subjunctive γίγνομαι
2 ἄλλου...οὐδενὸς: supply ἕνεκα from above
  κέρδους: κέρδε-ος, gen. sg.
  κατὰ: according to...; + acc.
4 ἐπιδείξω: 1st sg. fut. ἐπι-δείκνυμι
5 τἀληθῆ: the truth; "true things," τὰ ἀληθῆ
  ταύτην...μόνην: this alone (is); supply
  εἶναι, σωτηρίαν is a predicate noun
6 δυνηθῶ: I am able; aor. deponent subj. of
  δύναμαι, in a future more vivid condition

πεπραγμένα: pf. pass. pple πράττω
7 γῆμαι: aorist inf. γαμέω
8 ἠγαγόμην: 1st sg. aor. mid. ἄγω
  τὸν...χρόνον: for...; acc. of duration
  διεκείμην: 1st sg. impf.
9 ὥστε: so as to...; result clause governing
  infinitive
  λυπεῖν: to grieve (her); transitive verb
  ἐπ' ἐκείνῃ εἶναι: to be in that one's (power);
  i.e. did not give her too much freedom; ἐπι
  + dat. expresses dependence S. 1689
  ὅ τι ἂν: whatever...; ἂν + 3rd sg. subj. in a
  general relative clause

wanted — I was watching her as far as was possible and paid attention as was reasonable

ποιεῖν, ἐφύλαττόν τε ὡς οἷόν τε ἦν, καὶ προσεῖχον τὸν νοῦν 10
ὥσπερ εἰκὸς ἦν. ἐπειδὴ δέ μοι παιδίον γίγνεται, ἐπίστευον
ἤδη καὶ πάντα τὰ ἐμαυτοῦ ἐκείνῃ παρέδωκα, ἡγούμενος
ταύτην οἰκειότητα μεγίστην εἶναι· 7. ἐν μὲν οὖν τῷ πρώτῳ
χρόνῳ, ὦ Ἀθηναῖοι, πασῶν ἦν βελτίστη· καὶ γὰρ οἰκονόμος
δεινὴ καὶ φειδωλὸς [ἀγαθὴ] καὶ ἀκριβῶς πάντα διοικοῦσα· 15
ἐπειδὴ δέ μοι ἡ μήτηρ ἐτελεύτησε, ἣ πάντων τῶν κακῶν
ἀποθανοῦσα αἰτία μοι γεγένηται,.. 8. ἐπ᾽ ἐκφορὰν γὰρ αὐτῇ
ἀκολουθήσασα ἡ ἐμὴ γυνὴ ὑπὸ τούτου τοῦ ἀνθρώπου ὀφθεῖσα,

handed over — for she was — precisely — managing — for all the bad things — of at her funeral — following my wife — by that man — was seen

άγαθός, -ή, -όν: good, brave, capable, 1
Ἀθηναῖος, -α, -ον: Athenian, of Athens, 2
αἴτιος, -α, -ον: responsible, blameworthy, 3
ἀκολουθέω: to follow, 2
ἀκριβῶς: accurately, precisely, exactly, 3
ἀπο-θνήσκω: to die off, perish, 2
βέλτιστος, -η, -ον: best, 2
δεινός, -ή, -όν: terrible; wondrous, clever, 3
δι-οικέω: to manage a household, 1
εἰκός, ότος, τό: likely, probable, reasonable, 1
ἐκ-φορά, ἡ: a carrying out, burial procession, 2
ἐμαυτοῦ, -ῆς, -οῦ: myself, 7
ἤδη: already, now, at this time, 4
κακός, -ή, -όν: bad, base, cowardly, evil, 7
μεγίστος, -η, -ον: very big, great, important 3
μήτηρ, ἡ: a mother, 3
νοῦς, ὁ: mind, thought, reason, attention, 1

οἰκειότης, -ητος, ἡ: relationship, intimacy, 1
οἰκο-νόμος, ὁ: housekeeper, house-manager, 1
οἷος, -α, -ον: of what sort, as, 7
ὁράω: to see, look, behold, 5
παιδίον, τό: a little or young child, child, 6
παρα-δίδωμι: to give over, hand over, 1
πιστεύω: to trust, believe in, rely on, 1
προσ-έχω: to provide, offer; direct, 1
πρῶτος, -η, -ον: first, earliest, 9
τε: both, and, 8
τελευτάω: to end, complete, finish; die, 2
ὑπό: by, because of, from (gen), under (dat) 7
φειδωλός, -όν: thrifty, sparing, frugal, 1
φυλάττω: to keep watch, keep guard, 3
χρόνος, ὁ: time, 8
ὥσπερ: as, just as, as if, 2

10 ὡς: *as far as*
οἷον τε ἦν: *it was possible*; οἷος τε εἰμί, "I am the sort to" + inf. is a common idiom for "I am able to;" impers. 3rd sg impf. εἰμί
προσεῖχον: *paid attention*; 1st sg. impf. common translation with νοῦς

11 ἐπίστευον: supply ἐκείνῃ as indirect obj.

12 τὰ ἐμαυτοῦ: *my own (affairs)*
παρέδωκα: 1st sg. aor., παρα-δίδωμι

14 πασῶν: partitive gen. pl. πᾶς, πᾶσα

15 δεινή: *clever*; the connotation is positive
φειδωλός: feminine sg.; two-ending adj.

διοικοῦσα: feminine nom. sg. pres. pple

16 ἥ: *who*; relative pronoun ὅς, ἥ, ὅν; the speaker blames not his mother but her funeral for the evils (κακῶν) that follow
πάντων...κακῶν: objective gen. governed by αἰτία

17 ἀποθανοῦσα: nom. aor. pple ἀποθνήσκω
γεγένηται: pf. mid. γίγνομαι
αὐτῇ: *her*; i.e. the body of the mother being carried in a burial procession

18 ὑπό: *by...*; gen. agent with pass. ὀφθεῖσα
ὀφθεῖσα: nom. fem. aor. pass. pple., ὁράω

χρόνῳ διαφθείρεται· ἐπιτηρῶν γὰρ τὴν θεράπαιναν τὴν εἰς
20 τὴν ἀγορὰν βαδίζουσαν καὶ λόγους προσφέρων ἀπώλεσεν
αὐτήν. 9. πρῶτον μὲν οὖν, ὦ ἄνδρες, (δεῖ γὰρ καὶ ταῦθ' ὑμῖν
διηγήσασθαι) οἰκίδιον ἐστί μοι διπλοῦν, ἴσα ἔχον τὰ ἄνω τοῖς
κάτω κατὰ τὴν γυναικωνῖτιν καὶ κατὰ τὴν ἀνδρωνῖτιν.
ἐπειδὴ δὲ τὸ παιδίον ἐγένετο ἡμῖν, ἡ μήτηρ αὐτὸ ἐθήλαζεν·
25 ἵνα δὲ μή, ὁπότε λοῦσθαι δέοι, κινδυνεύῃ κατὰ τῆς κλίμακος
καταβαίνουσα, ἐγὼ μὲν ἄνω διῃτώμην, αἱ δὲ γυναῖκες κάτω.
10. καὶ οὕτως ἤδη συνειθισμένον ἦν, ὥστε πολλάκις ἡ γυνὴ

ἀγορά, ἡ: marketplace, 3
ἀνδρωνῖτις, ἡ: men's quarters, 1
ἄνω: up, above, 2
ἀπ-όλλυμι: to destroy, kill, ruin, corrupt, 3
βαδίζω: to walk, to go, 4
γάρ: for, since, 31
γυναικωνῖτις, ἡ: women's quarters, 1
δεῖ: it is necessary, must, ought (inf.), 5
δι-αιτάω: to live, 1
δια-φθείρω: to corrupt, lead astray, destroy, 5
δι-ηγέομαι: to lead through relate, narrate, 1
διπλόος, -η, -ον: twofold, double, 3
ἐπι-τηρέω: to look for, see, 2
ἤδη: already, now, at this time, 4
ἡμεῖς: we, 5
θεράπαινα, ἡ: handmaid, maid, 6
θηλάζω: to nurse, 1
ἵνα: in order that (+ subj.); where (+ ind.), 9

ἴσος, -η, -ον: equal to, the same as, like, 1
κατά: down, down along (acc.); down from, 5
κατα-βαίνω: to step, go or come down, 2
κάτω: down, below, 3
κινδυνεύω: to risk, venture; 3rd sg. it is likely 3
κλῖμαξ, -ακος, ἡ: stairs, ladder, 1
λόγος, ὁ: word, speech, discourse, argument 3
λούω: to wash, bathe, 1
μήτηρ, ἡ: a mother, 3
οἰκίδιον, τό: small house, 1
ὁπότε: when, by what time, 1
παιδίον, τό: a little or young child, child, 6
πολλάκις: many times, often, frequently, 2
προσ-φέρω: to bring to, apply to, ply, 1
πρῶτος, -η, -ον: first, early, 9
συν-εθίζω: to accustom, use, 1
χρόνος, ὁ: time, 8
ὥστε: so that, that, so as to, 8

19 χρόνῳ: *through time*; S1528b
20 ἀπώλεσεν: 3rd sg. aor. ἀπ-όλλυμι, which here means "corrupt" not "destroy"
ταῦθ': ταῦτα
21 πρῶτον: *first (of all)*; adverbial accusative
22 διπλοῦν: i.e. two-storied
ἔχον: *having*; neut. pple modifies οἰκίδιον
τὰ ἄνω: *things (on the floor) above*
23 τοῖς κάτω: *to things (in the floor) below*; dat. governed by ἴσα
κατά: *in...*; the γυναικωνῖτων is assumed to be on the upper floor
24 ἐγένετο: *was born*; aor. γίγνομαι
αὐτὸ: *it*; i.e. the child, παιδίον

25 ἵνα δὲ μή: *so that...not*; or "lest," negative purpose clause with 3rd sg. subj κινδυνεύω
ὁπότε *whenever*; optative of δεῖ replaces ἄν + subj. in a general temporal clause in secondary sequence
κατά: *down from*; + gen.
26 καταβαίνουσα: *(while) ...*; circumstantial pres. pple. modifying the understood subject: fem. μήτηρ from l. 24
διῃτώμην: *I lived*; 1st sg. impf., δι-αιτάω
27 συνειθισμένον ἦν: *it was thus customary that...*; pf. mid. + impf. εἰμί is often a periphrastic plpf. but here that translation is not suitable; followed by a result clause

ἀπήει κάτω καθευδήσουσα ὡς τὸ παιδίον, ἵνα τὸν τιτθὸν   1
αὐτῷ διδῷ καὶ μὴ βοᾷ. καὶ ταῦτα πολὺν χρόνον οὕτως
ἐγίγνετο, καὶ ἐγὼ οὐδέποτε ὑπώπτευσα, ἀλλ᾽ οὕτως ἠλιθίως
διεκείμην, ὥστε ᾤμην τὴν ἐμαυτοῦ γυναῖκα πασῶν σωφρονε-
στάτην εἶναι τῶν ἐν τῇ πόλει. 11. προϊόντος δὲ τοῦ χρόνου,   5
ὦ ἄνδρες, ἧκον μὲν ἀπροσδοκήτως ἐξ ἀγροῦ, μετὰ δὲ τὸ
δεῖπνον τὸ παιδίον ἐβόα καὶ ἐδυσκόλαινεν ὑπὸ τῆς θερα-
παίνης ἐπίτηδες λυπούμενον, ἵνα ταῦτα ποιῇ· ὁ γὰρ ἄνθρωπος
ἔνδον ἦν. 12. ὕστερον γὰρ ἅπαντα ἐπυθόμην· καὶ ἐγὼ τὴν

ἀγρός, ὁ: field, farm, 5
ἀπ-έρχομαι: to go away, depart, 6
ἀ-προσ-δοκήτως: unexpectedly
βοάω: to cry aloud, to shout, 1
δεῖπνον, τό: dinner, 1
διά-κειμαι: to be disposed, affected; settled, 4
δίδωμι: to give, offer, grant, provide, 2
δυσ-κολαίνω: to be discontent, irritated, 1
ἑαυτοῦ, -ῆς, -οῦ: himself, her-, its-, them-, 4
ἐμαυτοῦ, -ῆς, -οῦ: myself, 7
ἔνδον: within, at home, 5
ἐπίτηδες: on purpose, deliberately, 1
ἥκω: to have come, be present, 4
ἠλίθιος, -α, -ον: silly, naïve, foolish; idle, 1
θεράπαινα, ἡ: handmaid, maid, 6
ἵνα: in order that (+ subj.); where (+ ind.), 9
καθ-εύδω: to lie down to sleep, sleep, 3

κάτω: down, below, 3
λυπέω: to cause pain, distress, grief, 2
μετά: with (+ gen.); after (+ acc.), 8
οἴομαι: to suppose, think, imagine, 4
οὐδέ-ποτε: not ever, never, 2
παιδίον, τό: a little or young child, child, 6
πόλις, ἡ: a city, 8
πολύς, πολλά, πολύ: much, many, 7
προ-έρχομαι: to come or go forth, pass, 1
πυνθάνομαι: to learn by inquiry or hearsay, 9
σώφρων, -ον: temperate, prudent, 1
τιτθός, ὁ: breast, teat, 2
ὕστερον: later, 3
ὑπό: by, because of, from (gen), under (dat) 7
ὑπο-πτεύω: to be suspicious, 1
χρόνος, ὁ: time, 8
ὥστε: so that, that, so as to, 8

---

1 ἀπήει: 3rd sg. impf. ἀπ-έρχομαι
καθευδήσουσα: intending to sleep; "going to sleep" fut. pple expresses purpose
ὡς...παιδίον: to the child; ὡς is a preposition + accusative

2 διδῷ...βοᾷ: 3rd sg. pres. subj. δίδωμι, βοάω in a purpose clause;
πολὺν χρόνον: for...; acc. duration of time
ἐγίγνετο: sg., subject is neuter pl. ταῦτα

3 οὕτως ἠλιθίως: so naïvely; "so simple-mindedly"

4 ᾤμην: 1st sg. impf. οἴομαι
ἑαυτοῦ: one's own wife; i.e. my own wife; one would expect ἐμαυτοῦ, "my own," and this variant is found in the textual tradition of Lysias but the editor Hude chose ἑαυτοῦ
γυναῖκα acc. subject of εἶναι

πᾶσων: of all (women); partitive gen. fem.
σωφρονεστάτην: superlative

5 τῶν...πόλει: this prepositional phrase in the attribute position modifies gen. pl. πᾶσων
προϊόντος: gen. sg. pres. pple πρόειμι (=προέρχομαι) in a gen. absolute with χρόνου; as often, translate the noun first, then the pple.

6 ἧκον: 1st sg. impf. ἥκω

7 ἐβόα: ἐβόαε; 3rd sg. impf. α-contract verb
ὑπό: by...; gen. agent
λυπούμενον: being distressed; pres. pass. pple modifying τὸ παιδίον

8 ποιῇ: 3rd sg. pres. subj. ποιέω, in a purpose clause
ἐπυθόμην: 1st sg. aor. πυνθάνομαι

10 γυναῖκα ἀπιέναι ἐκέλευον καὶ δοῦναι τῷ παιδίῳ τὸν τιτθόν,
ἵνα παύσηται κλᾶον. ἡ δὲ τὸ μὲν πρῶτον οὐκ ἤθελεν, ὡς
ἂν ἀσμένη με ἑορακυῖα ἥκοντα διὰ χρόνου· ἐπειδὴ δὲ ἐγὼ
ὠργιζόμην καὶ ἐκέλευον αὐτὴν ἀπιέναι, "ἵνα σύ γε" ἔφη
"πειρᾷς ἐνταῦθα τὴν παιδίσκην· καὶ πρότερον δὲ μεθύων

15 εἷλκες αὐτήν." κἀγὼ μὲν ἐγέλων, 13. ἐκείνη δὲ ἀναστᾶσα καὶ
ἀπιοῦσα προστίθησι τὴν θύραν, προσποιουμένη παίζειν, καὶ
τὴν κλεῖν ἐφέλκεται. κἀγὼ τούτων οὐδὲν ἐνθυμούμενος
οὐδ' ὑπονοῶν ἐκάθευδον ἄσμενος, ἥκων ἐξ ἀγροῦ. 14. ἐπειδὴ

ἀγρός, ὁ: field, farm, 5
ἀν-ίστημι: to make to stand up, raise up, 1
ἀπ-έρχομαι: to go away, depart, 6
ἄσμενος, -η, -ον: well-pleased, glad, 2
γε: at least, at any rate; indeed, 2
γελάω: to laugh, 1
διά: through (gen.) on account of (acc.), 3
δίδωμι: to give, offer, grant, provide, 2
ἐθέλω: to be willing, wish, desire, 2
ἕλκω: to draw, drag, 1
ἐν-θυμέομαι: take to heart, consider, ponder, 3
ἐνταῦθα: here, there; then, at that time, 1
ἐφ-έλκω: to draw, draw to, 1
ἥκω: to have come, be present, 4
θύρα, ἡ: a door, 7
ἵνα: in order that (+ subj.); where (+ ind.), 9
καθ-εύδω: to lie down to sleep, sleep, 3
κλάω: to cry out, wail (elsewhere κλαίω), 1
κλείς, ἡ: bolt, doorbolt, 1

μεθύω: to be drunk with wine, 1
ὁράω: to see, look, behold, 5
ὀργίζω: to make angry, provoke, irritate, 6
οὐδέ: and not, but not, nor, not even, 4
παιδίον, τό: a little or young child, child, 6
παιδίσκη, ἡ: young girl, maiden, 1
παίζω: to play, to sport, 1
παύω: to stop, make to cease; mid. cease, 2
πειράω: to try, attempt, endeavor, 1
πρότερος, -α, -ον: before, earlier, 2
προσ-ποιέω: to pretend, 1
προσ-τίθημι: to put to, shut, 1
πρῶτος, -η, -ον: first, early, 9
σύ: you, 8
τιτθός, ὁ: breast, teat, 2
ὑπο-νοέω: to think secretly, suspect, 1
φημί: to say, claim, assert, 4
χρόνος, ὁ: time, 8

---

10 ἀπιέναι: pres. inf. ἀπ-έρχομαι
    δοῦναι: aor. inf. δίδωμι
11 παύσηται: 3rd sg. aor. mid. subj., governs
    a complementary pple; purpose clause
    κλᾶον: *crying*; neuter sg. pres. pple
    ἡ δὲ: *and that one*; demonstrative pronoun
    ὡς...ἑορακυῖα: *as if she had been glad to
    see...;* "on the grounds that she glad(ly)
    had seen," ὡς + pple expresses alleged
    cause (the character's point of view), nom.
    sg. fem. pf. pple ὁράω; the ἄν modifies a
    missing verb supplied by context (S 1766):
    'as (she would have acted) if she had been
    glad to see...'
    τὸ μὲν πρῶτον: *at first*; adverbial acc. set
    in constrast to ἐπειδὴ δὲ "and when..."

    χρόνου: *over time*
13 ἀπιέναι: pres. inf. ἀπ-έρχομαι
    σύ γε: *so that you...;*. emphatic γε
    highlights the contrast: she will leave
    while *he* will pursue the maid
14 πειρᾷς: *you have a go at*; lit. "you may try
    out" i.e. have sex with, pres subj. + ἵνα in
    a purpose clause
15 εἷλκες: *pulled on her*; i.e. fondled, ἕλκω
    κἀγὼ: καὶ ἐγὼ
    ἐγέλων: ἐγέλαον; 1st sg. impf. γελάω
    ἀναστᾶσα: nom. sg. aor. pple ἀν-ίστημι
16 ἀπιοῦσα: pres. pple ἀν-έρχομαι (stem - ι)
17 ἐνθυμούμενος: governs a gen. obj. τουτῶν
18 ἥκων: *having come*; pple causal in sense

δὲ ἦν πρὸς ἡμέραν, ἧκεν ἐκείνη καὶ τὴν θύραν ἀνέῳξεν.
ἐρομένου δέ μου τί αἱ θύραι νύκτωρ ψοφοῖεν, ἔφασκε τὸν 20
λύχνον ἀποσβεσθῆναι τὸν παρὰ τῷ παιδίῳ, εἶτα ἐκ τῶν
γειτόνων ἐνάψασθαι. ἐσιώπων ἐγὼ καὶ ταῦτα οὕτως ἔχειν
ἡγούμην. ἔδοξε δέ μοι, ὦ ἄνδρες, τὸ πρόσωπον ἐψιμυθιῶσθαι,
τοῦ ἀδελφοῦ τεθνεῶτος οὔπω τριάκονθ' ἡμέρας· ὅμως δ' οὐδ'
οὕτως οὐδὲν εἰπὼν περὶ τοῦ πράγματος ἐξελθὼν ᾠχόμην ἔξω 25
σιωπῇ. 15. μετὰ δὲ ταῦτα, ὦ ἄνδρες, χρόνου μεταξὺ διαγενο-
μένου καὶ ἐμοῦ πολὺ ἀπολελειμμένου τῶν ἐμαυτοῦ κακῶν,
προσέρχεταί μοί τις πρεσβῦτις ἄνθρωπος, ὑπὸ γυναικὸς

ἀδελφός, ὁ: a brother, 1
ἀν-οίγνυμι: to open, 2
ἀπο-λείπω: abandon; *pass.* be wanting from 1
ἀπο-σβέννυμι: put out, extinguish, quench 1
γείτων, ονος, ὁ, ἡ: neighbor, 1
δια-γίγνομαι: to go through, pass, 2
δοκέω: to seem, seem good, think, imagine, 6
εἶπον: *aor.*, said, spoke, 8
εἶτα: then, next, and so, therefore, 2
ἐμαυτοῦ, -ῆς, -οῦ: myself, 7
ἐν-άπτομαι: to kindle, lit; bind on or to, 1
ἐξ-έρχομαι: to go out, come out. 2
ἔξω: out of (+ gen.); adv. outside, 2
ἔρομαι: to ask, enquire, question, 1
ἥκω: to have come, be present, 4
ἡμέρα, ἡ: day, 6
θνήσκω: to die, 1
θύρα, ἡ: a door, 7
κακός, -ή, -όν: bad, base, cowardly, evil, 7
λύχνος, ὁ: lamp, 1
μετά: with (+ gen.); after (+ acc.), 8
μεταξύ: betwixt, between, 1

νύκτωρ: by night, 1
οἴχομαι: to go, go off, depart, 4
ὅμως: nevertheless, however, yet, 1
οὐδέ: and not, but not, nor, not even, 4
οὔ-πω: not yet, 1
παιδίον, τό: a little or young child, child, 6
παρά: from, at, to the side of; in respect to, 9
πολύς, πολλά, πολύ: much, many, 7
πρᾶγμα, τό: deed, act; affair, trouble, 6
πρεσβῦτις, ἡ: old woman, 1
πρός: to, towards (acc); near, in addition, 7
προσ-έρχομαι: to come or go to, approach, 4
πρόσ-ωπον, τό: face, countenance, 1
σιωπάω: to be silent, 1
σιωπή, ἡ: silence, 2
τίς, τί: who? which?, 4
τριάκοντα: thirty, 1
ὑπό: by, because of, from (gen), under (dat), 7
φάσκω: to say, affirm, claim, 3
χρόνος, ὁ: time, 8
ψιμυθιόω: to whiten, paint with white lead, 2
ψοφέω: to make a noise, 2

---

19 ἦν: *was*; 3rd sg. impf. εἰμί
    πρὸς ἡμέραν: *near daylight*
20 ἀνέῳξεν: 3rd sg. aor. ἀν-οίγνυμι
    ἐρομένου: gen. absolute, pple. ἔρομαι
    τί ψοφοῖεν: *why...;* opt. ψοφέω in ind.
    question in secondary sequence
21 ἀποσβεσθῆναι: aor. pass. inf.
    τὸν...παιδίῳ: preposition phrase in the
    attributive position, modifies λύχνον
22 ἀνάψασθαι: *to get a light*; aor. mid. inf.
    ἐσιώπων: ἐσιώπαον; impf. 1st sg.

23 ἐψιμυθιῶσθαι: pf. mid inf.
24 τεθνεῶτος: *...having died*; gen. absolute
    τράκονθ' ἡμέρας: *for...;* duration of time
25 ᾠχόμην: 1st sg. impf. οἴχομαι
26 χρόνου...διαγενομένου: gen. absolute
27 ἀπολελειμμένου: pf. pass. pple in gen. abs.
    the pass. means 'be wanting in/ be left in
    ignorance of' governs a gen. of separation
28 ὑπὸ: *by...;* gen. of agent

1 ὑποπεμφθεῖσα ἣν ἐκεῖνος ἐμοίχευεν, ὡς ἐγὼ ὕστερον
   ἤκουον· αὕτη δὲ ὀργιζομένη καὶ ἀδικεῖσθαι νομίζουσα, ὅτι
   οὐκέτι ὁμοίως ἐφοίτα παρ' αὐτήν, ἐφύλαττεν ἕως ἐξηῦρεν
   ὅ τι εἴη τὸ αἴτιον. προσελθοῦσα οὖν μοι ἐγγὺς ἡ ἄνθρωπος
5 τῆς οἰκίας τῆς ἐμῆς ἐπιτηροῦσα, "Εὐφίλητε" ἔφη "μηδεμιᾷ
   πολυπραγμοσύνῃ προσεληλυθέναι με νόμιζε πρὸς σέ· 16. ὁ γὰρ
   ἀνὴρ ὁ ὑβρίζων εἰς σὲ καὶ τὴν σὴν γυναῖκα ἐχθρὸς ὢν ἡμῖν
   τυγχάνει. ἐὰν οὖν λάβῃς τὴν θεράπαιναν τὴν εἰς ἀγορὰν
   βαδίζουσαν καὶ διακονοῦσαν ὑμῖν καὶ βασανίσῃς, ἅπαντα

ἀγορά, ἡ: marketplace, 3
ἀ-δικέω: to be unjust, do wrong, injure, 8
ἀκούω: to hear, listen to, 9
αἴτιος, -α, -ον: responsible, blameworthy, 3
βαδίζω: to walk, to go, 4
βασανίζω: put to the test; examine closely 1
διακονέω: to minister, serve, do service, 1
ἐάν: εἰ ἄν, if (+ subj.), 7
ἐγγύς: near (+ gen.); adv. nearby, 3
ἐξ-ευρίσκω: to find out, discover, 2
ἐπι-τηρέω: to look for, see, 2
Εὐφίλητος, ὁ: Euphiletus, the speaker, 1
ἐχθρός, -ά, -όν: hated, hostile; subst. enemy, 2
ἕως: until, as long as, 1
ἡμεῖς: we, 5
θεράπαινα, ἡ: handmaid, maid, 6
μηδ-είς, μηδ-εμία, μηδ-έν: no one, nothing, 8
μοιχεύω: to commit adultery with, debauch, 2

νομίζω: to believe, think, deem, 4
ὅμοιος, -α, -ον: like, resembling, similar, 1
ὀργίζω: to make angry, provoke, irritate, 1
οὐκ-έτι: no more, no longer, no further, 1
παρά: from, at, to the side of; in respect to, 9
πολυ-πραγμοσύνη, ἡ: meddlesomeness, 1
πρός: to, towards (acc); near, in addition, 7
προσ-έρχομαι: to come or go to, approach, 4
σός, -ή, -όν: your, yours, 2
σύ: you, 8
τυγχάνω: to chance upon; get; happen, 6
ὑβρίζω: to commit outrage, insult, maltreat, 3
ὕστερον: later, 3
ὑπο-πέμπω: to send secretly, 1
φημί: to say, claim, assert, 4
φοιτάω: to go to and fro, visit, 2
φυλάττω: to keep watch, keep guard, 3

---

1 ὑποπεμφθεῖσα: nom. sg. fem. aor. pass. pple
   ἣν: whom; relative pronoun, acc. sg.
   ὡς: as
2 αὕτη: this one; note the accent
3 ἐφοίτα: ἐφοίταε, 3rd sg. impf.
   παρ' αὐτήν: to her; acc. place to which
4 ὅ τι εἴη: what was; opt. replacing indicative impf. in secondary sequence; opt. of εἰμί
   ἡ ἄνθρωπος: the woman; the noun can change gender to denote a woman
5 τῆς οἰκίας τῆς ἐμῆς: gen. obj of ἐγγὺς
   Εὐφίλητε: vocative for Εὐφίλητος

6 μηδεμιᾷ...: out of no meddlesomeness; dat. of cause S. 1517
   προσεληλυθέναι: pf. act. inf. προσ-έρχομαι
   νόμιζε: consider that...; sg. imperative governing acc. subj. and infinitive
7 ὢν...τυγχάνει: happens to be; a common translation for τυγχάνω + pple, here εἰμί
8 ἐὰν...πεύσει: if you take...you will learn; fut. more vivid condition; ἄν + aor. subj. and 2nd sg. fut. mid. πυνθάνομαι
9 βασανίσῃς: aor. subj. βασανίζω

πεύσει. ἔστι δ'" ἔφη "Ἐρατοσθένης Ὀῆθεν ὁ ταῦτα   10
πράττων, ὃς οὐ μόνον τὴν σὴν γυναῖκα διέφθαρκεν ἀλλὰ
καὶ ἄλλας πολλάς· ταύτην γὰρ [τὴν] τέχνην ἔχει." 17. ταῦτα
εἰποῦσα, ὦ ἄνδρες, ἐκείνη μὲν ἀπηλλάγη, ἐγὼ δ' εὐθέως
ἐταραττόμην, καὶ πάντα μου εἰς τὴν γνώμην εἰσῄει, καὶ
μεστὸς ἦ ὑποψίας, ἐνθυμούμενος μὲν ὡς ἀπεκλήσθην ἐν τῷ   15
δωματίῳ, ἀναμιμνῃσκόμενος δὲ ὅτι ἐν ἐκείνῃ τῇ νυκτὶ ἐψόφει
ἡ μέταυλος θύρα καὶ ἡ αὔλειος, ὃ οὐδέποτε ἐγένετο, ἔδοξέ
τέ μοι ἡ γυνὴ ἐψιμυθιῶσθαι. ταῦτά μου πάντα εἰς τὴν

ἄλλος, -η, -ο: other, one...another, 8
ἀνα-μιμνήσκω: recall, remind (acc *of* gen) 1
ἀπ-αλλάττω: to set free, release, deliver, 1
ἀπο-κλείω: to shut out, lock out, 1
αὔλειος, -η, -ον: belonging to the courtyard, 1
γνώμη, ἡ: judgment, resolve, opinion, 5
δια-φθείρω: to corrupt, lead astray, destroy, 5
δοκέω: to seem, seem good, think, imagine, 6
δωμάτιον, τό: bed-chamber, chamber, 3
εἶπον: *aor.*, said, spoke; 8
ἐν-θυμέομαι: take to heart, consider, ponder, 3
Ἐρατοσθένης, ὁ: Eratosthenes, 6
εὐθύς: immediately, straightaway, 3
ἦ: in truth, truly (begins open question), 6
θύρα, ἡ: a door, 7
μεστός, -ή, -όν: full, filled, filled full, 2

μέταυλος, -ον: inner courtyard, 1
μόνος, -η, -ον: alone, only, solitary, 6
νύξ, νυκτός, ἡ: a night, 5
Ὀῆ-θεν: from Oe (an Attic deme), 1
οὐδε-ποτε: not ever, never, 2
πολύς, πολλά, πολύ: much, many, 7
πυνθάνομαι: to learn by inquiry or hearsay, 9
σός, -ή, -όν: your, yours, 2
ταράττω: to trouble, confuse, 1
τε: both, and, 8
τέχνη, ἡ: art, skill, craft, 1
ὑπ-οψία, ἡ: suspicion, jealously, 2
φημί: to say, claim, assert, 4
ψιμυθιόω: to whiten, paint with white lead, 2
ψοφέω: to make a noise, 2

10 πεύσει: 2ⁿᵈ sg. fut. mid. πυνθάνομαι
    ἔφη: 3ʳᵈ sg. impf. φημί
11 οὐ μόνον...ἀλλὰ καί: *not only...but also*
    διέφθαρκεν: 3ʳᵈ sg. pf. διαφθείρω.
13 ἀπηλλάγη: *departed*; lit. "was set free" or "was let go" aor. pass.
14 εἰσῄει: 3ʳᵈ sg. impf. εἰσ-έρχομαι

15 ἦ: *was*; 1ˢᵗ sg. impf. εἰμί
    ὑποψίας: partitive gen. with μεστὸς
    ὡς: *how...*
    ἀπεκλήσθην: 1ˢᵗ sg. aor. pass. ἀποκλείω
16 ἐψόφει: ἐψόφεε, ε-contract impf.
17 ἐγένετο: *occurred, happened*
18 ἐψιμυθιῶσθαι: perf. inf. ψιμυθιόω

γνώμην εἰσῄει, καὶ μεστὸς ᾖ ὑποψίας. 18. ἐλθὼν δὲ οἴκαδε
20 ἐκέλευον ἀκολουθεῖν μοι τὴν θεράπαιναν (εἰς τὴν ἀγοράν),
ἀγαγὼν δ' αὐτὴν ὡς τῶν ἐπιτηδείων τινὰ ἔλεγον ὅτι ἐγὼ
πάντα εἴην πεπυσμένος τὰ γιγνόμενα(ἐν τῇ οἰκίᾳ·) "σοὶ οὖν"
ἔφην "ἔξεστι δυοῖν ὁπότερον βούλει ἑλέσθαι, ἢ μαστιγω-
θεῖσαν εἰς μύλωνα ἐμπεσεῖν καὶ μηδέποτε παύσασθαι κακοῖς
25 τοιούτοις συνεχομένην, ἢ κατειποῦσαν ἅπαντα τἀληθῆ μηδὲν
παθεῖν κακόν, ἀλλὰ συγγνώμης παρ' ἐμοῦ τυχεῖν τῶν
ἡμαρτημένων. ψεύσῃ δὲ μηδέν, ἀλλὰ πάντα τἀληθῆ λέγε."

ἄγω: to lead, to bring, to carry, to convey, 2
ἀγορά, ἡ: marketplace, 3
αἱρέω: to seize, take; mid. choose, 2
ἀκολουθέω: to follow, 2
ἀληθής, -ές: true, 4
ἁμαρτάνω: make a mistake, miss the mark, 2
βούλομαι: to wish, be willing, desire, 6
γνώμη, ἡ: judgment, resolve, opinion, 5
δύο: two, 1
εἰσ-έρχομαι: to go in, enter, 12
ἐμ-πίπτω: fall upon; be thrown into, 1
ἔξ-εστι: it is allowed, permitted, possible, 3
ἐπιτήδειος, -α, -ον: fit, suitable; close friend 4
ἔρχομαι: to come or go, 5
ᾖ: in truth, truly (begins open question), 6
θεράπαινα, ἡ: handmaid, maid, 6
κακός, -ή, -όν: bad, base, cowardly, evil, 7
κατ-εῖπον: to denounce, speak against, 1
λέγω: to say, speak, 9

μαστιγόω: to whip, flog, 1
μεστός, -ή, -όν: full, filled, filled full, 2
μηδ-είς, μηδ-εμία, μηδ-έν: no one, nothing, 8
μήδε-ποτε: not ever, never, 1
μυλών, -ῶνος, ὁ: mill, mill-house, 1
οἴκαδε: homeward, to home, 2
ὁπότερος, -α, -ον: which (of two), 2
παρά: from, at, to the side of; in respect to, 9
πάσχω: to suffer, experience, 2
παύω: to stop, make to cease; mid. cease, 2
πυνθάνομαι: to learn by inquiry or hearsay, 9
σύ: you, 8
συγ-γνώμη, ἡ: forgiveness, pardon, 2
συν-έχω: to contain, constrain, 1
τίθημι: to set, put, place, arrange, 3
τυγχάνω: to chance upon, get; happen, 6
ὑπ-οψία, ἡ: suspicion, jealously, 2
φημί: to say, claim, assert, 4
ψεύδω: mid. to lie, cheat, beguile, 3

---

19 εἰσῄει: 3rd sg. impf. εἰσ-έρχομαι
ᾖ: was; 1st sg. impf. εἰμί
ὑποψίας: partitive gen. with μεστὸς
ἐλθὼν: aor. pple ἔρχομαι
20 ἐκέλευον, ἔλεγον: impf., but with no sense
of duration, they are indistinct from aorists
21 ἀγαγὼν: aor. pple ἄγω
ὡς (εἰς) τῶν ἐπιτηδείων τινὰ: to one of
my friends; ὡς is a preposition + acc.;
originally it preceded εἰς to express
alleged cause or motive, i.e. "as if," 1702
22 εἴην πεπυσμένος: had learned; a 1st sg.
periphrastic pf. (pf. mid. pple + 1st sg opt.
εἰμί); here opt replaces indicative in ind.
discourse secondary seq.; πυνθάνομαι
23 ἔφην: 1st sg. impf. φημί

δυοῖν ὁπότεραν: which of the two
(options); δυοῖν is dual gen.
βούλει: 2nd sg. pres. mid. βούλομαι
ἑλέσθαι: to choose; aor. mid. αἱρέω
ἤ...ἤ: either...or
μαστιγωθεῖσαν: aor. pass. pple
24 ἐμπεσεῖν: aor. inf. ἐμ-πίπτω
25 συνεχομένην: being constrained; + παύω
25 τἀληθῆ: the truth; "true things" τὰ ἀληθῆ
26 παθεῖν: aor. inf. πάσχω
τυχεῖν: to attain; + gen., aor. inf.
27 ἡμαρτημένων: object gen. governed by
συγγνώμης, the gen. obj. of τυχεῖν
ψεύσῃ: you should lie; 2nd sg. aor.
prohibitive subj. ψεύδω
μηδὲν: not at all; 'nothing false' inner acc.

19. κἀκείνη τὸ μὲν πρῶτον ἔξαρνος ἦν, καὶ ποιεῖν ἐκέλευεν ὅ τι   1
βούλομαι· οὐδὲν γὰρ εἰδέναι· ἐπειδὴ δὲ ἐγὼ ἐμνήσθην
Ἐρατοσθένους πρὸς αὐτήν, καὶ εἶπον ὅτι οὗτος ὁ φοιτῶν εἴη
πρὸς τὴν γυναῖκα, ἐξεπλάγη ἡγησαμένη με πάντα ἀκριβῶς
ἐγνωκέναι. καὶ τότε ἤδη πρὸς τὰ γόνατά μου πεσοῦσα,   5
20. καὶ πίστιν παρ' ἐμοῦ λαβοῦσα μηδὲν πείσεσθαι κακόν,
κατηγόρει πρῶτον μὲν ὡς μετὰ τὴν ἐκφορὰν αὐτῇ προσίοι,
ἔπειτα ὡς αὐτὴ τελευτῶσα εἰσαγγείλειε καὶ ὡς ἐκείνη τῷ
χρόνῳ πεισθείη, καὶ τὰς εἰσόδους οἷς τρόποις προσίοιτο, καὶ

ἀκριβῶς: accurately, precisely, exactly, 3
βούλομαι: to wish, be willing, desire, 6
ἐκ-πλήττω: to strike out, drive out; amaze, 1
ἐκ-φορά, ἡ: a carrying out, burial procession, 2
εἶπον: *aor.*, said, spoke, 8
εἰσ-αγγέλλω: to go in and announce, 1
εἰσ-οδος, ἡ: entrance, entryway, 1
ἔξαρνος, -ον: denying. 1
ἔπ-ειτα: then, next, secondly, 3
Ἐρατοσθένης, ὁ: Eratosthenes, 6
γιγνώσκω: to come to know, learn, realize, 4
γόνυ, γόνατος, τό: knee, 1
ἤδη: already, now, at this time, 4
κακός, -ή, -όν: bad, base, cowardly, evil, 7
κατ-ηγορέω: to speak against, to accuse, 2
μετά: with (+ gen.); after, behind (+ acc.), 8

μηδ-είς, μηδ-εμία, μηδ-έν: no one, nothing, 8
μιμνήσκω: remind; *mid.* mention, remember, 1
παρά: from, at, to the side of; in respect to, 9
πείθω: to persuade; *mid.* obey, 6
πίπτω: to fall, fall down, 1
πίστις, ἡ: trust, faith, pledge, 4
πρός: to, towards (acc); near, in addition, 7
προσ-έρχομαι: to come or go to, approach, 4
προσ-ίημι: let come to, admit, send to, 1
πρῶτος, -η, -ον: first, early, 9
τελευτάω: to end, complete, finish; die, 2
τότε: at that time, then, 1
τρόπος, ὁ: a manner, way; direction, 3
φοιτάω: to go to and fro, visit, 2
χρόνος, ὁ: time, 8

---

1 κἀκείνη: καὶ ἐκείνη
τὸ μὲν πρῶτον: *at first*; adverbial acc.
ἦν: 3rd sg. impf. εἰμί
ἐκέλευεν: supply the object ἐμέ "me"
ὅ τι: what; neut. sg. relative pronoun ὅστις
is often represented as two words to
distinguish it from ὅτι, "that"
2 οὐδὲν...εἰδέναι: *for (she said) that (she)*
knew nothing; ind. speech: supply ἔλεγεν
ἐμνήσθην: *I recalled*; aor. dep. μιμνήσκω
governing a gen. object, as often with verbs
of remembering and forgetting
3 ὁ φοιτῶν εἴη: *was the one visiting*; pred.
noun; the opt. of εἰμί replaces an impf. in
indirect discourse, secondary sequence
4 ἐξεπλάγη: 3rd sg. aor. pass. dep ἐκ-πλήττω
5 ἐγνωκέναι: perf. act. inf. γιγνώσκω
πεσοῦσα: fem. nom. sg. aor. pple πίπτω
6 λαβοῦσα: nom. sg. aor. pple λαμβάνω

πείσεσθαι: *that (she) would suffer...*; fut.
inf. πάσχω
7 ὡς...ὡς...ὡς: *that...that...that*; all
governed the κατηγόρει
αὐτῇ: *her*; dat. obj. of compound verb
προσίοι...εἰσαγγείλειε...πεισθείη: 3rd sg.
pres. opt.. προσ-έρχομαι, aor. opt. εἰσ-
αγγέλλω, and aor. pass. opt. πείθω in
indirect discourse, secondary sequence;
translate these verbs in the simple past
8 τελευτῶσα: *finally*; pres. pple as adverb
9 πεισθείη: *was persuaded*; opt. πείθω
οἷς τρόποις προσίοιτο: *in what ways she*
admitted entrances; opt. mid. προσ-ίημι;
one expects the form προσ-ιεῖτο, but the
manuscript tradition has the unsuitable verb
προσ-ίοι (compare l. 7), and so the editor
offers προσ-ίοιτο as an solution (Smyth
746 for a -μι verb with ω-verb opt. endings)

10 ὡς Θεσμοφορίοις ἐμοῦ ἐν ἀγρῷ ὄντος ᾤχετο εἰς τὸ ἱερὸν
μετὰ τῆς μητρὸς τῆς ἐκείνου· καὶ τἆλλα τὰ γενόμενα πάντα
ἀκριβῶς διηγήσατο. ἐπειδὴ δὲ πάντα εἴρητο αὐτῇ, 21. εἶπον
ἐγώ, "ὅπως τοίνυν ταῦτα μηδεὶς ἀνθρώπων πεύσεται· εἰ δέ
μή, οὐδέν σοι κύριον ἔσται τῶν πρὸς ἔμ' ὡμολογημένων.
15 ἀξιῶ δέ σε ἐπ' αὐτοφώρῳ ταῦτά μοι ἐπιδεῖξαι· ἐγὼ γὰρ
οὐδὲν δέομαι λόγων, ἀλλὰ τὸ ἔργον φανερὸν γενέσθαι, εἴπερ
οὕτως ἔχει." 22. ὡμολόγει ταῦτα ποιήσειν. καὶ μετὰ ταῦτα
διεγένοντο ἡμέραι τέσσαρες ἢ πέντε, . . . ὡς ἐγὼ μεγάλοις

ἀγρός, ὁ: field, farm, 5
ἀκριβῶς: accurately, precisely, exactly, 3
ἄλλος, -η, -ο: other, one...another, 8
ἀξιόω: to deem or think worthy, 4
αὐτό-φωρος, -ον: caught in the act, detected 1
βούλομαι: to wish, be willing, desire, 6
δέομαι: to want, need; to ask, beg, 1
δια-γίγνομαι: to go through, pass, 2
δι-ηγέομαι: to lead through relate, narrate, 2
εἴπερ: if really, if that is to say, 2
εἶπον: aor., said, spoke, 8
ἐπι-δείκνυμι: to prove, point out, show 4
ἔργον, τό: work, labor, deed, act, 3
ἡμέρα, ἡ: day, 6
Θεσμοφόρια, τά: Thesmophoria festival, 1
ἱερόν, τό: temple, 1
κύριος, -α, -ον: authoritative, legitimate, 3
λέγω: to say, speak, 9

λόγος, ὁ: word, speech, discourse, argument 3
μέγας, μεγάλη, μέγα: big, great, important, 1
μετά: with (+ gen.); after (+ acc.), 8
μηδ-είς, μηδ-εμία, μηδ-έν: no one, nothing, 8
μήτηρ, ἡ: a mother, 3
οἴχομαι: to go, go off, depart, 4
ὁμο-λογέω: to agree, acknowledge, 5
ὅπως: how, in what way; in order that, that, 2
πέντε: five, 1
πρός: to, towards (acc); near, in addition, 7
πρῶτος, -η, -ον: first, early, 9
πυνθάνομαι: to learn by inquiry or hearsay, 9
σύ: you, 8
τεκμήριον, τό: indication, proof, 1
τέτταρες, -α: four, 1
τοί-νυν: well then; therefore, accordingly, 5
φανερός, -ά, -όν: visible, manifest, evident, 1

---

10 ἐμοῦ...ὄντος: me being...; gen. absolute
Θεσμοφορίοις: at the Thesmophoria
festival; dat. of time when
ᾤχετο: impf. οἴχομαι
11 τἆλλα: the other; τὰ ἄλλα
τὰ γενόμενα: things having occurred; aor.
pple
12 εἴρητο αὐτῇ: plpf. pass. λέγω
αὐτῇ: by her; dat. of agent
13 ὅπως: (see to it) that; ὅπως + fut.
denotes an exhortation; originally the
construction depended upon the imperative
ὅρα, 'see' or σκόπει, 'look out' (S 2213)
πεύσεται: fut. deponent, πυνθάνομαι
14 ἔσται: will be; 3rd sg. fut. εἰμί

ὡμολογημένων: the things acknowledged
pf. pass. pple. ὁμο-λογέω
πρὸς ἔμ ': with me; "to me," ἔμε
15 ἐπ ' αὐτοφώρῳ: in the act, red-handed
ἐπιδεῖξαι: aor. inf. ἐπιδείκνυμι
16 οὐδὲν δέομαι: I have no need; + gen.,
οὐδὲν is an inner accusative
τὸ ἔργον...γενέσθαι: that the act become..;
object of δέομαι
17 οὕτως ἔχει: it is so; "holds in this way,"
ἔχω + adv. is often translated as "to be"
+ adj.
ὡμολόγει: ὡμολόγεε, 3rd sg. impf.
ποιήσειν: fut. inf.
18 ὡς: as

dat. means ↙

ὑμῖν τεκμηρίοις ἐπιδείξω. πρῶτον δὲ διηγήσασθαι βούλομαι
τὰ πραχθέντα τῇ τελευταίᾳ ἡμέρᾳ. Σώστρατος ἦν μοι   20
ἐπιτήδειος καὶ φίλος. τούτῳ ἡλίου δεδυκότος ἰόντι ἐξ ἀγροῦ   — *dat.*
ἀπήντησα. εἰδὼς δ᾽ ἐγὼ ὅτι τηνικαῦτα ἀφιγμένος οὐδένα
καταλήψοιτο οἴκοι τῶν ἐπιτηδείων, ἐκέλευον, συνδειπνεῖν·
καὶ ἐλθόντες οἴκαδε ὡς ἐμέ, ἀναβάντες εἰς τὸ ὑπερῷον
ἐδειπνοῦμεν. 23. ἐπειδὴ δὲ καλῶς αὐτῷ εἶχεν, ἐκεῖνος μὲν   25
ἀπιὼν ᾤχετο, ἐγὼ δ᾽ ἐκάθευδον. ὁ δ᾽ Ἐρατοσθένης, ὦ
ἄνδρες, εἰσέρχεται, καὶ ἡ θεράπαινα ἐπεγείρασά με εὐθὺς
φράζει ὅτι ἔνδον ἐστί. κἀγὼ εἰπὼν ἐκείνῃ ἐπιμελεῖσθαι τῆς

ἀγρός, ὁ: field, farm, 5
ἀνα-βαίνω: to go up, climb, mount, 3
ἀπ-αντάω: to meet, encounter (+ dat) 2
ἀπ-έρχομαι: to go away, depart, 6
ἀφ-ικνέομαι: to come, arrive, 2
βούλομαι: to wish, be willing, desire, 6
δειπνέω: to dine, 2
δι-ηγέομαι: to lead through relate, narrate, 2
δύω: to set, sink, plunge, 1
εἶπον: *aor.*, said, spoke, 8
ἔνδον: within, at home, 5
ἐπ-εγείρω: to wake up, 1
ἐπι-δείκνυμι: to prove, point out, show 4
ἐπι-μελέομαι: to take care, care for (+ gen.), 1
ἐπιτήδειος, -α, -ον: fit, suitable; close friend 4
Ἐρατοσθένης, ὁ: Eratosthenes, 6
ἔρχομαι: to come or go, 5
εὐθύς: immediately, straightaway, 3

ἥλιος, ὁ: the sun, 2
ἡμέρα, ἡ: day, 6
θεράπαινα, ἡ: handmaid, maid, 6
καλῶς: well, nobly, 2
καθ-εύδω: to lie down to sleep, sleep, 3
κατα-λαμβάνω: to seize, lay hold of; find, 4
οἴκαδε: homeward, to home, 2
οἴκοι: at home, 2
οἴχομαι: to go, go off, depart, 4
πρῶτος, -η, -ον: first, early, 9
συν-δειπνέω: to dine together with, 4
Σώστρατος, ὁ: Sostratus, 2
τεκμήριον, τό: indication, proof, 1
τελευταῖος, -α, -ον: last, 1
τηνικαῦτα: at this hour, at that time, 1
ὑπερῷον, τό: upper story (of the house), 1
φίλος, -α, -ον: friendly, dear, 4
φράζω: to point out, tell, indicate, 1

19 τεκμηρίοις: *with...*; dat. of mean
     ἐπιδείξω: 1ˢᵗ sg. fut. ἐπιδείκνυμι
20 πραχθέντα: aor. pass. pple πράττω
     ἡμέρᾳ: *on...*; dat. of time when
     ἦν: impf. εἰμί
     τούτῳ: *to this (man)*; dat. compound verb
21 ἡλίου δεδυκότος: *after the sun...;* gen.
     absolute, pf. pple
     ἰόντι: dat. sg. pple ἔρχομαι modifies
     τούτῳ
22 εἰδὼς: *knowing*; nom. sg. pple. οἶδα
     ἀφιγμένος: pf. mid. pple ἀφικνέομαι
     οὐδένα...τῶν ἐπιτηδείων: Hude, the
     editor of this Greek text follows Bekker's
     emendation of οὐδέν ἄν, 'nothing of
     necessities,' in the manuscript tradition

     with the acc. sg. οὐδένα, 'no one of my
     friends;' many wish to preserve the
     original οὐδέν
23 καταλήψοιτο: *would find*; fut. opt. in
     secondary sequence, καταλαμβάνω
24 ἐλθόντες: nom. pl. aor. pple ἔρχομαι
     ὡς ἐμέ: *to me*; ὡς as preposition S 3003
     ἀναβάντες: aor. pple ἀναβαίνω
25 καλῶς...εἶχεν: *it was good for him*; "holds
     well" ἔχω + adv. is often translated as "to
     be" + adj.; impf. ἔχω and dat. of interest
26 ἀπιών: nom. sg. pple ἀπ-έρχομαι
     ᾤχετο: impf. οἴχομαι
27 ἐπεγείρασα: aor. pple
28 εἰπών...τῆς θύρας: *telling that one to take
     care of the door*; dat. indirect object

1   θύρας, καταβὰς σιωπῇ ἐξέρχομαι, καὶ ἀφικνοῦμαι ὡς τὸν
καὶ τόν, καὶ τοὺς μὲν ἔνδον κατέλαβον, τοὺς δὲ οὐδ᾽
ἐπιδημοῦντας ηὗρον. 24. παραλαβὼν δ᾽ ὡς οἷόν τε ἦν πλείστους
ἐκ τῶν παρόντων ἐβάδιζον. καὶ δᾷδας λαβόντες ἐκ τοῦ
5   ἐγγύτατα καπηλείου εἰσερχόμεθα, ἀνεῳγμένης τῆς θύρας καὶ
ὑπὸ τῆς ἀνθρώπου παρεσκευασμένης. ὤσαντες δὲ τὴν θύραν
τοῦ δωματίου οἱ μὲν πρῶτοι εἰσιόντες ἔτι εἴδομεν αὐτὸν
κατακείμενον παρὰ τῇ γυναικί, οἱ δ᾽ ὕστερον ἐν τῇ κλίνῃ
γυμνὸν ἑστηκότα. 25. ἐγὼ δ᾽, ὦ ἄνδρες, πατάξας καταβάλλω

ἀν-οίγνυμι: to open, 2
ἀφ-ικνέομαι: to come, arrive, 2
βαδίζω: to walk, to go, 4
γυμνός, -ή, -όν: naked, bare, 1
δαίς, ἡ: torch, 1
δωμάτιον, τό: bed-chamber, chamber, 3
ἐγγύς: near (+ gen.); adv. nearby, 3
ἔνδον: within, at home, 5
ἐξ-έρχομαι: to go out, come out. 2
ἐπι-δημέω: to live at home, be in town, 2
ἔτι: still, besides, further, 3
εὑρίσκω: to find out, discover, 2
θύρα, ἡ: a door, 7
ἵστημι: to make stand, set up, stop, 1
καπηλεῖον, τό: shop, tavern, 1
κατα-βαίνω: to step, go or come down, 2
κατα-βάλλω: to throw down, 1

κατα-κεῖμαι: to lie down, recline, 1
κατα-λαμβάνω: to seize, lay hold of; catch, 4
κλίνη, ἡ: a couch, bed, 1
οἷος, -α, -ον: of what sort, as, 7
οὐδέ: and not, but not, nor, not even, 4
παρά: from, at, to the side of; in respect to, 9
παρα-λαμβάνω: to take, receive, catch, 2
παρασκευάζω: to prepare, get ready, 3
πάρ-ειμι: to be near, be present, be at hand, 1
πατάσσω: to beat, knock, 1
πλεῖστος, -η, -ον: most, very many, 2
πρῶτος, -η, -ον: first, early, 9
σιωπή, ἡ: silence, 2
ὑπό: by, because of, from (gen), under (dat) 7
ὕστερον: later, 3
ὠθέω: to push, shove, force, 1

---

1   καταβὰς: nom. aor. pple καταβαίνω
   ὡς τὸν καὶ τόν: *to this (man) and that*; ὡς
   as preposition, τὸν as demonstrative
2   τοὺς μὲν...τοὺς δὲ: *some...others*
   κατέλαβον: 1ˢᵗ sg. aor. καταλαμβάνω
3   ηὗρον: 1ˢᵗ sg. aor. εὑρίσκω
   ὡς οἷόν τε ἦν πλείστους: *as many as it was*
   possible; ὡς + superl. = as X as possible;
   οἷός τε εἰμί, "I am capable/the sort to,"
   here translated impersonally as "it is
   possible" is making the construction ὡς +
   superlative explicit; impf. εἰμί
4   παρόντων: gen. pl. pres. pple πάρειμι
   δᾷδας: acc. pl. δαίς

5   ἐγγύτατα: superlative adverb, ἐγγύς
   ἀνεῳγμένης...θύρας...παρεσκευασμένης:
   gen. absolute; ἀνεῳγμένης is pf. pass.
   pple., ἀν-οίγνυμι
6   ὑπὸ τῆς ἀνθρώπου: *by the woman*; note
   feminine article, gen. of agent
   ὤσαντες: aor. pple of ὠθέω
7   εἰσιόντες nom. pl. aor. pple. εἰσέρχομαι
   εἴδομεν: *we saw*; 1ˢᵗ pl. aor. ὁράω
8   οἱ δ᾽ ὕστερον: *those (entering) later (saw)*;
   in constrast to οἱ μὲν πρῶτοι εἰσιόντες
9   ἑστηκότα: *standing*; acc., pf. pple ἵστημι
   πατάξας: aor. pple πατάσσω

αὐτόν, καὶ τὼ χεῖρε περιαγαγὼν εἰς τοὔπισθεν καὶ δήσας 10
ἠρώτων διὰ τί ὑβρίζει εἰς τὴν οἰκίαν τὴν ἐμὴν εἰσιών. κά-
κεῖνος ἀδικεῖν μὲν ὡμολόγει, ἠντεβόλει δὲ καὶ ἱκέτευε μὴ
ἀποκτεῖναι ἀλλ᾽ ἀργύριον πράξασθαι. ἐγὼ δ᾽ εἶπον ὅτι "οὐκ
ἐγώ σε ἀποκτενῶ, 26. ἀλλ᾽ ὁ τῆς πόλεως νόμος, ὃν σὺ παρα-
βαίνων περὶ ἐλάττονος τῶν ἡδονῶν ἐποιήσω, καὶ μᾶλλον 15
εἵλου τοιοῦτον ἁμάρτημα ἐξαμαρτάνειν εἰς τὴν γυναῖκα τὴν
ἐμὴν καὶ εἰς τοὺς παῖδας τοὺς ἐμοὺς ἢ τοῖς νόμοις πείθεσθαι
καὶ κόσμιος εἶναι." 27. οὕτως, ὦ ἄνδρες, ἐκεῖνος τούτων ἔτυχεν

ἀ-δικέω: to be unjust, do wrong, injure, 8
αἱρέω: to seize, take; *mid.* choose, 2
ἁμάρτημα, τό: a failure, fault, sin, 2
ἀντι-βολέω: to entreat, supplicate, beg, 2
ἀπο-κτείνω: to kill, slay, 3
ἀργύριον, τό: money; piece of silver, coin, 1
δέω: to bind; lack, want of, need, 1
διά: through (gen.) on account of (acc.), 3
εἶπον: *aor.*, said, spoke, 8
ἐλάττων, -ον: smaller, fewer, 3
ἐξ-αμαρτάνω: to commit a mistake, fail, 2
ἐρωτάω: to ask, inquire, question, 1
ἡδονή, ἡ: pleasure, enjoyment, delight, 1
ἱκετεύω: to supplicate, beg as suppliant, 2

κόσμιος, -α, -ον: well-ordered, moderate, 1
μᾶλλον: more, rather, 2
ὁμο-λογέω: to agree, acknowledge, 5
ὄπισθεν: behind; in the future; *prep.* (gen), 1
παῖς, παιδός, ὁ, ἡ: a child, boy, girl; slave, 4
παρα-βαίνω: to transgress; go beside, 1
πείθω: to persuade; *mid.* obey, 6
περι-άγω: to bring around, lead around, 1
πόλις, ἡ: a city, 8
σύ: you, 8
τίς, τί: who? which?, 4
τυγχάνω: to chance upon, get; happen, 6
ὑβρίζω: to commit outrage, insult, maltreat, 3
χείρ, χειρός, ἡ: hand, 2

10 τὼ χεῖρε: *two hands*; acc. dual form
   τοὔπισθεν: τὸ ὄπισθεν; i.e. behind (him)
   δήσας: nom. sg. aor. pple δέω
11 ἠρώτων: ἠρώταον, 1st sg impf. ἐρωτάω
   διὰ τί: *why, on account of what*
   εἰσιών: nom. sg. pple. εἰσέρχομαι
   κἀκεῖνος: καὶ ἐκεῖνος
12 ὡμολόγει: *acknowledged*; ἐομολογεε,
   3rd sg. impf.
   μὴ: μή takes the place of οὐ in wishes and
   exhortations
13 ἀργύριον πράξασθαι: *to exact money*;
   common meaning for aor. mid. πράττω
   ἀποκτενῶ: fut. ἀπο-κτείνω

15 περὶ ἐλάττονος... ἐποιήσω: *you consider
   of less (importance)*; ἐποιήσα(σ)ο, 2nd sg.
   aor. mid. cf. first line of the speech
   τῶν ἡδονῶν: *than your pleasures*; gen. of
   comparison with comparative ἐλάττονος
16 εἵλου: *you chose*; εἵλε(σ)ο; "took for
   yourself," 2nd sg. aor. mid. αἱρέω
   ἁμάρτημα: cognate acc. ἐξαμαρτάνω
17 ἤ: *(rather) than*; after comparative
   μᾶλλον
18 τούτων...ὧνπερ: *these things which*
   ἔτυχεν: 3rd sg. aor. τυγχάνω here means
   "gain" or "attain" with a gen. object

ὧνπερ οἱ νόμοι κελεύουσι τοὺς τὰ τοιαῦτα πράττοντας, οὐκ

20 εἰσαρπασθεὶς ἐκ τῆς ὁδοῦ, οὐδ' ἐπὶ τὴν ἑστίαν καταφυγών,
ὥσπερ οὗτοι λέγουσι· πῶς γὰρ ἄν, ὅστις ἐν τῷ δωματίῳ
πληγεὶς κατέπεσεν εὐθύς, περιέστρεψα δ' αὐτοῦ τὼ χεῖρε, ἔνδον
δὲ ἦσαν ἄνθρωποι τοσοῦτοι, οὓς διαφυγεῖν οὐκ ἐδύνατο, οὔτε
σίδηρον οὔτε ξύλον οὔτε ἄλλο οὐδὲν ἔχων, ᾧ τοὺς εἰσελθόντας

25 ἂν ἠμύνατο. 28. ἀλλ', ὦ ἄνδρες, οἶμαι καὶ ὑμᾶς εἰδέναι ὅτι οἱ
μὴ τὰ δίκαια πράττοντες οὐχ ὁμολογοῦσι τοὺς ἐχθροὺς λέγειν
ἀληθῆ, ἀλλ' αὐτοὶ ψευδόμενοι καὶ τὰ τοιαῦτα μηχανώμενοι
ὀργὰς τοῖς ἀκούουσι κατὰ τῶν τὰ δίκαια πραττόντων παρα-
σκευάζουσι. πρῶτον μὲν οὖν ἀνάγνωθι τὸν νόμον.

[handwritten margin note: acc + inf. IS construction, ὅτι IS construction]

ἀκούω: to hear, listen to, 9
ἀληθής, -ές: true, 4
ἄλλος, -η, -ο: other, one…another, 8
ἀμύνω: to keep off, ward off, defend, 1
ἀνα-γιγνώσκω: to read, 3
δια-φεύγω: to flee, get away from, escape, 1
δίκαιος, -α, -ον: just, right, lawful, fair, 6
δωμάτιον, τό: bed-chamber, chamber, 3
εἰσ-αρπάζω: to snatch, seize and carry in, 1
ἔνδον: within, at home, 5
ἑστία, ἡ: hearth, 1
εὐθύς: immediately, straightaway, 3
ἐχθρός, -ά, -όν: hated, hostile; subst. enemy, 2
κατα-φεύγω: to flee, 1
κατα-πίπτω: to fall, fall down, 1
κατά: down, down along (acc.); down from, 5
λέγω: to say, speak, 9
μηχανάομαι: make ready, contrive, devise, 1

ξύλον, τό: wood, 1
ὁδός, ἡ: road, way, path, journey, 1
οἴομαι: to suppose, think, imagine, 4
ὁμο-λογέω: to agree, acknowledge, 5
ὀργή, ἡ: anger, passion, 1
ὅσπερ, ἥπερ, ὅπερ: very one who, which, 5
ὅστις, ἥτις, ὅ τι: whoever, whatever, 6
οὐδέ: and not, but not, nor, not even, 4
παρασκευάζω: to prepare, get ready, 3
περι-στρέφω: to turn about, turn round, 1
πλήττω: to strike, 1
πρῶτος, -η, -ον: first, early, 9
πῶς: how? in what way?, 1
σίδηρος, ὁ: iron; piece of iron, an iron tool, 1
τοσοῦτος, -αύτη, -οῦτο: so great, so much, 2
ὥσπερ: as, just as, as if, 2
χείρ, χειρός, ἡ: hand, 2
ψεύδω: mid. to lie, cheat, beguile, 3

19 ὧνπερ: which (things).; ἅπερ, acc. pl. relative pronoun attracted into the gen. case of the antecedent
κελεύουσι: governs a double acc.: ἅπερ (ὧνπερ) and τοὺς…πράττοντας
20 εἰσαρπασθείς: aor. pass. pple εἰσαρπάζω
καταφυγών: aor. pple καταφεύγω
21 πῶς γὰρ ἄν ὅστις : how could anyone who…have (fled to the hearth)?; ἄν + a missing aor. ind. expressing past potential, here unrealized potential
22 περιέστρεψα: I twisted around
πληγείς: being struck; nom. sg. aor. pass. pple πλήττω

κατέπεσεν: aor. καταπίπτω
τὼ χεῖρε: two hands; dual. acc.
23 ἦσαν: 3rd pl. impf. εἰμί
24 ᾧ: by which; dat. of means
25 ἂν ἠμύνατο: he could fend off; + acc., ἄν + aor. mid. ἀμύνω expressing present potential
εἰδέναι: pf. inf. οἶδα, present in sense
28 ὀργὰς τοῖς ἀκούουσι…παρασκευάζουσι: make their listeners angry; "provide anger to those listening;" the article indicates that ἀκούουσι is a dat. pl. pple., ind. object
κατά: against…
29 ἀνάγνωθι: aor. imperative

Νόμος 1

29. οὐκ ἠμφεσβήτει, ὦ ἄνδρες, ἀλλ᾽ ὡμολόγει ἀδικεῖν, καὶ ὅπως μὲν μὴ ἀποθάνη ἠντεβόλει καὶ ἱκέτευεν, ἀποτίνειν δ᾽ ἕτοιμος ἦν χρήματα. ἐγὼ δὲ τῷ μὲν ἐκείνου τιμήματι οὐ συνεχώρουν, τὸν δὲ τῆς πόλεως νόμον ἠξίουν εἶναι κυριώτε- 5 ρον, καὶ ταύτην ἔλαβον τὴν δίκην, ἣν ὑμεῖς δικαιοτάτην εἶναι ἡγησάμενοι τοῖς τὰ τοιαῦτα ἐπιτηδεύουσιν ἐτάξατε. καί μοι ἀνάβητε τούτων μάρτυρες.

ἀ-δικέω: to be unjust, do wrong, injure, 8
ἀμφι-σβητέω: dispute, disagree with (dat.), 1
ἀνα-βαίνω: to go up, climb, mount, 3
ἀντι-βολέω: to entreat, supplicate, beg, 2
ἀξιόω: to deem or think worthy, 4
ἀπο-θνήσκω: to die off, perish, 2
ἀπο-τίνω: to pay back, out, 1
δίκαιος, -α, -ον: just, right, lawful, fair, 6
δίκη, ἡ: justice; lawsuit, trial; penalty, 6
ἐπιτηδεύω: to pursue. follow, practice, 2
ἕτοιμος, -η, -ον: ready, prepared, at hand, 1

ἱκετεύω: to supplicate, beg as suppliant, 2
κύριος, -α, -ον: authoritative, legitimate, 3
μάρτυς. ὁ, ἡ: a witness, 7
ὁμο-λογέω: to acknowledge, agree, 5
ὅπως: how, in what way; in order that, that, 2
πόλις, ἡ: a city, 8
συγ-χωρέω: to agree; concede, yield (dat) 1
τάττω: to order; arrange, organize, 1
τίμημα, -ατος, τό: payment, fine, penalty, 1
χρῆμα, -ατος, τό: thing, money, goods, 4

---

1 ὁμολόγει: *acknowledged*; ὡμολόγεε, impf.
2 ὅπως...ἀποθάνη: *in order that ...;* purpose clause, 3rd sg. aor. subj. ἀποθνήσκω
   ἀποτίνειν: epexegetical (explanatory) inf. limiting. ἕτοιμος S. 2001
3 ἦν: 1st sg. impf. εἰμί
4 ἠξίουν: 1st sg. impf. of ἀξιόω
6 ταύτην ἔλαβον τὴν δίκην: *I exacted this penalty*; 1st sg. aor. λαμβάνω

ἥν: *which*; acc. subj. of εἶναι
δικαιοτάτην: superlative δίκαιος
ἐπιτηδεύουσιν: *those pursuing*; dat. pl. pres. pple ἐπιτηδεύω
7 ἐτάξατε: *you ordered*; 2nd pl. aor. τάττω
8 μοι: *for me*
   ἀνάβητε: *step up, step forward*; aor. pl. imper. ἀνα-βαίνω

Μάρτυρες

10 **30.** ἀνάγνωθι δέ μοι καὶ τοῦτον τὸν νόμον ⟨τὸν⟩ ἐκ τῆς στήλης
τῆς ἐξ Ἀρείου πάγου.

Νόμος

ἀκούετε, ὦ ἄνδρες, ὅτι αὐτῷ τῷ δικαστηρίῳ τῷ ἐξ Ἀρείου
πάγου, ᾧ καὶ πάτριόν ἐστι καὶ ἐφ᾽ ἡμῶν ἀποδέδοται τοῦ
15 φόνου τὰς δίκας δικάζειν, διαρρήδην εἴρηται τούτου μὴ κατα-
γιγνώσκειν φόνον, ὃς ἂν ἐπὶ δάμαρτι τῇ ἑαυτοῦ μοιχὸν
λαβὼν ταύτην τὴν τιμωρίαν ποιήσηται. **31.** καὶ οὕτω σφόδρα
ὁ νομοθέτης ἐπὶ ταῖς γαμεταῖς γυναιξὶ δίκαια ταῦτα ἡγήσατο

Ἀρείου παγος, ὁ: Areopagus, Hill of Ares, 2
ἀκούω: to hear, listen to, 9
ἀνα-γιγνώσκω: to read, 3
ἀπο-δίδωμι: to give back, allow, assign, 2
γαμέτη, ἡ: married woman, wife, 2
δάμαρ –ατος, ἡ: wife, spouse, 1
δια-ρρήδην: expressly, explicitly, 1
δικάζω: to judge, to give judgment on, 2
δίκαιος, -α, -ον: just, right, lawful, fair, 6
δικαστήριον, τό: court, courtroom, 1
δίκη, ἡ: justice; lawsuit, trial; penalty, 6
ἑαυτοῦ, -ῆς, -οῦ: himself, her-, its-, them-, 4
ἡμεῖς: we, 5

κατα-γιγνώσκω: to condemn (gen. for acc.)
2
λέγω: to say, speak, 9
μάρτυς. ὁ, ἡ: a witness, 7
μοιχός, ὁ: adulterer, 6
νομοθέτης, ὁ: lawgiver, 1
στήλη, ἡ: stele, plaque, 1
σφόδρα: very, very much, exceedingly, 1
τιμωρία, ἡ: punishment; help, aid, 6
πάτριος, -α, -ον: ancestral, of one's father, 1
φόνος, ὁ: murder, homicide, slaughter, 2

---

10 ἀνάγνωθι: aor. sg. imperative ἀνα-
γιγνώσκω
καί: *also*
13 αὐτῷ τῷ δικαστηρίῳ: *by this court*; dat.
of agent governed by the pf. pass.
εἴρηται below
14 ᾧ...ἀποδέδοται: *by which it is both
ancestral custom and in our time it has
been granted to...*; a contrast between
πάτριον and ἐπὶ ἡμῶν; ἐπί + gen.
denotes time
ἀποδέδοται: pf. pass. ἀπο-δίδωμι

15 τοῦ φόνου: *for murder*; with δίκας
εἴρηται: *it is said*; pf. pass. ἐρέω
16 ὃς ἄν...ποιήσηται: *whoever inflicts...*; aor.
mid. subj. in a general relative clause
ἐπὶ δάμαρτι τῇ ἑαυτοῦ: *on top of his
own wife*; or "in the case of..." the
adulterer must be caught in the act
λαβών: *catching*; aor. pple λαμβάνω
ἐπὶ ταῖς γαμεταῖς γυναιξὶ: *in the case of
married women*
ἡγήσατο: *considered*; aor. mid. ἡγέομαι
with a double acc.: "considered x y"

εἶναι, ὥστε καὶ ἐπὶ ταῖς παλλακαῖς ταῖς ἐλάττονος ἀξίαις
τὴν αὐτὴν δίκην ἐπέθηκε. καίτοι δῆλον ὅτι, εἴ τινα εἶχε   20
ταύτης μείζω τιμωρίαν ἐπὶ ταῖς γαμεταῖς, ἐποίησεν ἄν· νῦν
δὲ οὐχ οἷός τε ὢν ταύτης ἰσχυροτέραν ἐπ' ἐκείναις ἐξευρεῖν,
τὴν αὐτὴν καὶ ἐπὶ ταῖς παλλακαῖς ἠξίωσε γίγνεσθαι. Ἀνά-
γνωθι δέ μοι καὶ τοῦτον τὸν νόμον.

Νόμος   25

32. ἀκούετε, ἄνδρες, ὅτι κελεύει, ἐάν τις ἄνθρωπον ἐλεύ-
θερον ἢ παῖδα αἰσχύνῃ βίᾳ, διπλῆν τὴν βλάβην ὀφείλειν·
ἐὰν δὲ γυναῖκα, ἐφ' αἷσπερ ἀποκτείνειν ἔξεστιν, ἐν τοῖς

αἰσχύνω: to shame; *mid.* feel ashamed, 4
ἀκούω: to hear, listen to, 9
ἀνα-γιγνώσκω: to read, 3
ἄξιος, -α, -ον: worthy of, deserving of, 4
ἀξιόω: to deem or think worthy, 4
ἀπο-κτείνω: to kill, slay, 3
βία, βίας, ἡ: strength, force, might, 3
βλάβη, ἡ: harm, damage, hurt, 2
γαμέτη, ἡ: married woman, wife, 2
δίκη, ἡ: justice; lawsuit, trial; penalty, 6
διπλόος, -η, -ον: twofold, double, 3
δῆλος, -η, -ον: clear, evident, conspicuous, 1
ἐάν: εἰ ἄν, if (+ subj.), 7
ἐλάττων, -ον: smaller, fewer, 3
ἐλεύθερος, -α, -ον: free, 1

ἐπι-τίθημι: to set upon; add; set upon, attack 1
ἔξ-εστι: it is allowed, permitted, possible, 3
ἐξ-ευρίσκω: to find out, discover, 2
ἰσχυρός, -ά, -όν: strong, powerful; severe, 2
καίτοι: and yet, and indeed, and further, 3
μείζων, -ον: better; too much, too great, 1
νῦν: now; as it is, 3
οἷος, -α, -ον: of what sort, as, 7
ὅσπερ, ἥπερ, ὅπερ: very one who, which, 5
ὀφείλω: to owe, ought, 1
παῖς, παιδός, ὁ, ἡ: a child, boy, girl; slave, 4
παλλακή, ἡ: mistress, concubine, 2
τε: both, and, 8
τιμωρία, ἡ: punishment; help, aid, 6
ὥστε: so that, that, so as to, 8

---

19 καὶ: also
ἐπὶ ταῖς παλλακαῖς: *in the case of
concubines*
ἐλάττονος ἀξίαις: *less worthy*; worthy of
less; i.e. lower status than married women
20 τὴν αὐτήν: *the same…*; attribute position
ἐπέθηκε: *imposed*; 3rd sg. aor. ἐπι-τίθημι
δῆλον ὅτι: *it is clear that…*; supply ἐστίν
εἴ…εἶχε…ἐποίησεν ἄν: *if he had…he
would have*; contrary to fact condition,
impf. in the protasis, ἄν + aor. in apodosis
21 ταύτης: *than this*; gen. of comparison
μείζω: *greater*; μείζονα, comparative
degree, acc. sg. of μέγας, μεγάλη, μέγα
ἐπὶ ταῖς γαμεταῖς: *in the case of married
women*
νῦν δὲ: *but as it is*; commonly following a

contrary to fact condition
22 οἷός τε ὤν: *being able*; lit. "being the sort
to," pres. pple of εἰμί
ταύτης: *than this*; gen. of comparison
ἐπ' ἐκείναις: *in the case of those*
ἐξευρεῖν: aor. inf. ἐξευρίσκω
23 τὴν αὐτήν: *the same (penalty)*; attributive
position, supply τιμωρίαν
ἠξίωσε: 3rd sg. aor. ἀξιόω
ἀνάγνωθι: aor. sg. imperative ἀνα-
γιγνώσκω
24 μοὶ: *for me*
26 ὅτι κελεύει: *that it orders*; subject ὁ νόμος
27 αἰσχύνῃ βίᾳ: *dishonors with force*; i.e. in
cases of assault rather than consensual sex;
ἄν + 3rd sg. subj., present general condition
28 ἐφ' αἷσπερ: *in which cases*

1   αὐτοῖς ἐνέχεσθαι· οὕτως, ὦ ἄνδρες, τοὺς βιαζομένους ἐλάτ-
τονος ζημίας ἀξίους ἡγήσατο εἶναι ἢ τοὺς πείθοντας· τῶν
μὲν γὰρ θάνατον κατέγνω, τοῖς δὲ διπλῆν ἐποίησε τὴν βλά-
βην, ἡγούμενος τοὺς μὲν διαπραττομένους βίᾳ ὑπὸ τῶν βια-
5   σθέντων μισεῖσθαι, 33. τοὺς δὲ πείσαντας οὕτως αὐτῶν τὰς
ψυχὰς διαφθείρειν, ὥστ᾽ οἰκειοτέρας αὐτοῖς ποιεῖν τὰς ἀλ-
λοτρίας γυναῖκας ἢ τοῖς ἀνδράσι, καὶ πᾶσαν ἐπ᾽ ἐκείνοις τὴν
οἰκίαν γεγονέναι, καὶ τοὺς παῖδας ἀδήλους εἶναι ὁποτέρων
τυγχάνουσιν ὄντες, τῶν ἀνδρῶν ἢ τῶν μοιχῶν. ἀνθ᾽ ὧν ὁ

ἀ-δῆλος, -η, -ον: unclear, not evident, 1
ἀλλότριος, -α, -ον: of another, foreign, 3
ἀντί: instead of, in place of (+ gen.), 1
ἄξιος, -α, -ον: worthy of, deserving of, 4
βλάβη, ἡ: harm, damage, hurt, 2
βία, βίας, ἡ: force, might, strength, 3
βιάζω: to constrain, use force, overpower, 2
δια-πράττω: to accomplish, effect, 3
δια-φθείρω: to corrupt, lead astray, destroy, 5
διπλόος, -η, -ον: twofold, double, 3
ἐλάττων, -ον: smaller, fewer, 3
ἐν-έχομαι: be liable to, subject to; cling on, 1
ζημία, ἡ: loss, damage; penalty, fine, 6

θάνατος, ὁ: death, 3
κατα-γιγνώσκω: to condemn (acc. for gen) 2
μισέω: to hate, 1
μοιχός, ὁ: adulterer, 6
οἰκεῖος, -α, -ον: intimate, closely attached, 2
ὁπότερος, -α, -ον: which (of two), 2
παῖς, παιδός, ὁ, ἡ: a child, boy, girl; slave, 4
πείθω: to persuade; mid. obey, 6
τυγχάνω: to chance upon; get; happen, 6
ὑπό: by, because of, from (gen), under (dat) 7
ψυχή, ἡ: breath, life, spirit, soul, 1
ὥστε: so that, that, so as to, 8

1 …ἐνέχεσθαι: he is liable on the same
(penalty); "is held on the same," ; αὐτός is
again in the attributive position: "same"
βιαζομένους: those employing force; middle
2 ἐλάττονος ζημίας...ἤ: smaller penalty
than; gen. governed by ἀξίους
3 ἡγήσατο: governs a double accusative
τῶν μὲν...τοῖς δὲ: for these…for those
κατέγνω: (the law) condemned; 3rd sg. aor.
καταγιγνώσκω ; νόμος is subject below
4 βιασθέντων: those forced; aor. pass. pple
5 πείσαντας: but those persuading (sex);
aor. act. pple, πείθω
6 ὥστ᾽...ποιεῖν: so as to make; result, ποιεῖν
governs a double accusative: "to make x y"
αὐτοῖς: to themselves; ἑαυτοῖς (αὐτοῖς)
is a reflexive pronoun
7 ἤ: than; following comparative οἰκείος

τοῖς ἀνδράσι: to their husbands
πᾶσαν: entire; predicative position
ἐπ᾽ ἐκείνοις: in those's power, in the
hands of those; i.e the adulterer controls the
house of another man
8 γεγονέναι: pf. inf. γίγνομαι
τοὺς παῖδας...ὁποτέρων: it is unclear
whose children…; lit. "the children are
unclear whose they…", same as ἄδηλον
εἶναι ὁποτέρων αἱ παῖδες
9 τυγχάνουσιν ὄντες: happen to be; common
translation for τυγχάνω + pple, here εἰμί
ἀνθ᾽ ὧν: instead of which (things); 'instead
of this,' ἀντὶ with elision and before an
aspirated vowel; the antecedent is the
situation itself; τῶν μοιχῶν is the
antecedent of the following αὐτοῖς

τὸν νόμον τιθεὶς θάνατον αὐτοῖς ἐποίησε τὴν ζημίαν. **34.** Ἐμοῦ 10
τοίνυν, ὦ ἄνδρες, οἱ μὲν νόμοι οὐ μόνον ἀπεγνωκότες εἰσὶ
μὴ ἀδικεῖν, ἀλλὰ καὶ κεκελευκότες ταύτην τὴν δίκην λαμ-
βάνειν· ἐν ὑμῖν δ' ἐστὶ πότερον χρὴ τούτους ἰσχυροὺς ἢ
μηδενὸς ἀξίους εἶναι. **35.** ἐγὼ μὲν γὰρ οἶμαι πάσας τὰς πόλεις
διὰ τοῦτο τοὺς νόμους τίθεσθαι, ἵνα περὶ ὧν ἂν πραγμάτων 15
ἀπορῶμεν, παρὰ τούτους ἐλθόντες σκεψώμεθα ὅ τι ἡμῖν
ποιητέον ἐστίν. οὗτοι τοίνυν περὶ τῶν τοιούτων τοῖς ἀδι-
κουμένοις τοιαύτην δίκην λαμβάνειν παρακελεύονται. **36.** οἷς

ἀ-δικέω: to be unjust, do wrong, injure, 8
ἄξιος, -α, -ον: worthy of, deserving of (gen) 4
ἀξιόω: to deem or think worthy, 4
ἀπο-γιγνώσκω: to acquit, free (+ gen.) 1
ἀπορέω: to be at a loss, be bewildered, 1
γνώμη, ἡ: judgment, resolve, opinion, 5
διά: through (gen.) on account of (acc.), 3
δίκη, ἡ: justice; lawsuit, trial; penalty, 6
ἔρχομαι: to come or go, 5
ζημία, ἡ: loss, damage; penalty, fine, 6
ἡμεῖς: we, 5
θάνατος, ὁ: death, 3
ἵνα: in order that (+ subj.); where (+ ind.), 9

ἰσχυρός, -ά, -όν: strong, powerful; severe, 2
μηδ-είς, μηδ-εμία, μηδ-έν: no one, nothing, 8
μόνος, -η, -ον: alone, only, solitary, 6
οἴομαι: to suppose, think, imagine, 4
παρά: from, at, to the side of; in respect to, 9
παρα-κελεύομαι: to encourage, urge (+ dat.) 1
πόλις, ἡ: a city, 8
πότερος, -α, -ον: which of the two, whether, 2
πρᾶγμα, τό: deed, act; affair, trouble, 6
σκέπτομαι: to look at, examine, consider, 4
τίθημι: to set, put, place, arrange, 3
τοί-νυν: well then; therefore, accordingly, 5
χρή: it is necessary, fitting; must, ought, 1

10 ὁ τιθείς: *the one making*; nom. sg. pres.
   pple, τίθημι
   ἐποίησε: a double acc: "made x y"
   ἐμοῦ: *me*; gen. separation, object of
   ἀπεγνωκότες and κεκελευκότες below
11 ἀπεγνωκότες εἰσὶ...κεκελευκότες: *have*
   acquitted and have ordered; pf. pples +
   εἰμί is a periphrastic form of the perfect
12 λαμβάνειν: *to exact*
13 ἐν ὑμῖν...ἐστὶ: *it is up to you*; lit. "it is
   in you"
   πότερον...ἤ: *whether...or*
   τούτους: *these (laws are);* acc. subject,
   add εἶναι, ἰσχυροὺς is acc. predicate
   οἶμαι: οἴομαι
15 διὰ τοῦτο...ἵνα: *on account of this...*

(namely) so that; ἵνα clarifies τοῦτο
   περὶ ὧν ἂν πραγμάτων: *concerning*
   whatever matters; general relative clause
   with pres. subj. ἀπορέω
16 παρὰ τούτους: *to these (laws);* supply
   τοὺς νόμους
   ἐλθόντες: aor. pple ἔρχομαι
   σκεψώμεθα: *we may consider;* aor. subj. in
   a purpose clause with ἵνα, σκέπτομαι
   ὅ τι ἡμῖν ποιητέον ἐστίν: *what we must*
   do, what we ought to do; lit. "what is to be
   done by us," ἡμῖν is a dat. of agent with
   the verbal adjective ποιητέος
18 λαμβάνειν: *to exact*
   οἷς: *as these;* dat. after αὐτὴν, "same"

ὑμᾶς ἀξιῶ τὴν αὐτὴν γνώμην ἔχειν· εἰ δὲ μή, τοιαύτην ἄδειαν
20 τοῖς μοιχοῖς ποιήσετε, ὥστε καὶ τοὺς κλέπτας ἐπαρεῖτε φά-
σκειν μοιχοὺς εἶναι, εὖ εἰδότας ὅτι, ἐὰν ταύτην τὴν αἰτίαν
περὶ ἑαυτῶν λέγωσι καὶ ἐπὶ τούτῳ φάσκωσιν εἰς τὰς ἀλλο-
τρίας οἰκίας εἰσιέναι, οὐδεὶς αὐτῶν ἅψεται. πάντες γὰρ
εἴσονται ὅτι τοὺς μὲν νόμους τῆς μοιχείας χαίρειν ἐὰν δεῖ,
25 τὴν δὲ ψῆφον τὴν ὑμετέραν δεδιέναι: αὕτη γάρ ἐστι πάντων
τῶν ἐν τῇ πόλει κυριωτάτη.
37. σκέψασθε δέ, ὦ ἄνδρες: κατηγοροῦσι γάρ μου ὡς ἐγὼ
τὴν θεράπαιναν ἐν ἐκείνῃ τῇ ἡμέρᾳ μετελθεῖν ἐκέλευσα τὸν
νεανίσκον. ἐγὼ δέ, ὦ ἄνδρες, δίκαιον μὲν ἂν ποιεῖν ἡγούμην

"I would do"

ἄ-δεια, ἡ: license, immunity, 2
αἰτία, ἡ: cause, responsibility, blame, 1
ἀλλότριος, -α, -ον: of another, alien, 3
ἀξιόω: to deem or think worthy, 4
ἅπτω: to fasten; *mid.* touch, grasp (gen) 1
γνώμη, ἡ: judgment, resolve, opinion, 5
δεῖ: it is necessary, must, ought (inf.), 5
δείδω: to fear, 2
δίκαιος, -α, -ον: just, right, lawful, fair, 6
ἐάν: εἰ ἄν, if (+ subj.), 7
ἑαυτοῦ, -ῆς, -οῦ: himself, her-, its-, them-, 4
ἐπ-αίρω: to lift up, set up, incite, 1
εὖ: well, 2
ἡγέομαι: to lead; consider, think, believe, 14
ἡμέρα, ἡ: day, 6
θεράπαινα, ἡ: handmaid, maid, 6

κατηγορέω: to speak against, to accuse, 2
κλέπτης, ὁ: a thief, 1
κύριος, -α, -ον: authoritative, legitimate, 3
λέγω: to say, speak, 9
μετ-έρχομαι: to pursue, go after, 2
μοιχεία, ἡ: adultery, 1
μοιχός, ὁ: adulterer, 6
νεανίσκος, ὁ: a youth, young man, 1
πόλις, ἡ: a city, 8
σκέπτομαι: to look at, examine, consider, 4
ὑμέτερος, -α, -ον: your, yours, 1
φάσκω: to say, affirm, claim, 3
χαίρω: to rejoice, be glad, enjoy, 1
ψῆφος, ἡ: ballot, vote; a small stone, 1
ὥστε: so that, that, so as to, 8

---

19 ὑμᾶς: acc. subject
    τὴν αὐτὴν: *the same…*; attributive
    position, governs a dat.: "same as"
    ἐπαρεῖτε: *you will incite*; fut. ἐπ-αίρω
21 εἰδότας: *knowing*; acc. pl. pple οἶδα,
    modifying κλέπτας
    ταύτην τὴν αἰτίαν: *this reason*
22 ἐπὶ τούτῳ: *for this (purpose)*
    εἰσιέναι: pres. inf. εἰσ-έρχομαι
23 ἅψεται: fut. mid ἅπτω + partitive gen.,
    i.e. no one will apprehend thieves
24 εἴσονται: *will know*; fut. deponent οἶδα
    (stem εἰδ + σ)
    χαίρειν ἐᾶν: *to dismiss*; lit. "to allow to
    say goodbye," inf. ἐάω and χαίρω

25 δεδιέναι: pf. inf. δείδω, supply δεῖ
    αὕτη: *and this*; i.e. the fem. ἡ ψῆφος
    πάντων: partitve gen. with κυριωτάτη
26 κυριωτάτη: *most authoritative*,
    superlative
27 Σκέψασθε: aor. imperative pl. σκέπτομαι
    κατηγοροῦσι μου ὡς: *they accuse me
    that…*; i.e. the prosecution
28 μετελθεῖν: aor. inf. μετ-έρχομαι, i.e. to
    bring back and entrap the adulterer
29 δίκαιον: *the right thing*; obj. of ποιεῖν
    ἂν…ἡγούμην: *I would have thought*; 1st
    sg. impf. ἡγέομαι; ἄν + impf. is present
    unreal potential

ὡτινιοῦν τρόπῳ τὸν τὴν γυναῖκα τὴν ἐμὴν διαφθείραντα λαμ-   1
βάνων· **38.** (εἰ μὲν γὰρ λόγων εἰρημένων ἔργου δὲ μηδενὸς
γεγενημένου μετελθεῖν ἐκέλευον ἐκεῖνον, ἠδίκουν ἄν· εἰ δὲ
ἤδη πάντων διαπεπραγμένων καὶ πολλάκις εἰσεληλυθότος
εἰς τὴν οἰκίαν τὴν ἐμὴν ὡτινιοῦν τρόπῳ ἐλάμβανον αὐτόν,   5
σωφρονεῖν <ἂν> ἐμαυτὸν ἡγούμην) **39.** σκέψασθε δὲ ὅτι καὶ ταῦτα
ψεύδονται· ῥᾳδίως δὲ ἐκ τῶνδε γνώσεσθε. ἐμοὶ γάρ, ὦ
ἄνδρες, ὅπερ καὶ πρότερον εἶπον, φίλος ὢν Σώστρατος καὶ
οἰκείως διακείμενος ἀπαντήσας ἐξ ἀγροῦ περὶ ἡλίου δυσμὰς

ἀγρός, ὁ: field, farm, 5
ἀ-δικέω: to be unjust, do wrong, injure, 8
ἀπ-αντάω: to meet, encounter, 2
γιγνώσκω: to come to know, learn, realize, 4
διά-κειμαι: to be disposed, affected; settled, 4
δια-πράττω: to accomplish, effect, 3
δια-φθείρω: to corrupt, lead astray, destroy, 5
δυσμή, ἡ: the setting (pl. with sg. meaning) 1
εἶπον: aor., said, spoke, 8
ἐμαυτοῦ, -ῆς, -οῦ: myself, 7
ἔργον, τό: work, labor, deed, act, 3
ἤδη: already, now, at this time, 4
ἥλιος, ὁ: the sun, 2
λέγω: to say, speak, 9
λόγος, ὁ: word, speech, discourse, argument 3
μετ-έρχομαι: to pursue, go after, 2

μηδ-είς, μηδ-εμία, μηδ-έν: no one, nothing, 8
ὅδε, ἥδε, τόδε: this, this here, 1
ὅσπερ, ἥπερ, ὅπερ: very one who, which, 5
ὁστισοῦν, ἡτισοῦν, ὅτι-: whosoever,
    whatsoever, 2
οἰκεῖος, -α, -ον: intimate, close, related, 2
πολλάκις: many times, often, frequently, 2
πρότερος, -α, -ον: before, earlier, 2
ῥάδιος, -α, -ον: easy, ready, 1
σκέπτομαι: to look at, examine, consider, 4
Σώστρατος, ὁ: Sostratus, 2
σωφρονέω: to be of sound mind, prudent, 1
τρόπος, ὁ: a manner, way; direction, 3
φίλος, -α, -ον: friendly, dear, 4
ψεύδω: mid. to lie, cheat, beguile, 3

---

1 **ὡτινιοῦν τρόπῳ**: in whatsoever way; dat.
of manner
τὸν...διαφθείραντα: the one...; intervening
words are the acc. obj. of the aor. pple
2 **λόγων εἰρημένων, ἔργου...γεγενημένου**:
gen. abs. with pf. pples. λέγω, γίγνομαι
3 **μετελθεῖν**: aor. inf. μετ-έρχομαι
εἰ...ἐκέλευον...ἀδίκουν ἄν: If I ordered...I
would be unjust; impf. indicative, impf. ind.
+ ἄν is a contrary-to-fact condition; i.e. if I
had entrapped him, it would be unjust
4 **πάντων διαπεπραγμένων**: gen. absolute,
pf. pass. pple δια-πράττω
(αὐτοῦ) εἰσεληλυθότος: him having
entered; gen abs. pf. pple εἰσ-έρχομαι
5 **ὡτινιοῦν τρόπῳ**: in whatsoever way; dat.

of manner
6 **σωφρονεῖν ἂν ἐμαυτὸν ἡγούμην**: I would
consider myself to be sensible; a late editor
added ἄν, thus the brackets < >, to create a
suitable contrary to fact condition with
impf. ἡγέομαι
6 **σκέψασθε**: aor. mid. plural imperative
καὶ ταῦτα: in these matters as well; "in
respect to these things" acc. respect
7 **ἐκ τῶνδε**: from the following; the pronoun
ὅδε, ἥδε often refers to remarks that follow
γνώσεσθε: 2nd pl. fut. γιγνώσκω
8 **ὢν**: being; pres. pple modifies Σώστρατος
ὅπερ: just as; lit. "the very (thing) which"
9 **οἰκείως διακείμενος**: being close; "being
disposed close" i.e. a close family friend

10　συνεδείπνει, καὶ ἐπειδὴ καλῶς εἶχεν αὐτῷ, ἀπιὼν ᾤχετο.

40. καίτοι πρῶτον μέν, ὦ ἄνδρες, ἐνθυμήθητε [ὅτι] εἰ ἐν ἐκείνῃ
τῇ νυκτὶ ἐγὼ ἐπεβούλευον Ἐρατοσθένει, πότερον ἦν μοι
κρεῖττον αὐτῷ ἑτέρωθι δειπνεῖν ἢ τὸν συνδειπνήσοντά μοι
εἰσαγαγεῖν; οὕτω γὰρ ἂν ἧττον ἐτόλμησεν ἐκεῖνος εἰσελθεῖν

15　εἰς τὴν οἰκίαν. εἶτα δοκῶ ἂν ὑμῖν τὸν συνδειπνοῦντα ἀφεὶς
μόνος καταλειφθῆναι καὶ ἔρημος γενέσθαι, ἢ κελεύειν ἐκεῖνον
μεῖναι, ἵνα μετ' ἐμοῦ τὸν μοιχὸν ἐτιμωρεῖτο; 41. ἔπειτα, ὦ ἄνδρες,
οὐκ ἂν δοκῶ ὑμῖν τοῖς ἐπιτηδείοις μεθ' ἡμέραν παραγγεῖλαι,

ἀπ-έρχομαι: to go away, depart, 6
ἀφ-ίημι: to send forth, let loose, release, 1
δειπνέω: to dine, 2
δοκέω: to seem, seem good, think, imagine, 6
εἰσ-άγω: to lead in or into, 1
εἶτα: then, next, and so, therefore, 2
ἐν-θυμέομαι: take to heart, consider, ponder, 3
ἔπ-ειτα: then, next, secondly, 3
ἐπι-βουλεύω: to plot or contrive against, 2
ἐπιτήδειος, -α, -ον: fit, suitable; close friend 4
Ἐρατοσθένης, ὁ: Eratosthenes, 6
ἔρημος, -ον: desolate, alone, solitary, 1
ἑτέρωθι: elsewhere, 1
ἡμέρα, ἡ: day, 6
ἥττων, -ον: less, weaker, inferior, 2
ἵνα: in order that (+ subj.); where (+ ind.), 9

καίτοι: and yet, and indeed, and further, 3
καλῶς: well, nobly, 2
κατα-λείπω: to leave behind, abandon, 1
κρείττων, -ον: better, stronger, superior, 1
μένω: to stay, remain, 1
μετά: with (+ gen.); after (+ acc.), 8
μοιχός, ὁ: adulterer, 6
μόνος, -η, -ον: alone, only, solitary, 6
νύξ, νυκτός, ἡ: a night, 5
οἴχομαι: to go, go off, depart, 4
παρ-αγγέλλω: to send a message, 2
πότερος, -α, -ον: which of the two, whether 2
πρῶτος, -η, -ον: first, early, 9
συν-δειπνέω: to dine together with, 4
τιμωρέω: to avenge, exact vengeance, 1
τολμάω: to dare, undertake, endure, 1

10　καλῶς εἶχεν αὐτῷ: it was good for him;
　　"holds/is disposed well," ἔχω + adv. is
　　often translated as "to be" + adjective
　　ἀπιών: pres. pple ἀπ-έρχομαι (stem -ι)
　　ᾤχετο: impf. οἴχομαι
11　ἐνθυμήθητε: aor. pass. dep. imperative
　　ἐν-θυμέομαι (stem -ι)
12　Ἐρατοσθένει: (against) Eratosthenes, dat.
　　governed by a compound verb
　　πότερον...ἤ: was it....or...?; πότερον
　　introduces two options in this yes/no
　　question and, as often, is left untranslated
　　ἦν: was; impf. εἰμί
　　μοι...αὐτῷ: for me myself; intensive
13　τὸν συνδειπνήσοντα: dinner companion;
　　"one going to dine," fut pple; acc. obj. of
　　εἰσαγαγεῖν, aor. inf. εἰσάγω;the speaker
　　invited a friend over for dinner
14　ἥττον ἂν ἐτόλμησεν: would have less

likely dared; ἄν + aor. indicative expresses
past potential
εἰσελθεῖν: aor. inf. εἰσ-έρχομαι
15　δοκῶ ἂν ὑμῖν τὸν συνδειπνοῦντα ἀφείς:
　　does it seem to you that I, sending away a
　　dinner companion, would...; ἄν governs
　　the infinitives and expresses past potential;
　　nom. sg. aor. pple ἀφ-ίημι
16　καταλειφθῆναι: aor. pass. inf κατα-λείπω
　　γενέσθαι: aor. inf. γίγνομαι, governs a
　　nom. pred. that modifies subject of δοκῶ
17　μεῖναι: to remain; aor. inf. μένω
　　ἵνα...ἐτιμωρεῖτο: so that...; ἵνα with an
　　impf. indicative in an unattained purpose
　　clause
18　ἂν δοκῶ...παραγγεῖλαι: does it not seem
　　to you that I would summon...; ἄν governs
　　the aor. inf., cf. line 15
　　μετ(ὰ) ἡμέραν: by day; an idiom

καὶ κελεῦσαι αὐτοὺς συλλεγῆναι εἰς οἰκίαν τῶν φίλων τὴν
ἐγγυτάτω, μᾶλλον ἢ ἐπειδὴ τάχιστα ᾐσθόμην τῆς νυκτὸς   20
περιτρέχειν, οὐκ εἰδὼς ὅντινα οἴκοι καταλήψομαι καὶ ὅντινα
ἔξω· καὶ ὡς Ἁρμόδιον μὲν καὶ τὸν δεῖνα ἦλθον οὐκ ἐπιδη-
μοῦντας (οὐ γὰρ ᾔδη), ἑτέρους δὲ οὐκ ἔνδον ὄντας κατέλαβον,
οὓς δ᾽ οἷός τε ἦ λαβὼν ἐβάδιζον. 42. καίτοι γε εἰ προῄδη, οὐκ
ἂν δοκῶ ὑμῖν καὶ θεράποντας παρασκευάσασθαι καὶ τοῖς   25
φίλοις παραγγεῖλαι, ἵν᾽ ὡς ἀσφαλέστατα μὲν αὐτὸς εἰσῄα
(τί γὰρ ἤδη εἴ τι κἀκεῖνος εἶχε σιδήριον;), ὡς μετὰ πλείστων
δὲ μαρτύρων τὴν τιμωρίαν ἐποιούμην; νῦν δ᾽ οὐδὲν εἰδὼς

αἰσθάνομαι: to perceive, feel, learn, realize, 2
Ἁρμόδιος, ὁ: Harmodius, 1
ἀ-σφαλής, -ές: safe, secure, 1
βαδίζω: to walk, to go, 4
γε: at least, at any rate; indeed, 2
δεῖνα, δεῖνος ὁ, ἡ, τό: a certain or such a one 1
δοκέω: to seem, seem good, think, imagine, 6
ἐγγύς: near (+ gen.); adv. nearby, 3
ἔνδον: within, at home, 5
ἔξω: out of (+ gen.); adv. outside, 2
ἐπι-δημέω: to live at home, be in town, 2
ἔρχομαι: to come or go, 5
ἕτερος, -α, -ον: one of two, other, different, 2
ἦ: in truth, truly (begins open question), 6
θεράπων, -οντος, ὁ: attendant, henchman, 1
ἵνα: in order that (+ subj.); where (+ ind.), 9
καίτοι: and yet, and indeed, and further, 3
κατα-λαμβάνω: to seize, lay hold of; find, 4
μᾶλλον: more, rather, 2

μάρτυς. ὁ, ἡ: a witness, 7
μετά: with (+ gen.); after (+ acc.), 8
νῦν: now; as it is, 3
νύξ, νυκτός, ἡ: a night, 5
οἴκοι: at home, 2
οἷος, -α, -ον: of what sort, as, 7
ὅστις, ἥτις, ὅ τι: whoever, whatever, 6
παρ-αγγέλλω: to send a message, 2
παρασκευάζω: to prepare, get ready, 3
περι-τρέχω: to run around, 1
πλεῖστος, -η, -ον: most, very many, 2
προ-οἶδα: to know in advance, 1
σίδηριον, τό: piece of iron, tool, 1
συλ-λέγω: to collect, gather together, 1
τάχιστα: very quickly, most speedily, 1
τε: both, and, 8
τιμωρία, ἡ: punishment; help, aid, 6
τίς, τί: who? which?, 4
φίλος, -α, -ον: friendly, dear, 4

---

19 κελεῦσαι: would bid; aor. inf., supply ἄν
    συλλεγῆναι: aor. passive inf. συλ-λέγω
20 ἐγγυτάτω: superlative adverb ἐγγύς
    μᾶλλον ἤ: rather than
    ἐπειδὴ τάχιστα: as soon as; lit. "when
    very quickly" S. 2383
    ᾐσθόμην: 1st sg. impf. αἰσθάνομαι
    νυκτός: during the night; gen. time within
21 εἰδὼς: nom. sg. pple οἶδα
    καταλήψομαι: fut. mid. καταλαμβάνω
    ὄντινα ἔξω: whomever (I will catch)
    outside; supply καταλήψομαι; a contrast
    between adverbs οἴκοι and ἔξω
22 ὡς Ἁρμόδιον: to Harmodius.
    τὸν δεῖνα: a certain one; not δεινός,

"clever;" this 3rd decl. adj. is acc. sg.
ἦλθον: aor. ἔρχομαι
23 ᾔδη: I did know; 1st sg. plpf. οἶδα
24 οὓς οἷος τε ἦ: (those) whom I was able (to
    catch); "was the sort to," impf. εἰμί
    προῄδη, οὐκ ἂν δοκῶ: I had known, does
    it not seem to you that I would have...;
    contrary to fact condition, 1st sg. plpf.
    προ-οἶδα (past sense), ἄν governs
    the two aor. infinitives
26 ὡς ἀσφαλέστατα: as safe as possible
    ἵνα...εἰσῄα: so that I myself enter; ἵνα +
    impf. in an unattained purpose clause
27 τι σιδήριον: a weapon; "some iron"
28 ὡς...ἐποιούμην: how I inflicted; impf.

1 τῶν ἐσομένων ἐκείνῃ τῇ νυκτί, οὓς οἷός τε ἦ παρέλαβον. καί
μοι ἀνάβητε τούτων μάρτυρες.

Μάρτυρες

43. τῶν μὲν μαρτύρων ἀκηκόατε, ὦ ἄνδρες· σκέψασθε δὲ
5 παρ᾽ ὑμῖν αὐτοῖς οὕτως περὶ τούτου τοῦ πράγματος, ζητοῦντες
εἴ τις ἐμοὶ καὶ Ἐρατοσθένει ἔχθρα πώποτε γεγένηται πλὴν
ταύτης. οὐδεμίαν γὰρ εὑρήσετε. 44. οὔτε γὰρ συκοφαντῶν
γραφάς με ἐγράψατο, οὔτε ἐκβάλλειν ἐκ τῆς πόλεως ἐπε-
χείρησεν, οὔτε ἰδίας δίκας ἐδικάζετο, οὔτε συνῄδει κακὸν

[margin notes:] feminine because ἔχθρα fem.

ἀκούω: to hear, listen to, 9
ἀνα-βαίνω: to go up, climb, mount, 3
γραφή, ἡ: indictment, 1
γράφω: write; *mid.* make an indictment, 1
δίκη, ἡ: justice; lawsuit, trial; penalty, 6
δικάζω: to judge, to give judgment on, 2
ἐκ-βάλλω: to throw out, reject, 1
ἐπι-χειρέω: put one's hand on, attempt, try, 1
Ἐρατοσθένης, ὁ: Eratosthenes, 6
εὑρίσκω: to find out, discover, 2
ἔχθρα, ἡ: enmity, hostility, 2
ζητέω: to seek, search, inquire, 1
ἦ: in truth, truly (begins open question), 6
ἴδιος, -α, -ον: one's own, peculiar, 2

κακός, -ή, -όν: bad, base, cowardly, evil, 7
μάρτυς. ὁ, ἡ: a witness, 7
νύξ, νυκτός, ἡ: a night, 5
οἷος, -α, -ον: of what sort, as, 7
παρά: from, at, to the side of; in respect to, 9
παρα-λαμβάνω: to take, receive, catch, 2
πλήν: except, but (+ gen.), 4
πόλις, ἡ: a city, 8
πρᾶγμα, τό: deed, act; affair, trouble, 6
πώ-ποτε: ever yet, ever, 2
σκέπτομαι: to look at, examine, consider, 4
συκοφαντέω: to slander, accuse falsely, 1
σύν-οιδα: know along with, be conscious of, 2
τε: both, and, 8

1 τῶν ἐσομένων: *of things going to be*; fut.
pple εἰμί is a partitive gen. with οὐδὲν
ἐκείνῃ τῇ νυκτί: dat. of time when
οὓς οἷός τε ἦ: *whom I was able (to grab)*;
"I was the sort to" οἷός τε + form of εἰμι,
here impf., commonly denotes "to be able"
2 μοι: *for me*
ἀναβητε: aor. pl. imperative, ἀνα-βαίνω
4 ἀκηκόατε: 2nd pl. pf. ἀκούω + gen.
σκέψασθε: aor. imperative pl. σκέπτομαι
5 παρ᾽ ὑμῖν αὐτοῖς: *for yourselves*
6 τις...ἔχθρα: *any hostility (between)*; + dat.

γεγένηται: pf. mid. γίγνομαι
7 εὑρήσετε: 2nd pl. fut. εὑρίσκω
8 γραφάς με ἐγράψατο: *did not bring indictments against me*; lit. "indict indictments (against) me," cognate acc.
ἐκβάλλειν: supply με "me" as object
ἐπεχείρεσεν: the adulterer is still the subject
9 ἰδίας δίκας ἐδικάζετο: *did not bring private suits;* " as in line 8, cognate accusatives
οὔτε...οὐδὲν: *and not...any*; translate οὐδὲν as a positive
συνῄδει: *was he aware of;* past. of σύν-οιδα

aorist optative → *if I should accomplish these things, then I hoped to [get] money from someone*

οὐδὲν ὃ ἐγὼ δεδιὼς μή τις πύθηται ἐπεθύμουν αὐτὸν ἀπο-   10
λέσαι, οὔτε εἰ ταῦτα διαπραξαίμην, ἤλπιζόν ποθεν χρήματα
λήψεσθαι· ἔνιοι γὰρ τοιούτων πραγμάτων ἕνεκα θάνατον
ἀλλήλοις ἐπιβουλεύουσι. 45. τοσούτου τοίνυν δεῖ ἢ λοιδορία ἢ
παροινία ἢ ἄλλη τις διαφορὰ ἡμῖν γεγονέναι, ὥστε οὐδὲ
ἑωρακὼς ἢ τὸν ἄνθρωπον πώποτε πλὴν ἐν ἐκείνῃ τῇ νυκτί.   15
τί ἂν οὖν βουλόμενος ἐγὼ τοιοῦτον κίνδυνον ἐκινδύνευον, εἰ
μὴ τὸ μέγιστον τῶν ἀδικημάτων ἢ ὑπ' αὐτοῦ ἠδικημένος;
46. ἔπειτα παρακαλέσας αὐτὸς μάρτυρας ἠσέβουν, ἐξόν μοι,

contrary to fact condition

ἀ-δικέω: to be unjust, do wrong, injure, 8
ἀδίκημα, -ατος, τό: a wrong done, a wrong, 2
ἀλλήλος, -α, -ον: one another, 1
ἄλλος, -η, -ο: other, one...another, 8
ἀπ-όλλυμι: to destroy, kill, ruin, 3
ἀ-σεβέω: to be or act impiously, ungodly, 1
βούλομαι: to wish, be willing, desire, 6
δεῖ: it is necessary, must, ought (inf.), 5
δείδω: to fear, 2
δια-πράττω: to accomplish, affect, 3
διαφορά, ἡ: difference, distinction, 1
ἐλπίζω: to hope, hope for, expect, 1
ἕνεκα: for the sake of, because of (+gen.), 2
ἔνιοι, -αι, -α: some, 1
ἔξ-εστι: it is allowed, permitted, possible, 3
ἔπ-ειτα: then, next, secondly, 3
ἐπι-βουλεύω: to plot or contrive against, 2
ἐπι-θυμέω: to desire, long for, 2
ἦ: in truth, truly (begins open question), 6
ἡμεῖς: we, 5
θάνατος, ὁ: death, 3

κινδυνεύω: to risk, venture; *3rd sg.* it is likely 3
κίνδυνος, ὁ: risk, danger, venture, 1
λοιδορία, ἡ: reproach, abuse, railing, 1
μάρτυς. ὁ, ἡ: a witness, 7
μέγας, μεγάλη, μέγα: big, great, important, 1
νύξ, νυκτός, ἡ: a night,
ὁράω: to see, look, behold, 5
οὐδέ: and not, but not, nor, not even, 4
παρα-καλέω: to call to, call beside, 1
παροινία, ἡ: a drunken bout, 1
πλήν: except, but (+ gen.), 4
ποθεν: from some place, from somewhere, 1
πρᾶγμα, τό: deed, act; affair, trouble, 6
πυνθάνομαι: to learn by inquiry or hearsay, 9
πώ-ποτε: ever yet, ever, 2
τίς, τί: who? which?, 4
τοί-νυν: well then; therefore, accordingly, 5
τοσοῦτος, -αύτη, -οῦτο: so great, so many, 2
ὑπό: by, because of, from (gen), under (dat) 7
χρῆμα, -ατος, τό: thing, money, goods, 4
ὥστε: so that, that, so as to, 8

---

10 ὅ: *which*; acc. direct object of πύθηται
   δεδιὼς: *fearing*; nom. sg. pf. pple δείδω
   μή τις πύθηται: *lest someone...*; clause of
   fearing: μή + aor. subj. πυνθάνομαι
   ἀπολέσαι: *to destroy*; aor. inf. ἀπ-όλλυμι
11 διαπραξαίμην: *I accomplished*; indefinite
   clause, aor. opt. replaces ἄν + subj. in
   secondary sequence
   ἤλπιζον: impf. ἐλπίζω
   χρήματα: *money*; i.e. paid compensation
12 λήψεσθαι: *to receive*; fut. inf. λαμβάνω
   ἕνεκα: *for the sake of*; governs a preceding
   genitive, here τοιούτων πραγμάτων
13 τοσούτου...δεῖ...γεγονέναι: *is so far*

from coming to be...; 'lacks so much...'
3rd sg. but there are multiple subjects; δέω
governs a gen. of quantity or separation
ἑωρακὼς ἦ: *I had seen*; nom. sg. pf. pple
ὁράω + 1st sg. impf. εἰμί form a
periphrastic form of the pluperfect
16 τί..βουλόμενος: *wishing what...?*; τί is
the acc. object of the participle
ἄν...ἐκινδύνευον: *would I risk*; ἄν + past
indicative, in a contrary-to-fact condition
17 τὸ μέγιστον...ἠδικημένος: *I had been
wronged by the greatest of wrongs*; inner
acc.; periphrastic form of plpf. passive
18 ἐξόν: *it being possible* ; pple, acc. absolute

εἴπερ ἀδίκως ἐπεθύμουν αὐτὸν ἀπολέσαι, μηδένα μοι τούτων
20 συνειδέναι;

    47. ἐγὼ μὲν οὖν, ὦ ἄνδρες, οὐκ ἰδίαν ὑπὲρ ἐμαυτοῦ νομίζω
ταύτην γενέσθαι τὴν τιμωρίαν, ἀλλ' ὑπὲρ τῆς πόλεως ἁπάσης·
οἱ γὰρ τοιαῦτα πράττοντες, ὁρῶντες οἷα τὰ ἆθλα πρόκειται
τῶν τοιούτων ἁμαρτημάτων, ἧττον εἰς τοὺς ἄλλους ἐξαμαρ-
25 τήσονται, ἐὰν καὶ ὑμᾶς ὁρῶσι τὴν αὐτὴν γνώμην ἔχοντας.
    48. εἰ δὲ μή, πολὺ κάλλιον τοὺς μὲν κειμένους νόμους ἐξαλεῖψαι,
ἑτέρους δὲ θεῖναι, οἵτινες τοὺς μὲν φυλάττοντας τὰς ἑαυτῶν

ἄ-δικος, -ον: unrighteous, unjust, 1
ἆθλον, τό: prize, prize of a contest, 1
ἄλλος, -η, -ο: other, one…another, 8
ἁμάρτημα, τό: a failure, fault, sin, 2
ἀπ-όλλυμι: to destroy, kill, ruin, 3
γνώμη, ἡ: judgment, resolve, opinion, 5
ἐάν: εἰ ἄν, if (+ subj.), 7
ἑαυτοῦ, -ῆς, -οῦ: himself, her-, its-, them-, 4
εἴπερ: if really, if that is to say, 2
ἐμαυτοῦ, -ῆς, -οῦ: myself, 7
ἐξ-αλείφω: obliterate, erase, blot out, 1
ἐξ-αμαρτάνω: to make a mistake, wrong, 2
ἐπι-θυμέω: to desire, long for, 2
ἕτερος, -α, -ον: one of two, other, different, 2
ἥττων, -ον: less, weaker, inferior, 2
ἴδιος, -α, -ον: one's own, peculiar, 2

καλός, -ή, -όν: beautiful, noble, fine, 1
κεῖμαι: to be set, be placed, lie, 1
μηδ-είς, μηδ-εμία, μηδ-έν: no one, nothing, 8
νομίζω: to believe, think, deem, 4
οἷος, -α, -ον: of what sort, as, 7
ὁράω: to see, look, behold, 5
ὅστις, ἥτις, ὅ τι: whoever, whatever, 6
πόλις, ἡ: a city, 8
πολύς, πολλά, πολύ: much, many, 7
προ-κεῖμαι: to be set before, lie before, 1
σύν-οιδα: know with, be conscious of (dat) 2
τίθημι: to set, put, place, arrange, 3
τιμωρία, ἡ: punishment; help, aid, 6
ὑπέρ: above, on behalf of (gen); beyond (acc)2
φυλάττω: to keep watch, keep guard, 3

19 ἀπολέσαι: aor. inf. ἀπ-όλλυμι
20 συνειδέναι: pf. inf. σύν-οιδα, the verb is
    pf. in form but present in translation
21 ἰδίαν…ταύτην..τιμωρίαν: *this peculiar
    punishment*; acc. subject of γενέσθαι
    ὑπὲρ ἐμαυτοῦ: *on my behalf*; in contrast
    to ὑπὲρ τῆς πόλεως ἁπάσης
23 οἷα τὰ ἆθλα: *what sort of prizes*
    τῶν τοιούτων ἁμαρτημάτων: *for such
    crimes*; gen. of exchange
24 ἧττον: *less (likely)*; comparative adverb
    εἰς τοὺς ἄλλους: *against others*
    ἐξαμαρτήσονται: fut. mid. ἐξ-αμαρτάνω

25 ἐὰν…ὁρῶσι: *if they see*; ἄν + pres. subj. in
    a future more vivid condition
    τὴν αὐτὴν: *the same*; attributive position
26 πολὺ κάλλιον: *(it would be) far better*;
    acc. of extent in degree (S 1586) with
    comparative adjective; supply linking verb
    τοὺς κειμένους νόμους: *the existing laws*
    ἐξαλεῖψαι: aor. inf. ἐξ-αλείφω
27 θεῖναι: *to set up*; aor. inf. τίθημι
    οἵτινες: *which*; i.e. laws, this relative
    pronoun is the subject of ζημιώσουσι and
    ποιήσουσι

γυναῖκας) ταῖς ζημίαις (ζημιώσουσι,) τοῖς δὲ βουλομένοις εἰς 1
αὐτὰς ἁμαρτάνειν πολλὴν ἄδειαν (ποιήσουσι. 49. πολὺ γὰρ οὕτω
δικαιότερον ἢ ὑπὸ τῶν νόμων) τοὺς πολίτας (ἐνεδρεύεσθαι,) οἳ
κελεύουσι μέν, ἐάν τις μοιχὸν λάβῃ, ὅ τι ἂν οὖν βούληται
χρῆσθαι, οἱ δ' ἀγῶνες δεινότεροι τοῖς ἀδικουμένοις καθε-   5
στήκασιν ἢ τοῖς (παρὰ τοὺς νόμους) τὰς ἀλλοτρίας (καται-
σχύνουσι) γυναῖκας. 50. ἐγὼ γὰρ νῦν καὶ περὶ τοῦ σώματος καὶ
(περὶ τῶν χρημάτων) καὶ (περὶ τῶν ἄλλων ἁπάντων (κινδυνεύω,)
ὅτι τοῖς τῆς πόλεως νόμοις (ἐπειθόμην.)

ἀγών, ὁ: contest, trial, 1
ἄ-δεια, ἡ: license, immunity, 2
ἀ-δικέω: to be unjust, do wrong, injure, 8
ἄλλος, -η, -ο: other, one...another, 8
ἀλλότριος, -α, -ον: of another, foreign, 3
ἁμαρτάνω: make a mistake, miss the mark, 2
βούλομαι: to wish, be willing, desire, 6
δεινός, -ή, -όν: terrible; wondrous, clever, 3
δίκαιος, -α, -ον: just, right, lawful, fair, 6
ἐάν: εἰ ἄν, if (+ subj.), 7
ἐνεδρεύω: to lie in wait for, entrap, 1
ζημία, ἡ: loss, damage; penalty, fine, 6
ζημιόω: to penalize, fine, 2
καθ-ίστημι: to set up, appoint, establish, 1

κατ-αισχύνω: to shame dishonor, 1
κινδυνεύω: to risk, venture; *3rd sg.* it is likely 3
μοιχός, ὁ: adulterer, 6
νόμος, ὁ: law, custom, 19
νῦν: now; as it is, 3
παρά: from, at, to the side of; in respect to, 9
πείθω: to persuade; *mid.* obey (dat.) 6
πόλις, ἡ: a city, 8
πολίτης, ὁ: citizen, 1
πολύς, πολλά, πολύ: much, many, 7
σῶμα, τό: the body, 1
ὑπό: by, because of, from (gen), under (dat) 7
χράομαι: to deal with, use, employ, 1
χρῆμα, -ατος, τό: money, goods, property, 4

1 ταῖς ζημίαις ζημιώσουσι: *will punish with penalties*; dat. of means
  τοῖς βουλομένοις: *for those wishing to do wrong against them*; i.e. the adulterers against the wives
2 ποιήσουσι: *they will bring about*
  πολὺ...δικαιότερον ἢ: *(it would be) far more just in this way than*; acc. of extent in degree (S 1586) with a comparative adj.
3 ἐνεδρεύεσθαι: pres. pass. inf.
4 ἐάν..λάβῃ: *catches*; ἄν + aor. subjunctive in a present general condition
  ὅ τι...βούληται χρῆσθαι: *to deal (with the adulterer) in whatever way one wishes*; inf. χράομαι is governed by κελεύουσι and

itself governs a missing dative and an relative clause which behaves as an adverbial accusative; ὃ τι introduces a general relative clause, pres. subjunctive
5 δεινότεροι: *more terrible*
  ἀδικουμένοις: pres. pass. pple
  καθεστήκασιν: *have become*; + nom. pred. 3rd pl. pf. καθ-ίστημι
6 παρά: *contrary to...*; + acc.
  καταισχύνουσι: dat. pl. pres. pple
7 καὶ...καί: *both...and*
8 κινδυνεύω: *I take a risk*; here governing περί + gen.
9 ὅτι: *because*
  ἐπειθόμην: impf. πείθω

Lysias I

Greek-only pages
for classroom review

ΥΠΕΡ ΤΟΥ ΕΡΑΤΟΣΘΕΝΟΥΣ ΦΟΝΟΥ
ΑΠΟΛΟΓΙΑ

1   περὶ πολλοῦ ἂν ποιησαίμην, ὦ ἄνδρες, τὸ τοιούτους ὑμᾶς
ἐμοὶ δικαστὰς περὶ τούτου τοῦ πράγματος γενέσθαι, οἷοίπερ
ἂν ὑμῖν αὐτοῖς εἴητε τοιαῦτα πεπονθότες· εὖ γὰρ οἶδ᾽ ὅτι, εἰ
τὴν αὐτὴν γνώμην περὶ τῶν ἄλλων ἔχοιτε, ἥνπερ περὶ ὑμῶν
5   αὐτῶν, οὐκ ἂν εἴη· ὅστις οὐκ ἐπὶ τοῖς γεγενημένοις ἀγανακτοίη,
ἀλλὰ πάντες ἂν περὶ τῶν τὰ τοιαῦτα ἐπιτηδευόντων τὰς
ζημίας μικρὰς ἡγοῖσθε. 2. καὶ ταῦτα οὐκ ἂν εἴη μόνον παρ᾽
ὑμῖν οὕτως ἐγνωσμένα, ἀλλ᾽ ἐν ἁπάσῃ τῇ Ἑλλάδι· περὶ
τούτου γὰρ μόνου τοῦ ἀδικήματος καὶ ἐν δημοκρατίᾳ καὶ
10 ὀλιγαρχίᾳ ἡ αὐτὴ τιμωρία τοῖς ἀσθενεστάτοις πρὸς τοὺς τὰ
μέγιστα δυναμένους ἀποδέδοται, ὥστε τὸν χείριστον τῶν αὐτῶν
τυγχάνειν τῷ βελτίστῳ· οὕτως, ὦ ἄνδρες, ταύτην τὴν ὕβριν
ἅπαντες ἄνθρωποι δεινοτάτην ἡγοῦνται. 3. περὶ μὲν οὖν τοῦ
μεγέθους τῆς ζημίας ἅπαντας ὑμᾶς νομίζω τὴν αὐτὴν διάνοιαν
15 ἔχειν, καὶ οὐδένα οὕτως ὀλιγώρως διακεῖσθαι, ὅστις οἴεται
δεῖν συγγνώμης τυγχάνειν ἢ μικρᾶς ζημίας ἀξίους ἡγεῖται
τοὺς τῶν τοιούτων ἔργων αἰτίους· 4. ἡγοῦμαι δέ, ὦ ἄνδρες,
τοῦτό με δεῖν ἐπιδεῖξαι, ὡς ἐμοίχευεν Ἐρατοσθένης τὴν
γυναῖκα τὴν ἐμὴν καὶ ἐκείνην τε διέφθειρε καὶ τοὺς παῖδας
20 τοὺς ἐμοὺς ᾔσχυνε καὶ ἐμὲ αὐτὸν ὕβρισεν εἰς τὴν οἰκίαν τὴν
ἐμὴν εἰσιών, καὶ οὔτε ἔχθρα ἐμοὶ καὶ ἐκείνῳ οὐδεμία ἦν πλὴν

ταύτης, οὔτε χρημάτων ἕνεκα ἔπραξα ταῦτα, ἵνα πλούσιος ἐκ   1
πένητος γένωμαι, οὔτε ἄλλου κέρδους οὐδενὸς πλὴν τῆς κατὰ
τοὺς νόμους τιμωρίας. 5. ἐγὼ τοίνυν ἐξ ἀρχῆς ὑμῖν ἅπαντα
ἐπιδείξω τὰ ἐμαυτοῦ πράγματα, οὐδὲν παραλείπων, ἀλλὰ
λέγων τἀληθῆ· ταύτην γὰρ ἐμαυτῷ μόνην ἡγοῦμαι σωτηρίαν,   5
ἐὰν ὑμῖν εἰπεῖν ἅπαντα δυνηθῶ τὰ πεπραγμένα.

6. ἐγὼ γάρ, ὦ Ἀθηναῖοι, ἐπειδὴ ἔδοξέ μοι γῆμαι καὶ γυναῖκα
ἠγαγόμην εἰς τὴν οἰκίαν, τὸν μὲν ἄλλον χρόνον οὕτω διεκείμην
ὥστε μήτε λυπεῖν μήτε λίαν ἐπ' ἐκείνῃ εἶναι ὅ τι ἂν ἐθέλῃ
ποιεῖν, ἐφύλαττόν τε ὡς οἷόν τε ἦν, καὶ προσεῖχον τὸν νοῦν   10
ὥσπερ εἰκὸς ἦν. ἐπειδὴ δέ μοι παιδίον γίγνεται, ἐπίστευον
ἤδη καὶ πάντα τὰ ἐμαυτοῦ ἐκείνῃ παρέδωκα, ἡγούμενος
ταύτην οἰκειότητα μεγίστην εἶναι· 7. ἐν μὲν οὖν τῷ πρώτῳ
χρόνῳ, ὦ Ἀθηναῖοι, πασῶν ἦν βελτίστη· καὶ γὰρ οἰκονόμος
δεινὴ καὶ φειδωλὸς [ἀγαθὴ] καὶ ἀκριβῶς πάντα διοικοῦσα·   15
ἐπειδὴ δέ μοι ἡ μήτηρ ἐτελεύτησε, πάντων τῶν κακῶν
ἀποθανοῦσα αἰτία μοι γεγένηται,... 8. ἐπ' ἐκφορὰν γὰρ αὐτῇ
ἀκολουθήσασα ἡ ἐμὴ γυνὴ ὑπὸ τούτου τοῦ ἀνθρώπου ὀφθεῖσα,
χρόνῳ διαφθείρεται· ἐπιτηρῶν γὰρ τὴν θεράπαιναν τὴν εἰς
τὴν ἀγορὰν βαδίζουσαν καὶ λόγους προσφέρων ἀπώλεσεν   20
αὐτήν. 9. πρῶτον μὲν οὖν, ὦ ἄνδρες, (δεῖ γὰρ καὶ ταῦθ' ὑμῖν
διηγήσασθαι) οἰκίδιον ἔστι μοι διπλοῦν, ἴσα ἔχον τὰ ἄνω τοῖς
κάτω κατὰ τὴν γυναικωνῖτιν καὶ κατὰ τὴν ἀνδρωνῖτιν.
ἐπειδὴ δὲ τὸ παιδίον ἐγένετο ἡμῖν, ἡ μήτηρ αὐτὸ ἐθήλαζεν·
ἵνα δὲ μή, ὁπότε λοῦσθαι δέοι, κινδυνεύῃ κατὰ τῆς κλίμακος   25
καταβαίνουσα, ἐγὼ μὲν ἄνω διῃτώμην, αἱ δὲ γυναῖκες κάτω.
10. καὶ οὕτως ἤδη συνειθισμένον ἦν, ὥστε πολλάκις ἡ γυνὴ

1   ἀπῄει κάτω καθευδήσουσα ὡς τὸ παιδίον, ἵνα τὸν τιτθὸν
αὐτῷ διδῷ καὶ μὴ βοᾷ. καὶ ταῦτα πολὺν χρόνον οὕτως
ἐγίγνετο, καὶ ἐγὼ οὐδέποτε ὑπώπτευσα, ἀλλ᾽ οὕτως ἠλιθίως
διεκείμην, ὥστε ᾤμην τὴν ἐμαυτοῦ γυναῖκα πασῶν σωφρονε-
5   στάτην εἶναι τῶν ἐν τῇ πόλει. 11. προϊόντος δὲ τοῦ χρόνου,
ὦ ἄνδρες, ἧκον μὲν ἀπροσδοκήτως ἐξ ἀγροῦ, μετὰ δὲ τὸ
δεῖπνον τὸ παιδίον ἐβόα καὶ ἐδυσκόλαινεν ὑπὸ τῆς θερα-
παίνης ἐπίτηδες λυπούμενον, ἵνα ταῦτα ποιῇ· ὁ γὰρ ἄνθρωπος
ἔνδον ἦν· 12. ὕστερον γὰρ ἅπαντα ἐπυθόμην. καὶ ἐγὼ τὴν
10   γυναῖκα ἀπιέναι ἐκέλευον καὶ δοῦναι τῷ παιδίῳ τὸν τιτθόν,
ἵνα παύσηται κλᾶον. ἡ δὲ τὸ μὲν πρῶτον οὐκ ἤθελεν, ὡς
ἂν ἀσμένη με ἑωρακυῖα ἥκοντα διὰ χρόνου· ἐπειδὴ δὲ ἐγὼ
ὠργιζόμην καὶ ἐκέλευον αὐτὴν ἀπιέναι, "ἵνα σύ γε" ἔφη
"πειρᾷς ἐνταῦθα τὴν παιδίσκην· καὶ πρότερον δὲ μεθύων
15   εἷλκες αὐτήν." κἀγὼ μὲν ἐγέλων, 13. ἐκείνη δὲ ἀναστᾶσα καὶ
ἀπιοῦσα προστίθησι τὴν θύραν, προσποιουμένη παίζειν, καὶ
τὴν κλεῖν ἐφέλκεται. κἀγὼ τούτων οὐδὲν ἐνθυμούμενος
οὐδ᾽ ὑπονοῶν ἐκάθευδον ἄσμενος, ἥκων ἐξ ἀγροῦ. 14. ἐπειδὴ
δὲ ἦν πρὸς ἡμέραν, ἧκεν ἐκείνη καὶ τὴν θύραν ἀνέῳξεν.
20   ἐρομένου δέ μου τί αἱ θύραι νύκτωρ ψοφοῖεν, ἔφασκε τὸν
λύχνον ἀποσβεσθῆναι τὸν παρὰ τῷ παιδίῳ, εἶτα ἐκ τῶν
γειτόνων ἐνάψασθαι. ἐσιώπων ἐγὼ καὶ ταῦτα οὕτως ἔχειν
ἡγούμην. ἔδοξε δέ μοι, ὦ ἄνδρες, τὸ πρόσωπον ἐψιμυθιῶσθαι,
τοῦ ἀδελφοῦ τεθνεῶτος οὔπω τριάκονθ᾽ ἡμέρας· ὅμως δ᾽ οὐδ᾽
25   οὕτως οὐδὲν εἰπὼν περὶ τοῦ πράγματος ἐξελθὼν ᾠχόμην ἔξω
σιωπῇ. 15. μετὰ δὲ ταῦτα, ὦ ἄνδρες, χρόνου μεταξὺ διαγενο-
μένου καὶ ἐμοῦ πολὺ ἀπολελειμμένου τῶν ἐμαυτοῦ κακῶν,
προσέρχεταί μοί τις πρεσβῦτις ἄνθρωπος, ὑπὸ γυναικὸς

ὑποπεμφθεῖσα ἦν ἐκεῖνος ἐμοίχευεν, ὡς ἐγὼ ὕστερον 1
ἤκουον· αὕτη δὲ ὀργιζομένη καὶ ἀδικεῖσθαι νομίζουσα, ὅτι
οὐκέτι ὁμοίως ἐφοίτα παρ' αὐτήν, ἐφύλαττεν ἕως ἐξηῦρεν
ὅ τι εἴη τὸ αἴτιον. προσελθοῦσα οὖν μοι ἐγγὺς ἡ ἄνθρωπος
τῆς οἰκίας τῆς ἐμῆς ἐπιτηροῦσα, "Εὐφίλητε" ἔφη "μηδεμιᾷ 5
πολυπραγμοσύνῃ προσεληλυθέναι με νόμιζε πρὸς σέ· 16. ὁ γὰρ
ἀνὴρ ὁ ὑβρίζων εἰς σὲ καὶ τὴν σὴν γυναῖκα ἐχθρὸς ὢν ἡμῖν
τυγχάνει. ἐὰν οὖν λάβῃς τὴν θεράπαιναν τὴν εἰς ἀγορὰν
βαδίζουσαν καὶ διακονοῦσαν ὑμῖν καὶ βασανίσῃς, ἅπαντα
πεύσῃ. ἔστι δ'" ἔφη "Ἐρατοσθένης Ὄῆθεν ὁ ταῦτα 10
πράττων, ὃς οὐ μόνον τὴν σὴν γυναῖκα διέφθαρκεν ἀλλὰ
καὶ ἄλλας πολλάς· ταύτην γὰρ [τὴν] τέχνην ἔχει." 17. ταῦτα
εἰποῦσα, ὦ ἄνδρες, ἐκείνη μὲν ἀπηλλάγη, ἐγὼ δ' εὐθέως
ἐταραττόμην, καὶ πάντα μου εἰς τὴν γνώμην εἰσῄει, καὶ
μεστὸς ἦ ὑποψίας, ἐνθυμούμενος μὲν ὡς ἀπεκλήσθην ἐν τῷ 15
δωματίῳ, ἀναμιμνησκόμενος δὲ ὅτι ἐν ἐκείνῃ τῇ νυκτὶ ἐψόφει
ἡ μέταυλος θύρα καὶ ἡ αὔλειος, ὃ οὐδέποτε ἐγένετο, ἔδοξέ
τέ μοι ἡ γυνὴ ἐψιμυθιῶσθαι. ταῦτά μου πάντα εἰς τὴν
γνώμην εἰσῄει, καὶ μεστὸς ἦ ὑποψίας. 18. ἐλθὼν δὲ οἴκαδε
ἐκέλευον ἀκολουθεῖν μοι τὴν θεράπαιναν εἰς τὴν ἀγοράν, 20
ἀγαγὼν δ' αὐτὴν ὡς τῶν ἐπιτηδείων τινὰ ἔλεγον ὅτι ἐγὼ
πάντα εἴην πεπυσμένος τὰ γιγνόμενα ἐν τῇ οἰκίᾳ· "σοὶ οὖν"
ἔφην "ἔξεστι δυοῖν ὁπότερον βούλει ἑλέσθαι, ἢ μαστιγω-
θεῖσαν εἰς μύλωνα ἐμπεσεῖν καὶ μηδέποτε παύσασθαι κακοῖς
τοιούτοις συνεχομένην, ἢ κατειποῦσαν ἅπαντα τἀληθῆ μηδὲν 25
παθεῖν κακόν, ἀλλὰ συγγνώμης παρ' ἐμοῦ τυχεῖν τῶν
ἡμαρτημένων. ψεύσῃ δὲ μηδέν, ἀλλὰ πάντα τἀληθῆ λέγε."

1 **19.** κἀκείνη τὸ μὲν πρῶτον ἔξαρνος ἦν, καὶ ποιεῖν ἐκέλευεν ὅ τι
βούλομαι· οὐδὲν γὰρ εἰδέναι· ἐπειδὴ δὲ ἐγὼ ἐμνήσθην
Ἐρατοσθένους πρὸς αὐτήν, καὶ εἶπον ὅτι οὗτος ὁ φοιτῶν εἴη
πρὸς τὴν γυναῖκα, ἐξεπλάγη ἡγησαμένη με πάντα ἀκριβῶς
5 ἐγνωκέναι. καὶ τότε ἤδη πρὸς τὰ γόνατά μου πεσοῦσα,
20. καὶ πίστιν παρ' ἐμοῦ λαβοῦσα μηδὲν πείσεσθαι κακόν,
κατηγόρει πρῶτον μὲν ὡς μετὰ τὴν ἐκφορὰν αὐτῇ προσίοι,
ἔπειτα ὡς αὐτὴ τελευτῶσα εἰσαγγείλειε καὶ ὡς ἐκείνη τῷ
χρόνῳ πεισθείη, καὶ τὰς εἰσόδους οἷς τρόποις προσίοιτο, καὶ
10 ὡς Θεσμοφορίοις ἐμοῦ ἐν ἀγρῷ ὄντος ᾤχετο εἰς τὸ ἱερὸν
μετὰ τῆς μητρὸς τῆς ἐκείνου· καὶ τἆλλα τὰ γενόμενα πάντα
ἀκριβῶς διηγήσατο. ἐπειδὴ δὲ πάντα εἴρητο αὐτῇ, **21.** εἶπον
ἐγώ, "ὅπως τοίνυν ταῦτα μηδεὶς ἀνθρώπων πεύσεται· εἰ δέ
μή, οὐδέν σοι κύριον ἔσται τῶν πρὸς ἔμ' ὡμολογημένων.
15 ἀξιῶ δέ σε ἐπ' αὐτοφώρῳ ταῦτά μοι ἐπιδεῖξαι· ἐγὼ γὰρ
οὐδὲν δέομαι λόγων, ἀλλὰ τὸ ἔργον φανερὸν γενέσθαι, εἴπερ
οὕτως ἔχει." **22.** ὡμολόγει ταῦτα ποιήσειν. καὶ μετὰ ταῦτα
διεγένοντο ἡμέραι τέσσαρες ἢ πέντε, . . . ὡς ἐγὼ μεγάλοις
ὑμῖν τεκμηρίοις ἐπιδείξω. πρῶτον δὲ διηγήσασθαι βούλομαι
20 τὰ πραχθέντα τῇ τελευταίᾳ ἡμέρᾳ. Σώστρατος ἦν μοι
ἐπιτήδειος καὶ φίλος. τούτῳ ἡλίου δεδυκότος ἰόντι ἐξ ἀγροῦ
ἀπήντησα. **23.** εἰδὼς δ' ἐγὼ ὅτι τηνικαῦτα ἀφιγμένος οὐδένα
καταλήψοιτο οἴκοι τῶν ἐπιτηδείων, ἐκέλευον, συνδειπνεῖν·
καὶ ἐλθόντες οἴκαδε ὡς ἐμέ, ἀναβάντες εἰς τὸ ὑπερῷον
25 ἐδειπνοῦμεν. ἐπειδὴ δὲ καλῶς αὐτῷ εἶχεν, ἐκεῖνος μὲν
ἀπιὼν ᾤχετο, ἐγὼ δ' ἐκάθευδον. ὁ δ' Ἐρατοσθένης, ὦ
ἄνδρες, εἰσέρχεται, καὶ ἡ θεράπαινα ἐπεγείρασά με εὐθὺς
φράζει ὅτι ἔνδον ἐστί. κἀγὼ εἰπὼν ἐκείνῃ ἐπιμελεῖσθαι τῆς

θύρας, καταβὰς σιωπῇ ἐξέρχομαι, καὶ ἀφικνοῦμαι ὡς τὸν 1
καὶ τόν, καὶ τοὺς μὲν ἔνδον κατέλαβον, τοὺς δὲ οὐδ᾽
ἐπιδημοῦντας ηὖρον. **24.** παραλαβὼν δ᾽ ὡς οἷόν τε ἦν πλείστους
ἐκ τῶν παρόντων ἐβάδιζον. καὶ δᾷδας λαβόντες ἐκ τοῦ
ἐγγύτατα καπηλείου εἰσερχόμεθα, ἀνεῳγμένης τῆς θύρας καὶ 5
ὑπὸ τῆς ἀνθρώπου παρεσκευασμένης. ὤσαντες δὲ τὴν θύραν
τοῦ δωματίου οἱ μὲν πρῶτοι εἰσιόντες ἔτι εἴδομεν αὐτὸν
κατακείμενον παρὰ τῇ γυναικί, οἱ δ᾽ ὕστερον ἐν τῇ κλίνῃ
γυμνὸν ἑστηκότα. **25.** ἐγὼ δ᾽, ὦ ἄνδρες, πατάξας καταβάλλω
αὐτόν, καὶ τὼ χεῖρε περιαγαγὼν εἰς τοὖπισθεν καὶ δήσας 10
ἠρώτων διὰ τί ὑβρίζει εἰς τὴν οἰκίαν τὴν ἐμὴν εἰσιών. κἀ-
κεῖνος ἀδικεῖν μὲν ὡμολόγει, ἠντεβόλει δὲ καὶ ἱκέτευε μὴ
ἀποκτεῖναι ἀλλ᾽ ἀργύριον πράξασθαι. ἐγὼ δ᾽ εἶπον ὅτι "οὐκ
ἐγώ σε ἀποκτενῶ, **26.** ἀλλ᾽ ὁ τῆς πόλεως νόμος, ὃν σὺ παρα-
βαίνων περὶ ἐλάττονος τῶν ἡδονῶν ἐποιήσω, καὶ μᾶλλον 15
εἵλου τοιοῦτον ἁμάρτημα ἐξαμαρτάνειν εἰς τὴν γυναῖκα τὴν
ἐμὴν καὶ εἰς τοὺς παῖδας τοὺς ἐμοὺς ἢ τοῖς νόμοις πείθεσθαι
καὶ κόσμιος εἶναι." **27.** οὕτως, ὦ ἄνδρες, ἐκεῖνος τούτων ἔτυχεν
ὧνπερ οἱ νόμοι κελεύουσι τοὺς τὰ τοιαῦτα πράττοντας, οὐκ
εἰσαρπασθεὶς ἐκ τῆς ὁδοῦ, οὐδ᾽ ἐπὶ τὴν ἑστίαν καταφυγών, 20
ὥσπερ οὗτοι λέγουσι· πῶς γὰρ ἄν, ὅστις ἐν τῷ δωματίῳ
πληγεὶς κατέπεσεν εὐθύς, περιέστρεψα δ᾽ αὐτοῦ τὼ χεῖρε, ἔνδον
δὲ ἦσαν ἄνθρωποι τοσοῦτοι, οὓς διαφυγεῖν οὐκ ἐδύνατο, οὔτε
σίδηρον οὔτε ξύλον οὔτε ἄλλο οὐδὲν ἔχων, ᾧ τοὺς εἰσελθόντας
ἂν ἠμύνατο. **28.** ἀλλ᾽, ὦ ἄνδρες, οἶμαι καὶ ὑμᾶς εἰδέναι ὅτι οἱ 25
μὴ τὰ δίκαια πράττοντες οὐχ ὁμολογοῦσι τοὺς ἐχθροὺς λέγειν
ἀληθῆ, ἀλλ᾽ αὐτοὶ ψευδόμενοι καὶ τὰ τοιαῦτα μηχανώμενοι
ὀργὰς τοῖς ἀκούουσι κατὰ τῶν τὰ δίκαια πραττόντων παρα-
σκευάζουσι. πρῶτον μὲν οὖν ἀνάγνωθι τὸν νόμον.

Νόμος

29. οὐκ ἠμφεσβήτει, ὦ ἄνδρες, ἀλλ' ὡμολόγει ἀδικεῖν, καὶ ὅπως μὲν μὴ ἀποθάνῃ ἠντεβόλει καὶ ἱκέτευεν, ἀποτίνειν δ' ἕτοιμος ἦν χρήματα. ἐγὼ δὲ τῷ μὲν ἐκείνου τιμήματι οὐ συνεχώρουν, τὸν δὲ τῆς πόλεως νόμον ἠξίουν εἶναι κυριώτερον, καὶ ταύτην ἔλαβον τὴν δίκην, ἣν ὑμεῖς δικαιοτάτην εἶναι ἡγησάμενοι τοῖς τὰ τοιαῦτα ἐπιτηδεύουσιν ἐτάξατε. καί μοι ἀνάβητε τούτων μάρτυρες.

Μάρτυρες

30. ἀνάγνωθι δέ μοι καὶ τοῦτον τὸν νόμον ⟨τὸν⟩ ἐκ τῆς στήλης τῆς ἐξ Ἀρείου πάγου.

Νόμος

ἀκούετε, ὦ ἄνδρες, ὅτι αὐτῷ τῷ δικαστηρίῳ τῷ ἐξ Ἀρείου πάγου, ᾧ καὶ πάτριόν ἐστι καὶ ἐφ' ἡμῶν ἀποδέδοται τοῦ φόνου τὰς δίκας δικάζειν, διαρρήδην εἴρηται τούτου μὴ καταγιγνώσκειν φόνον, ὃς ἂν ἐπὶ δάμαρτι τῇ ἑαυτοῦ μοιχὸν λαβὼν ταύτην τὴν τιμωρίαν ποιήσηται. **31.** καὶ οὕτω σφόδρα ὁ νομοθέτης ἐπὶ ταῖς γαμεταῖς γυναιξὶ δίκαια ταῦτα ἡγήσατο εἶναι, ὥστε καὶ ἐπὶ ταῖς παλλακαῖς ταῖς ἐλάττονος ἀξίαις τὴν αὐτὴν δίκην ἐπέθηκε. καίτοι δῆλον ὅτι, εἴ τινα εἶχε ταύτης μείζω τιμωρίαν ἐπὶ ταῖς γαμεταῖς, ἐποίησεν ἄν· νῦν δὲ οὐχ οἷός τε ὢν ταύτης ἰσχυροτέραν ἐπ' ἐκείναις ἐξευρεῖν, τὴν αὐτὴν καὶ ἐπὶ ταῖς παλλακαῖς ἠξίωσε γίγνεσθαι. Ἀνάγνωθι δέ μοι καὶ τοῦτον τὸν νόμον.

Νόμος

32. ἀκούετε, ἄνδρες, ὅτι κελεύει, ἐάν τις ἄνθρωπον ἐλεύθερον ἢ παῖδα αἰσχύνῃ βίᾳ, διπλῆν τὴν βλάβην ὀφείλειν· ἐὰν δὲ γυναῖκα, ἐφ' αἷσπερ ἀποκτείνειν ἔξεστιν, ἐν τοῖς

41

αὐτοῖς ἐνέχεσθαι· οὕτως, ὦ ἄνδρες, τοὺς βιαζομένους ἐλάτ- 1
τονος ζημίας ἀξίους ἡγήσατο εἶναι ἢ τοὺς πείθοντας· τῶν
μὲν γὰρ θάνατον κατέγνω, τοῖς δὲ διπλῆν ἐποίησε τὴν βλά-
βην, ἡγούμενος τοὺς μὲν διαπραττομένους βίᾳ ὑπὸ τῶν βια-
σθέντων μισεῖσθαι, **33**. τοὺς δὲ πείσαντας οὕτως αὐτῶν τὰς 5
ψυχὰς διαφθείρειν, ὥστ' οἰκειοτέρας αὐτοῖς ποιεῖν τὰς ἀλ-
λοτρίας γυναῖκας ἢ τοῖς ἀνδράσι, καὶ πᾶσαν ἐπ' ἐκείνοις τὴν
οἰκίαν γεγονέναι, καὶ τοὺς παῖδας ἀδήλους εἶναι ὁποτέρων
τυγχάνουσιν ὄντες, τῶν ἀνδρῶν ἢ τῶν μοιχῶν. ἀνθ' ὧν ὁ
τὸν νόμον τιθεὶς θάνατον αὐτοῖς ἐποίησε τὴν ζημίαν. **34**. Ἐμοῦ 10
τοίνυν, ὦ ἄνδρες, οἱ μὲν νόμοι οὐ μόνον ἀπεγνωκότες εἰσὶ
μὴ ἀδικεῖν, ἀλλὰ καὶ κεκελευκότες ταύτην τὴν δίκην λαμ-
βάνειν· ἐν ὑμῖν δ' ἐστὶ πότερον χρὴ τούτους ἰσχυροὺς ἢ
μηδενὸς ἀξίους εἶναι. **35**. ἐγὼ μὲν γὰρ οἶμαι πάσας τὰς πόλεις
διὰ τοῦτο τοὺς νόμους τίθεσθαι, ἵνα περὶ ὧν ἂν πραγμάτων 15
ἀπορῶμεν, παρὰ τούτους ἐλθόντες σκεψώμεθα ὅ τι ἡμῖν
ποιητέον ἐστίν. οὗτοι τοίνυν περὶ τῶν τοιούτων τοῖς ἀδι-
κουμένοις τοιαύτην δίκην λαμβάνειν παρακελεύονται. **36**. οἷς
ὑμᾶς ἀξιῶ τὴν αὐτὴν γνώμην ἔχειν· εἰ δὲ μή, τοιαύτην ἄδειαν
τοῖς μοιχοῖς ποιήσετε, ὥστε καὶ τοὺς κλέπτας ἐπαρεῖτε φά- 20
σκειν μοιχοὺς εἶναι, εὖ εἰδότας ὅτι, ἐὰν ταύτην τὴν αἰτίαν
περὶ ἑαυτῶν λέγωσι καὶ ἐπὶ τούτῳ φάσκωσιν εἰς τὰς ἀλλο-
τρίας οἰκίας εἰσιέναι, οὐδεὶς αὐτῶν ἅψεται. πάντες γὰρ
εἴσονται ὅτι τοὺς μὲν νόμους τῆς μοιχείας χαίρειν ἐᾶν δεῖ,
τὴν δὲ ψῆφον τὴν ὑμετέραν δεδιέναι· αὕτη γάρ ἐστι πάντων 25
τῶν ἐν τῇ πόλει κυριωτάτη.

37. σκέψασθε δέ, ὦ ἄνδρες· κατηγοροῦσι γάρ μου ὡς ἐγὼ
τὴν θεράπαιναν ἐν ἐκείνῃ τῇ ἡμέρᾳ μετελθεῖν ἐκέλευσα τὸν
νεανίσκον. ἐγὼ δέ, ὦ ἄνδρες, δίκαιον μὲν ἂν ποιεῖν ἡγούμην

1 ὡτινιοῦν τρόπῳ τὸν τὴν γυναῖκα τὴν ἐμὴν διαφθείραντα λαμ-
   βάνων· **38.** (εἰ μὲν γὰρ λόγων εἰρημένων ἔργου δὲ μηδενὸς
   γεγενημένου μετελθεῖν ἐκέλευον ἐκεῖνον, ἠδίκουν ἄν· εἰ δὲ
   ἤδη πάντων διαπεπραγμένων καὶ πολλάκις εἰσεληλυθότος
5 εἰς τὴν οἰκίαν τὴν ἐμὴν ὡτινιοῦν τρόπῳ ἐλάμβανον αὐτόν,
   σωφρονεῖν <ἂν> ἐμαυτὸν ἡγούμην) **39.** σκέψασθε δὲ ὅτι καὶ ταῦτα
   ψεύδονται· ῥᾳδίως δὲ ἐκ τῶνδε γνώσεσθε. ἐμοὶ γάρ, ὦ
   ἄνδρες, ὅπερ καὶ πρότερον εἶπον, φίλος ὢν Σώστρατος καὶ
   οἰκείως διακείμενος ἀπαντήσας ἐξ ἀγροῦ περὶ ἡλίου δυσμὰς
10 συνεδείπνει, καὶ ἐπειδὴ καλῶς εἶχεν αὐτῷ, ἀπιὼν ᾤχετο.
   40. καίτοι πρῶτον μέν, ὦ ἄνδρες, ἐνθυμήθητε· [ὅτι] εἰ ἐν ἐκείνῃ
   τῇ νυκτὶ ἐγὼ ἐπεβούλευον Ἐρατοσθένει, πότερον ἦν μοι
   κρεῖττον αὐτῷ ἑτέρωθι δειπνεῖν ἢ τὸν συνδειπνήσοντά μοι
   εἰσαγαγεῖν; οὕτω γὰρ ἂν ἧττον ἐτόλμησεν ἐκεῖνος εἰσελθεῖν
15 εἰς τὴν οἰκίαν. εἶτα δοκῶ ἂν ὑμῖν τὸν συνδειπνοῦντα ἀφεὶς
   μόνος καταλειφθῆναι καὶ ἔρημος γενέσθαι, ἢ κελεύειν ἐκεῖνον
   μεῖναι, ἵνα μετ’ ἐμοῦ τὸν μοιχὸν ἐτιμωρεῖτο; **41.** ἔπειτα, ὦ ἄνδρες,
   οὐκ ἂν δοκῶ ὑμῖν τοῖς ἐπιτηδείοις μεθ’ ἡμέραν παραγγεῖλαι,
   καὶ κελεῦσαι αὐτοὺς συλλεγῆναι εἰς οἰκίαν τῶν φίλων τὴν
20 ἐγγυτάτω, μᾶλλον ἢ ἐπειδὴ τάχιστα ᾐσθόμην τῆς νυκτὸς
   περιτρέχειν, οὐκ εἰδὼς ὅντινα οἴκοι καταλήψομαι καὶ ὅντινα
   ἔξω; καὶ ὡς Ἁρμόδιον μὲν καὶ τὸν δεῖνα ἦλθον οὐκ ἐπιδη-
   μοῦντας (οὐ γὰρ ᾔδη), ἑτέρους δὲ οὐκ ἔνδον ὄντας κατέλαβον,
   οὓς δ’ οἷός τε ἦ λαβὼν ἐβάδιζον. **42.** καίτοι γε εἰ προῄδη, οὐκ
25 ἂν δοκῶ ὑμῖν καὶ θεράποντας παρασκευάσασθαι καὶ τοῖς
   φίλοις παραγγεῖλαι, ἵν’ ὡς ἀσφαλέστατα μὲν αὐτὸς εἰσῄα
   (τί γὰρ ᾔδη εἴ τι κἀκεῖνος εἶχε σιδήριον;), ὡς μετὰ πλείστων
   δὲ μαρτύρων τὴν τιμωρίαν ἐποιούμην;   νῦν δ’ οὐδὲν εἰδὼς

τῶν ἐσομένων ἐκείνῃ τῇ νυκτί, οὓς οἷός τε ἦ παρέλαβον. καί 1
μοι ἀνάβητε τούτων μάρτυρες.

Μάρτυρες

43. τῶν μὲν μαρτύρων ἀκηκόατε, ὦ ἄνδρες· σκέψασθε δὲ
παρ᾽ ὑμῖν αὐτοῖς οὕτως περὶ τούτου τοῦ πράγματος, ζητοῦντες 5
εἴ τις ἐμοὶ καὶ Ἐρατοσθένει ἔχθρα πώποτε γεγένηται πλὴν
ταύτης. οὐδεμίαν γὰρ εὑρήσετε. 44. οὔτε γὰρ συκοφαντῶν
γραφάς με ἐγράψατο, οὔτε ἐκβάλλειν ἐκ τῆς πόλεως ἐπε-
χείρησεν, οὔτε ἰδίας δίκας ἐδικάζετο, οὔτε συνῄδει κακὸν
οὐδὲν ὃ ἐγὼ δεδιὼς μή τις πύθηται ἐπεθύμουν αὐτὸν ἀπο- 10
λέσαι, οὔτε εἰ ταῦτα διαπραξαίμην, ἤλπιζόν ποθεν χρήματα
λήψεσθαι· ἔνιοι γὰρ τοιούτων πραγμάτων ἕνεκα θάνατον
ἀλλήλοις ἐπιβουλεύουσι. 45. τοσούτου τοίνυν δεῖ ἢ λοιδορία ἢ
παροινία ἢ ἄλλη τις διαφορὰ ἡμῖν γεγονέναι, ὥστε οὐδὲ
ἑωρακὼς ἦ τὸν ἄνθρωπον πώποτε πλὴν ἐν ἐκείνῃ τῇ νυκτί. 15
τί ἂν οὖν βουλόμενος ἐγὼ τοιοῦτον κίνδυνον ἐκινδύνευον, εἰ
μὴ τὸ μέγιστον τῶν ἀδικημάτων ἦ ὑπ᾽ αὐτοῦ ἠδικημένος;
46. ἔπειτα παρακαλέσας αὐτὸς μάρτυρας ἠσέβουν, ἐξόν μοι,
εἴπερ ἀδίκως ἐπεθύμουν αὐτὸν ἀπολέσαι, μηδένα μοι τούτων
συνειδέναι;
20

47. ἐγὼ μὲν οὖν, ὦ ἄνδρες, οὐκ ἰδίαν ὑπὲρ ἐμαυτοῦ νομίζω
ταύτην γενέσθαι τὴν τιμωρίαν, ἀλλ᾽ ὑπὲρ τῆς πόλεως ἁπάσης·
οἱ γὰρ τοιαῦτα πράττοντες, ὁρῶντες οἷα τὰ ἆθλα πρόκειται
τῶν τοιούτων ἁμαρτημάτων, ἧττον εἰς τοὺς ἄλλους ἐξαμαρ-
τήσονται, ἐὰν καὶ ὑμᾶς ὁρῶσι τὴν αὐτὴν γνώμην ἔχοντας. 25
48. εἰ δὲ μή, πολὺ κάλλιον τοὺς μὲν κειμένους νόμους ἐξαλεῖψαι,
ἑτέρους δὲ θεῖναι, οἵτινες τοὺς μὲν φυλάττοντας τὰς ἑαυτῶν

44

1   γυναῖκας ταῖς ζημίαις ζημιώσουσι, τοῖς δὲ βουλομένοις εἰς
    αὐτὰς ἁμαρτάνειν πολλὴν ἄδειαν ποιήσουσι. **49.** πολὺ γὰρ οὕτω
    δικαιότερον ἢ ὑπὸ τῶν νόμων τοὺς πολίτας ἐνεδρεύεσθαι, οἳ
    κελεύουσι μέν, ἐάν τις μοιχὸν λάβῃ, ὅ τι ἂν οὖν βούληται
5   χρῆσθαι, οἱ δ᾽ ἀγῶνες δεινότεροι τοῖς ἀδικουμένοις καθε-
    στήκασιν ἢ τοῖς παρὰ τοὺς νόμους τὰς ἀλλοτρίας καται-
    σχύνουσι γυναῖκας. **50.** ἐγὼ γὰρ νῦν καὶ περὶ τοῦ σώματος καὶ
    περὶ τῶν χρημάτων καὶ περὶ τῶν ἄλλων ἁπάντων κινδυνεύω,
10 ὅτι τοῖς τῆς πόλεως νόμοις ἐπειθόμην.

Plato's Crito

An Introduction to Plato's Crito
for the Intermediate Reader

The *Crito* is an account of how Socrates chose to die to defend a set of principles rather than live comfortably without them. The fact that scribes chose to copy this work, often painstakingly, generation after generation speaks both to the conviction that there is wisdom within that should transcend Plato's and Socrates' own deaths and to the desire of readers to understand what is worth dying for and therefore what is worth living for. Socrates' story is our story. And so, as you struggle with the occasional odd verb form, new vocabulary, and grammar rules in the *Crito*, do not forget, Reader, the real reason that you hold this book in your hands. The Greek is a means to help us understand ourselves.

The dialogue begins as Crito, a wealthy Athenian and friend of Socrates, wakes up the philosopher in prison and offers him an opportunity to flee his impending execution and live a comfortable life abroad. What follows is a philosophical exchange between the two men on the merits of such an escape. Soon afterward, the conversation takes an abrupt turn when Socrates introduces the personified Laws, who in their own voice deliver a lengthy speech to Socrates to convince him that he must obey the laws of his city, remain in prison, and await his looming execution.

This work is one of four Platonic dialogues set around the death of Socrates. The *Euthyphro*, a short dialogue on piety, takes place as Socrates walks to a preliminary hearing before his trial. The *Apology*, which is not a dialogue but a speech, is Plato's account of the famous defense which Socrates delivers in the law courts against the charges of corrupting the young and creating new gods. The *Crito*, as described above, takes place while Socrates awaits his execution in prison, and the *Phaedo*, a dialogue on the nature of the soul and the afterlife, depicts Socrates' equanimity in the last moments of his life. Modern scholars often strive for consistency in their understanding of the first three dialogues and assume that Plato composed the fourth work at a later time in his life, when Plato's literary aims were different from those in the first three works.

Historical Context and Interpretation

When possible, scholars use the historical context to illuminate an interpretation of a dialogue. For example, in 406 BCE, several years before the events depicted in the *Crito*, Socrates was one of fifty *prytanes* elected by lot to preside over the Athenian Assembly. On this occasion, more than 6000 assembly members voted on a decree to try and execute *en masse* rather than individually eight generals accused of abandoning their shipwrecked comrades at the battle of Arginusae. As Socrates explains in the *Apology*, although the Athenians later recognized that the decree was passed contrary to law (παρανόμως), at the time Socrates was the lone prytanis who opposed the decree on the grounds that it was in fact contrary to the laws (παρα τοὺς νόμους, *Ap.* 32b). Xenophon, a contemporary of Plato, describes the same event in *Hellenica* I.7.14-15 and adds that, while other prytanes opposed the decree but later succumbed to the jeers and threats from supporters, Socrates alone remained undeterred in refusing to bring the proposal to a vote. When the issue was brought before the Assembly despite Socrates' objection, Socrates says that he showed his disapproval once more by voting against the decree (ἐναντία ἐψηφισάμην, *Ap.* 32b). Xenophon adds that soon after the execution of the generals, the supporters of the decree were prosecuted on the charge of deceiving the people (*Hel.* 1.7.35).

Whether Plato was influenced by this episode when he wrote the *Crito* is debatable, but the account in the *Apology* shows that this confrontation between Socrates and the assembly was not far from Plato's mind. There are two points in this narrative that are worth noting. First, the historical Socrates confronted a situation that, as Plato describes, pitted the arbitrary will of the people against the rule of law, and this event became part of Socrates' public persona. Not only is Plato comfortable having Socrates allude to its importance in a trial speech, but Xenophon offers independent confirmation that the event was worthy of mention. In fact, until Socrates faced his own trial, his opposition to the decree was the defining moment in his political life, and a part of his identity that Plato could not easily ignore as he wrote the *Crito*. Second, the *Apology* depicts Socrates as an advocate for the rule of law and a supporter of the view that established law should be an arbiter in public debate. Whatever private reason the historical Socrates may have had to oppose the decree, the argument that Plato places in Socrates' mouth to persuade his fellow Athenians is not an appeal to the soul or to individual virtues or to one's moral conscience but to the principle that decisions in public discourse must be made with due regard to existing laws.

Socrates' role as *prytanis* may shed light on interpretations of the *Crito*, which have been remarkably diverse and even contradictory. The controversy arises when scholars try to clarify Socrates' relationship with the personified Laws. According to the most popular reading of the dialogue, defended in particular by Richard Kraut, Socrates' decision to place the speech in the mouth of the Laws is not dramatically significant: the Laws' arguments are Socrates' own, and whether the Laws or Socrates himself delivers the speech makes no difference to the interpretation of the work. On this view, Socrates argues in favor of the rule of law and finds the arguments within the Laws' speech persuasive enough to convince him to remain in prison and face his own execution. On an alternative reading, defended among others by Roslyn Weiss, the decision to include the personified Laws marks a dramatic turning point in the dialogue. Socrates places the speech in the mouth of the Laws precisely because he wishes to distance himself from a defense of the rule of law and is unwilling to claim the Laws' arguments as his own. On this reading, the speech is offered not for Socrates' benefit but for Crito's. Since Crito appears unconvinced by Socrates' earlier arguments for staying in prison, Socrates constructs the imaginary Laws and their arguments as a less desirable alternative to philosophical dialogue, one that succeeds where the earlier arguments do not and persuades Crito that Socrates must not escape.

The range of opinions regarding the *Crito* reminds us how rich this work truly is, and Socrates' role in the assembly merely adds to the complexity. Do we expect the views of Plato's Socrates to be the same as those of the historical Socrates? Is Plato's portrayal of Socrates consistent among different dialogues? Which ones? Should we aim for consistency within a single dialogue? Are the views of the personified Laws Socrates' or someone else's? These are a few of the issues that we encounter as the drama unfolds, but they pale when compared to the overarching question of the dialogue: why does Socrates stay in prison and why should we care 2400 years later?

Plato's *Crito* Core Vocabulary (10 or more times)

The following is an alphabetized list of all words that occur ten or more times in the *Crito*. These words are not included within the vocabulary in the commentary and therefore must be reviewed and mastered as soon as possible. The end of the dictionary entry, both below and throughout the commentary, indicates the number of ccurrances of the word in the entire *Crito*.

ἀ-δικέω: to be unjust, do wrong, injure, 13
ἀλλά: but, 54
ἄλλος, -η, -ο: other, one...another, 34
ἄν: modal adv. 55
ἄνθρωπος, ὁ: human being, 10
ἄρα: then, therefore, it seems, it turns out, 16
αὐτός, -ή, -ό: -self; he, she, it; the same, 52
δέ: but, and, on the other hand, 74
δεῖ: it is necessary, must, ought (+ inf.), 25
δή: indeed, surely, really, certainly, just, 32
δίκαιος, -α, -ον: just, right, lawful, fair, 26
δόξα, ἡ: opinion, reputation, honor, glory, 12
δοκέω, δόξω, ἔδοξα, δεδόκηκα, δέδογμαι, ἐδοκήθην:: to seem, seem good, think, imagine, 31
ἐάν: εἰ ἄν, if (+ subj.), 18
ἐγώ: I, 52
εἷς, μία, ἕν: one, single, alone, 10
ἐκ, ἐξ: out of, from (+ gen.), 13
ἐν: in, on, among. (+ dat.), 32
ἐπειδάν: whenever, 15
ἐπι-χειρέω: attempt, try, put one's hand on, 12
ἔτι: still, besides, further, 14
ἔχω: to have, hold; be able; be disposed, 20
εἰ: if, whether, 38
εἰς: into, to, in regard to (+ acc.), 15
εἰμί: to be, exist, 76
φαίνομαι: appear, seem, become visible, 10
φημί: to say, claim, assert, 22
γάρ: for, since 34
γε: at least, at any rate; indeed, 21
γίγνομαι, γενήσομαι, ἐγενόμην, γέγονα, γεγένημαι, –: to come to be, become, be born, 12
ἤ: or (either...or); than, 71
ἡμεῖς: we, 77
καί: and, also, even, too, 253
καλῶς: well, nobly, beautifully, 13
Κρίτων, -ωνος, ὁ: Crito, 22
λέγω, λέξω (ἐρέω), ἔλεξα, εἴλοχα, λέλεγμαι, ἐλέχθην: to say, speak, 39
λόγος, ὁ: word, speech, discourse, 13
μέν: on the one hand, 35
μή: not, lest, 45
νόμος, ὁ: law, custom, 22
νῦν: now; as it is, 15
ὅς, ἥ, ὅ: who, which, that, 53
ὅσπερ, ἥπερ, ὅπερ: the very one who, very thing which, 10
ὅτι: that; because, 34

ὀ, ἡ, τό: the, 388
ὁμο-λογέω, ὁμολογήσω, ὡμολόγησα, ὡμολόγηκα, –, ὡμολογήθην: speak together, agree, 14
ὁράω: to see, look, behold, 10
ὥρα, ἡ: time; season, period of time, 1
οἷος, -α, -ον: of what sort, as, 14
οἴομαι, οἰήσομαι, –, –, –, ᾠήθην: to suppose, think, imagine, 15
οὗτος, αὕτη, τοῦτο: this, these, 95
οὖν: and so, then; at all events, 16
οὐ, οὐκ, οὐχ: not, 82
οὐδ-είς, οὐδε-μία, οὐδ-έν: no one, nothing, 15
οὐδέ: and not, but not, nor, not even, 20
οὔ-τε: and not, neither...nor, 28
οὕτως: in this way, thus, so, 17
πάσχω, πείσομαι, ἔπαθον, πέπονθα: to suffer, experience, 11
πᾶς, πᾶσα, πᾶν: every, all, the whole, 17
πείθω, πείσω, ἔπεισα, πέποιθα, πέπεισμαι, ἐπείσθην: to persuade, trust; *mid.* obey, 19
περί: around, about, concerning (all cases) 19
πόλις, -εως, ἡ: a city-state, city, 25
πότερος, -α, -ον: which of two? whether? 10
ποιέω, -ήσω, ἐποίησα, πεποίηκα, πεποίημαι, ἐποιήθην: to do, make, create, compose, 34
πολύς, πολλά, πολύ: much, many, 31
πράττω, πράξω, ἔπραξα, πέπραχα, πεπράγμαι, ἐπράχθην: to do, accomplish, make, act, 13
πρός: to (acc.), near, in addition to (dat.), 14
σαυτοῦ, -ῆ, -οῦ: yourself, 12
σύ: you, 91
Σωκράτης, -ους, ὁ: Socrates, 33
τε: and, both, 44
τις, τι: anyone, anything, someone, something, 66
ὡς: as, thus, so, that; when, since, 35

Stephanus Page Numbers

The universal method for referring to pages in any of Plato's dialogues is through Stephanus page numbers. This paging system was developed by Henri Estienne (Lat., *Stephanus*), who published a multi-volume edition of Plato's dialogues in 1578. Stephanus divided each page in his edition into roughly equal sections, which he labeled with the letters a, b, c, d, and e. This system allowed his readers to locate a particular passage not only by the page number but by the section letter as well (e.g. 43a, 43b, 43c, 43d, 44a...). Many modern editions, including the Greek text in this volume, have adopted this system and gone one step further by dividing the sections into individual lines (e.g. 43a1, 43a2, 43a3...). This paging system offers the same advantages as chapters and verses in the Bible. Since most editions of Plato include the Stephanus page numbers in the margins of the text, a reader can pick up any volume of Plato—in Greek or in translation—and easily locate a particular passage in the dialogue.

Because Stephanus placed the *Republic* on pages 43-54 in one volume of Plato, the *Crito* begins on Stephanus page 43a1 and ends on page 54e2. In this commentary all of grammatical notes are arranged and labeled according to this paging system.

Selected Bibliography

Allen, R.E. 1980. *Socrates and Legal Obligation*. Minneapolis.

Bentley, R. 1996. "Responding to Crito: Socrates and Political Obligation." *HPTh* 17: 1–20.

Blondell, R. 2002. *The Play of Character in Plato's Dialogues*. Cambridge.

Brickhouse, T.C. and N.D. Smith. 1994. *Plato's Socrates*. New York.

Brown, H. 1992. "The Structure of Plato's *Crito*." *Apeiron* 25: 67–82.

Bostock, D. 1990. "The Interpretation of Plato's *Crito*." *Phronesis* 35: 1–20.

DeFilippo, J.G. 1991. "Justice and Obedience in the *Crito*." *AncPhil* 11: 249–63.

Harte, V. 1999. "Conflicting Values in Plato's *Crito*." *AGP* 81: 117–47.

Kraut, R. 1984. *Socrates and the State*. Princeton.

Lane, M.S. 1998. "Argument and Agreement in Plato's *Crito*." *HPTh* 19: 313–30.

Miller, M. 1996. "'The Arguments I Seem to Hear': Argument and Irony in the *Crito*." *Phronesis* 41: 121–37.

Stephens, J. 1985. "Socrates on the Rule of Law." *HPhQ* 2: 3–10.

Strauss, L. 1983. "On Plato's *Apology of Socrates* and *Crito*." In T.L. Pangle, ed. *Studies in Platonic Political Philosophy*. Chicago. pp. 38–66.

Stokes, M. 2005. *Dialectic in Action: An Examination of Plato's Crito*. Swansea.

Vlastos. G. 1974. "Socrates on Political Obedience and Disobedience." *Yale Review* 63:517-34.

Weiss, R. 1998. *Socrates Dissatisfied*. New York.

White, J. B. 1996. "Plato's *Crito*: The Authority of Law and Philosophy." In R. B. Louden and P. Schollmeier, eds. *The Greeks and Us: Essays in Honor of Arthur W H. Adkins*. Chicago. pp. 97–133.

Woozley, A.D. 1979. *Law and Obedience: The Argument of Plato's Crito*. London.

Young, G. 1974. "Socrates and Obedience." *Phronesis* 19: 1–29.

Plato's Crito

43a ΣΩ. τί τηνικάδε ἀφῖξαι, ὦ Κρίτων; ἢ οὐ πρῷ ἔτι ἐστίν;

KP. πάνυ μὲν οὖν.

ΣΩ. πηνίκα μάλιστα;

KP. ὄρθρος βαθύς.

5 ΣΩ. θαυμάζω ὅπως ἠθέλησέ σοι ὁ τοῦ δεσμωτηρίου
φύλαξ ὑπακοῦσαι.

KP. συνήθης ἤδη μοί ἐστιν, ὦ Σώκρατες, διὰ τὸ πολ-
λάκις δεῦρο φοιτᾶν, καί τι καὶ εὐεργέτηται ὑπ᾽ ἐμοῦ.

ΣΩ. ἄρτι δὲ ἥκεις ἢ πάλαι;

10 KP. ἐπιεικῶς πάλαι.

ἄρτι: just, exactly, 2
ἀφ-ικνέομαι: to come, arrive, 1
βαθύς, -έα, -ύ: deep, tall, 1
δεσμωτηρίον, τό: prison, 2
δεῦρο: here, to this point, hither, 1
διά: through (gen) on account of (acc), 4
ἐθέλω: to be willing, wish, desire, 5
ἐπιεικῶς: suitably, reasonably, fairly, 1
εὐ-εργετέω: to treat well, show kindness, 1
ἤδη: already, now, at this time, 4
ἥκω: to have come, be present, 8
θαυμάζω: to wonder, marvel, be astonished, 4
μάλιστα: especially, in particular, 5

ὅπως: how, in what way; in order that, that 3
ὄρθρος, ὁ: twilight (before dawn), day-break 1
πάλαι: long ago, formerly, of old, 5
πάνυ: quite, entirely, exceedingly, 3
πηνίκα: at what hour? at what time? 1
πολλάκις: many times, often, frequently, 4
πρῷ: early, early in the morn, at morn, 2
συν-ήθης, -ες: accustomed, habitual, 1
τηνικά-δε: at this time, so early, 1
ὑπ-ακούω: to listen, heed, give ear to, 1
ὑπό: by, because of, from (gen.) under (dat.) 9
φοιτάω: to go to and fro, visit, 1
φύλαξ, -κος, ὁ: a watcher, guard, sentinel, 1

---

a1 τί: why...?
τηλικάδε: adverbial acc. from the
demonstrative τηλικόσ-δε (S. 333, 340)
ἀφῖξαι: ἀφίκσαι, 2nd sg. pf. ἀφικνέομαι
ὦ: definite article common throughout the
work for vocative, direct address

2 πάνυ μὲν οὖν: quite certainly; πάνυ γε and
μὲν οὖν are both usual affirmatives S. 2901

4 βαθύς: late; lit. 'deep'

7 τὸ...φοιτᾶν: visiting; articular inf. in acc.
sg.modified by διὰ; α-contract infinitive

8 καί...καί: and...also; καί is a conjunction,
the second one is an adverb
τι...εὐεργέτηται: has been done some
kindness; inner acc. (1554); pf. pass.
ὑπό: by; + gen. agent after passive voice

Personal Pronouns				
1st person	ἐγώ	I	ἡμεῖς	we
	ἐμοῦ, μου	my, of me	ἡμῶν	our
	ἐμοί, μοι	to me	ἡμῖν	to us
	μέ, με	me	ἡμᾶς	us
2nd person	σύ	you	ὑμεῖς	you
	σοῦ, σου	your, of you	ὑμῶν	your, of you
	σοί, σοι	to you	ὑμῖν	to you
	σέ, σε	you	ὑμᾶς	you

ἐγώ is used 52 times; σύ, 91 times; ἡμεῖς, 77 times; and ὑμεῖς, only 2 times.

ΣΩ. εἶτα πῶς οὐκ εὐθὺς ἐπήγειράς με, ἀλλὰ σιγῇ παρα- b
κάθησαι;

ΚΡ. οὐ μὰ τὸν Δία, ὦ Σώκρατες, οὐδ' ἂν αὐτὸς ἤθελον
ἐν τοσαύτῃ τε ἀγρυπνίᾳ καὶ λύπῃ εἶναι, ἀλλὰ καὶ σοῦ πάλαι
θαυμάζω αἰσθανόμενος ὡς ἡδέως καθεύδεις· καὶ ἐπίτηδές σε   5
οὐκ ἤγειρον ἵνα ὡς ἥδιστα διάγῃς. καὶ πολλάκις μὲν δή σε
καὶ πρότερον ἐν παντὶ τῷ βίῳ ηὐδαιμόνισα τοῦ τρόπου, πολὺ
δὲ μάλιστα ἐν τῇ νῦν παρεστώσῃ συμφορᾷ, ὡς ῥᾳδίως αὐτὴν
καὶ πρᾴως φέρεις.

ἀγρ-υπνία, -ή: sleeplessness, waking, 1
αἰσθάνομαι: to perceive, feel, realize (gen) 1
βίος, ὁ: life, 4
δι-άγω: to live, exist, 1
ἐγείρω: to wake up, rouse, stir, 2
ἐθέλω: to be willing, wish, desire, 5
εἶτα: then, next, and so, therefore, 1
ἐπ-εγείρω: to wake up, rouse, stir, 1
ἐπί-τηδές: adv. for this purpose, decidedly, 1
εὐ-δαιμονίζω: call happy, fortunate (gen) 1
εὐθύς: right away, straight, directly, at once 1
Ζεύς, ὁ: Zeus, 2
ἡδέως: sweetly, pleasantly, gladly 2
ἥδιστος, -η, -ον: sweetest, most pleasant, 1
θαυμάζω: to wonder, marvel, be astonished, 4
ἵνα: in order that (+ subj.); where (+ ind.), 6
καθ-εύδω: to lie down to sleep, sleep, 1

λύπη, ἡ: pain, distress, grief, 2
μά: by (in affirmation) 1
μάλιστα: especially, in particular, 5
πάλαι: long ago, formerly, of old, 5
παρα-κάθ-ημαι: to sit down beside, 1
παρ-ίστημι: to stand at hand, be present, 1
πολλάκις: many times, often, frequently, 4
πρᾷος, -ον: mild, gentle, soft, 2
πρότερος, -α, -ον: before, in front of; earlier 4
πῶς: how? in what way?, 5
ῥᾴδιος, -α, -ον: easy, ready, 2
σιγή, ἡ: silence, 1
συμ-φορά, ἡ: misfortune, mishap, event, 3
τοσοῦτος, -αύτη, -οῦτο: so great, so many, 2
τρόπος, ὁ: a manner, way; turn, direction, 5
φέρω: to bear, carry, bring, endure, 6

---

b1 εἶτα: then; inferential, expressing surprise
ἐπήγειράς: 2nd sg. non-sigmatic 1st aor.
demonstrative τηλικόσ-δε (S. 333, 340)
σιγῇ: in silence; dat. of manner (1527) is,
as often, adverbial
3 μὰ τὸν Δία: by Zeus!; acc. sg. Ζεύς
work for vocative, direct address
ἄν..ἤθελον: I would not wish; ἄν + impf.
ind. expresses past potential (1784-88)
αὐτὸς: intensive pronoun (-self) modifies
the understood subject 1st sg. ἐγώ
εἶναι inf. εἰμί
4 ἀλλὰ καὶ: but in fact; καὶ is adverbial
σοῦ: partitive gen. obj. of αἰσθανόμενος
θαυμάζω: I have been marvelling; after

πάλαι, verb has sense of pf. progressive
5 ὡς: how...; a relative adverb in an indirect
exclamation (cf. an ind. question) (2686),
6 ἤγειρον: I did not wake; iterative impf
ἵνα...διάγῃς: pres. subj. of purpose
ὡς: as....as possible; common translation
for ὡς + superlative (here adverb)
καὶ and; conjunction
μὲν δή: in fact; δή strengthens affirmative
7 καὶ: even; adverb before
τοῦ τρόπου: your disposition
πολὺ...μάλιστα: far the most; πολὺ, 'far,'
is the adverb of πολύς, 'many'
8 παρεστώσῃ: being at hand; fem. pf. pple
ὡς: so...; demonstrative adverb; see. l. 5

1st person	ἐμός, -ή, -όν: my, mine, 2	ἡμέτερος, -α, -ον: our, ours, 6
2nd person	σός, -ή, -όν: your, yours, 8	ὑμέτερος, -α, -ον: your, yours, 0

10 ΣΩ. καὶ γὰρ ἄν, ὦ Κρίτων, πλημμελὲς εἴη ἀγανακτεῖν
τηλικοῦτον ὄντα εἰ δεῖ ἤδη τελευτᾶν.-

c   ΚΡ. καὶ ἄλλοι, ὦ Σώκρατες, τηλικοῦτοι ἐν τοιαύταις
συμφοραῖς ἁλίσκονται, ἀλλ᾽ οὐδὲν αὐτοὺς ἐπιλύεται ἡ ἡλικία
τὸ μὴ οὐχὶ ἀγανακτεῖν τῇ παρούσῃ τύχῃ.

ΣΩ. ἔστι ταῦτα. ἀλλὰ τί δὴ οὕτω πρῴ ἀφῖξαι;

5   ΚΡ. ἀγγελίαν, ὦ Σώκρατες, φέρων χαλεπήν, οὐ σοί, ὡς
ἐμοὶ φαίνεται, ἀλλ᾽ ἐμοὶ καὶ τοῖς σοῖς ἐπιτηδείοις πᾶσιν καὶ
χαλεπὴν καὶ βαρεῖαν, ἣν ἐγώ, ὡς ἐμοὶ δοκῶ, ἐν τοῖς βαρύ-
τατ᾽ ἂν ἐνέγκαιμι.

ἀγανακτέω: to be annoyed, be irritated, 3
ἀγγελία, ἡ: message, news, 1
ἁλίσκομαι: to be taken, be caught, 1
ἀφ-ικνέομαι: to come, arrive, 4
βαρύς, -εῖα, -ύ: low, heavy; grievous, 2
ἐπι-λύομαι: to release, relieve, give relief, 1
ἐπιτήδειος, -α, -ον: suitable; a close friend, 8
ἤδη: already, now, at this time, 4
ἡλικία, ἡ: age, time of life, 1
πάρ-ειμι: to be near, be present, be at hand 5

πλημ-μελής, -ές: out of tune, incongruent, 1
πρῴ: early, early in the morn, at morn, 2
σός, -ή, -όν: your, yours 8
συμ-φορά, ἡ: misfortune, mishap, event, 3
τελευτάω: to end, complete, finish; die, 2
τηλικοῦτος, -αύτη, -οῦτο: at this age, 2
τοιοῦτος, -αύτη, -οῦτο: such, 9
τύχη, ἡ: chance, luck, fortune, success, 3
φέρω: to bear, carry, bring, endure, 6
χαλεπός, -ά, -όν: difficult, hard, harmful, 4

b10 καὶ γὰρ: *for in fact*; καὶ is adverbial
ἄν...εἴη: *it would be*; an + 3rd sg. opt. εἰμί
is potential optative; inf. is the subject
11 ὄντα: acc. sg. pres. pple εἰμί
τελευτᾶν: α-contract verb pres. inf.
c1 καὶ ἄλλοι: *others too*; καὶ is adverbial
2 οὐδὲν: *not at all*; adverbial acc. or inner
acc.: 'gives no relief'
demonstrative τηλικόσ-δε (S. 333, 340)
τὸ...ἀγανακτεῖν: *from...*; ' in respect to...'
articular inf. is likely an acc. of respect
3 μὴ οὐχὶ: *not*; double negative with inf.
often after a negative main clause (2742)
οὐχὶ: deictic iota (-ι) adds emphasis

παρούσῃ: *(being) present*; pple πάρειμι
οὐχὶ: deictic iota suffix (-ι) adds emphasis
4 ἔστι: *are (the case)*; sg. with neut. pl. subj.
τί δὴ: *just why...?* Why exactly...?; δὴ
emphasizes and suggests precision (2840)
ἀφῖξαι: ἀφῖκσαι, 2nd sg. pf. ἀφικνέομαι
5 ἀγγελίαν...χαλεπήν: postponing the adj.
adds emphasis and emotion to the reply
φέρων: nom. sg. pres. pple
ἣν: *which...*; fem. sg. relative
ἐν τοῖς: *among those*; demonstrative 1099
βαρύτατα: superlative adverb
8 ἂν ἐνέγκαιμι: *would suffer*; potential aor.
opt. φέρω (aor. stem ἐνεγκ)

Nom.	αὐτός	himself	αὐτή	herself	αὐτό	itself	αὐτός is used 49 times.
Gen.	αὐτοῦ	his	αὐτῆς	her	αὐτοῦ	its	See the facing page
Dat.	αὐτῷ	to/for him	αὐτῇ	to/for her	αὐτῷ	to/for it	for it's various uses.
Acc.	αὐτόν	him	αὐτήν	her	αὐτό	it	
Nom.	αὐτοί	they	αὐταί	they	αὐτά	they	
Gen.	αὐτῶν	their	αὐτῶν	their	αὐτῶν	their	
Dat.	αὐτοῖς	to/for them	αὐταῖς	to/for them	αὐτοῖς	to/for them	
Acc.	αὐτούς	them	αὐτάς	them	αὐτά	them	

ΣΩ. τίνα ταύτην; ἢ τὸ πλοῖον ἀφῖκται ἐκ Δήλου, οὗ δεῖ
ἀφικομένου τεθνάναι με;   d

ΚΡ. οὗτοι δὴ ἀφῖκται, ἀλλὰ δοκεῖν μέν μοι ἥξει τήμε-
ρον ἐξ ὧν ἀπαγγέλλουσιν ἥκοντές τινες ἀπὸ Σουνίου καὶ
καταλιπόντες ἐκεῖ αὐτό. δῆλον οὖν ἐκ τούτων [τῶν ἀγγέ-
λων] ὅτι ἥξει τήμερον, καὶ ἀνάγκη δὴ εἰς αὔριον ἔσται, ὦ   5
Σώκρατες, τὸν βίον σε τελευτᾶν.

ΣΩ. ἀλλ᾽, ὦ Κρίτων, τύχῃ ἀγαθῇ, εἰ ταύτῃ τοῖς θεοῖς φίλον,
ταύτῃ ἔστω· οὐ μέντοι οἶμαι ἥξειν αὐτὸ τήμερον.

ΚΡ. πόθεν τοῦτο τεκμαίρῃ;   **44**

ἀγαθός, -ή, -όν: good, brave, capable, 8
ἀγγέλλος, ὁ: messenger, 1
ἀνάγκη, ἡ: necessity, force, constraint, 5
ἀπ-αγγέλλω: to report, announce, 1
ἀπό: from, away from. (+ gen.), 9
αὔριον: tomorrow, 2
ἀφ-ικνέομαι: to come, arrive, 4
βίος, ὁ: life, 4
δῆλος, -η, -ον: clear, evident, conspicuous 8
ἐκεῖ: there, in that place, 5
ἥκω: to have come, be present, 8
θεός, ὁ: a god, divinity, 4

θνήσκω: to die, 2
κατα-λείπω: to leave behind, abandon, 2
μέντοι: however, nevertheless; certainly, 2
οὔ-τοι: certainly not, surely not, 1
πλοῖον, τό: vessel, ship, 2
πόθεν: whence? from where? 1
Σουνίου, τό: Sunion (headland of Attica) 1
τεκμαίρομαι: to judge (by signs), conjecture, 2
τελευτάω: to end, complete, finish; die, 2
τήμερον: today, 3
τύχη, ἡ: chance, luck, fortune, success, 3
φίλος, -η, -ον: dear, friendly; friend, kin, 5

c9 τίνα ταύτην;: *what is this?*
   ἀφῖκται: 3rd sg. pf. ἀφικνέομαι
   οὗ...ἀφικομένου: *(at) which arriving*; gen.
   absolute (aor. pple); οὗ is a rel. pronoun
d1 τεθνάναι: pf. act. pple θνήσκω
2 οὔ-τοι δή: *you know, (it) has not already
   arrived;* not οὗτοι, 'these;' δὴ 'exactly'
   may be temporal: 'already,' or 'now'
   demonstrative τηλικόσ-δε (S. 333, 340)
   δοκεῖν μὲν μοι: *as it seems to me*; inf.
   absolute; the inf. is impersonal
3 ἐξ ὧν: *from which (reports)* ...; 'from (the
   reports) which...;* acc. relative attracted
   into gen. of missing antecedent

4 καταλιπόντες: aor. pple κατα-λείπω
   αὐτό: it; i.e. πλοῖον
   δῆλον...ὅτι: *(it is) clear that...*; add ἐστί
5 δὴ: *of course, in fact*; emphasizes ἀνάγκη
   εἰς αὔριον: *til tomorrow*
   ἔσται: 3rd sg. fut. εἰμί (dep. ἔσομαι)
7 ταύτῃ: *in this way*; dat. of manner
   φίλον: *(it is) dear*; + dat., add ἐστί
8 ἔστω: *let it be*; 3rd sg. imperative εἰμί
   οἶμαι: οἴομαι, governs ind. discourse
   αὐτό: *(that) it...*; acc. subject, i.e. πλοῖον
44a πόθεν: *from where (in the world)?*
   τεκμαίρῃ: τεκμαίρε(σ)αι, 2nd sg. pres. mid

Three Uses of αὐτός, αὐτή, αὐτό		
	how to identify	example	translation
1. Personal Pronoun	alone, no article	αὐτάς, αὐτόν	*them, him*
2. Intensive Pronoun	modifies noun	αἱ γυναῖκες αὐταί	*the women themselves*
3. Adjective "same"	following an article	αἱ γυναῖκες αἱ αὐταί	*the same women*

ΣΩ. ἐγώ σοι ἐρῶ. τῇ γάρ που ὑστεραίᾳ δεῖ με ἀπο-
θνῄσκειν ἢ ᾗ ἂν ἔλθῃ τὸ πλοῖον.

ΚΡ. φασί γέ τοι δὴ οἱ τούτων κύριοι.

5   ΣΩ. οὐ τοίνυν τῆς ἐπιούσης ἡμέρας οἶμαι αὐτὸ ἥξειν
ἀλλὰ τῆς ἑτέρας. τεκμαίρομαι δὲ ἔκ τινος ἐνυπνίου ὃ ἑώ-
ρακα ὀλίγον πρότερον ταύτης τῆς νυκτός· καὶ κινδυνεύεις ἐν
καιρῷ τινι οὐκ ἐγεῖραί με.

ΚΡ. ἦν δὲ δὴ τί τὸ ἐνύπνιον;

10 ΣΩ. ἐδόκει τίς μοι γυνὴ προσελθοῦσα καλὴ καὶ εὐειδής,
b   λευκὰ ἱμάτια ἔχουσα, καλέσαι με καὶ εἰπεῖν· 'ὦ Σώκρατες,

ἀπο-θνῄσκω: to die off, perish, 6
γυνή, γυναικός, ἡ: a woman, wife, 1
ἐγείρω: to wake up, rouse, stir, 2
εἶπον: aor., said, spoke, 8
ἔρχομαι: to come or go, 6
ἐν-ύπνιον, τό: dream, vision seen in sleep, 3
ἐπ-έρχομαι: to approach, attack, assault, 3
ἐρέω: I will say or speak, 7
ἕτερος, -α, -ον: one of two, other, different, 2
εὐ-ειδής, -ές: good-looking, attractive, 1
ἥκω: to have come, be present, 8
ἡμέρα, ἡ: day, 2
ἱμάτιον, τό: a cloak or mantle, 1
καιρός, ὁ: right moment, time 1

καλέω: to call, summon, invite, 1
καλός, -ή, -όν: beautiful, fair, noble, fine 5
κινδυνεύω: to risk, venture; it is likely, 3
κύριος, -α, -ον: authoritative, legitimate, 2
λευκός, -ή, -όν: white, bright, brilliant, 1
νύξ, νυκτός, ἡ: a night, 2
ὀλίγος -η, -ον: few, little, small, 4
πλοῖον, τό: vessel, ship, 2
που: anywhere, somewhere; I suppose, 5
προσ-έρχομαι: to come or go to, approach, 1
πρότερος, -α, -ον: before, in front of; earlier 4
τεκμαίρομαι: to judge by signs, conjecture, 2
τοί-νυν: well then; therefore, accordingly, 5
ὑστεραῖος, -α, -ον: next; later, following, 1

---

a2 ἐρῶ;: ἐρέω, treated as the fut. of λέγω
    τῇ ὑστεραίᾳ (ἡμέρῃ): on…; dat time when
    που: I suppose; D. 494
3   ἤ: than…; following ὑστεραίᾳ 'later'
    ᾗ: on (that day); relative, dat. time when
    ἂν ἔλθῃ: comes; ἄν + 3rd sg. aor. subj.
    ἔρχομαι, indefinite temporal clause
4   φάσι;: 3rd pl. pres. φημί
    γέ τοι δὴ: at any rate; γέ is restrictive and
    emphasized by τοι δὴ
    οἱ…κύριοι: those in authority over these
    things
5   ἐπ-ιούσης: the coming; gen. sg fem. pple
    ἐπ-έρχομαι
    ἡμέρας: during…; gen. of time within
    οἶμαι: οἴομαι
    αὐτὸ: (that) it…; acc. subject, i.e. πλοῖον

6   τῆς ἑτέρας (ἡμέρας): during…; see above
    ὃ: which…; neut. acc. relative pronoun
    ἑώρακα: 1st sg. pf. ὁράω
7   ὀλίγον: a little; acc. of extent of degree
    with comparative adverb πρότερον
    πρότερον: comparative adv.
    νυκτός: than…; gen. of comparison
    κινδυνεύεις: it looks as though you; + inf.
    'you run the risk of not waking…' aor. inf.
    ἐγείρω; κινδυνεύω is often translated as
    'probably' or 'perhaps' + inf. as main verb
9   ἦν: 3rd sg. impf. εἰμί
    δὴ τί: just what…?; δή lends emphasis
10 προσελθοῦσα: 3rd sg. impf. εἰμί
11 ἔχουσα: wearing; fem. nom. sg. pple
    καλέσαι: aor. inf. governed by ἐδόκει

ἤματί κεν τριτάτῳ Φθίην ἐρίβωλον ἵκοιο.

ΚΡ. ἄτοπον τὸ ἐνύπνιον, ὦ Σώκρατες.

ΣΩ. ἐναργὲς μὲν οὖν, ὥς γέ μοι δοκεῖ, ὦ Κρίτων.

ΚΡ. λίαν γε, ὡς ἔοικεν. ἀλλ᾽, ὦ δαιμόνιε Σώκρατες, 5
ἔτι καὶ νῦν ἐμοὶ πιθοῦ καὶ σώθητι· ὡς ἐμοί, ἐὰν σὺ ἀπο-
θάνῃς, οὐ μία συμφορά ἐστιν, ἀλλὰ χωρὶς μὲν τοῦ ἐστερῆ-
σθαι τοιούτου ἐπιτηδείου οἷον ἐγὼ οὐδένα μή ποτε εὑρήσω,
ἔτι δὲ καὶ πολλοῖς δόξω, οἳ ἐμὲ καὶ σὲ μὴ σαφῶς ἴσασιν,
ὡς οἷός τ᾽ ὢν σε σῴζειν εἰ ἤθελον ἀναλίσκειν χρήματα, c
ἀμελῆσαι. καίτοι τίς ἂν αἰσχίων εἴη ταύτης δόξα ἢ δοκεῖν

αἰσχίων, -ον: more shameful, disgraceful, 1
ἀ-μελέω: to not care, be careless, 1
ἀναλίσκω: to use up, squander, spend, 3
ἀπο-θνήσκω: to die off, perish, 6
ἄ-τοπος, -ον: extraordinary, out of place, 1
δαιμόνιος, -α, -ον: possessed by a δαίμων, 1
ἐθέλω: to be willing, wish, desire, 5
ἐν-αργής, -ές: clear, plain, visible, palpable, 1
ἐν-ύπνιον, τό: dream, vision seen in sleep, 3
ἔοικα: to be like, seem likely, 1
ἐπιτήδειος, -α, -ον: suitable; a close friend, 8
ἐρί-βωλος, -ον: very fertile, of large clods 1
ἔρχομαι: to come or go, 6
εὑρίσκω: to find, discover, devise, invent, 1
ἦμαρ, ἤματος, τό: day, 1

οἶδα: to know, 7
ἱκνέομαι: to come, arrive, 1
καίτοι: and yet, and indeed, and further, 1
κεν: modal adv., 1
λίαν: very, exceedingly, very much, 1
ποτέ: ever, at some time, once, 3
σαφῶς: clearly, distinctly, 1
στερέω: to deprive, rob of, bereave (gen), 2
συμ-φορά, ἡ: misfortune, mishap, event, 3
σῴζω: to save, keep, preserve 7
τοιοῦτος, -αύτη, -οῦτο: such, 9
τριτάτος, -η, -ον: a third, 1
Φθίη, ἡ: Phthia (home of Achilles) 1
χρῆμα, -ατος, τό: thing, money, goods, 7
χωρίς: separately; apart from (gen.) 1

---

b4 ἤματί...ἵκοιο: Homer, *Iliad* 9.363: 'ἤματι
κε τριτάτῳ Φθίην ἐρίβωλον ἱκοίμην'
spoken by Achilles, who says that he can
return home to Phthia from Troy in 3 days
ἤματί...τριτάτῳ; on...; dat time when
ἵκοι(σ)ο: *you could arrive*; κεν (ἄν) + 2nd
sg. aor. opt. ἱκνέομαι is potential optative
3 μὲν οὖν: elsewhere 'certainly in fact;' here
a corrective: 'no, rather' 'on the contrary'
ὥς γέ: *so at least*; restrictive in sense
4 γε: emphasizes the preceding word, much
like italics or the stress in oral speech
5 δαιμόνιε: *god-touched*; in response to
Socrates' interpretation of the dream
emphasized by τοι δὴ
6 καί: *even*; adverb modifies νῦν
πιθοῦ: aor. imperative πείθω + dat.
σώθητι: aor. pass. imperative σῴζω

ἐὰν...ἀποθάνῃς: *if...*; present general
condition (ἐὰν + aor. subj., pres. ind.)
ἂν ἔλθῃ: *comes*; ἄν + 3rd sg. aor. subj.
ἔρχομαι, indefinite temporal clause
7 τοῦ ἐστερῆσθαι: *from being deprived...*;
articular inf. (pf. pass. inf. στερέω)
8 τοιούτου ἐπιτηδείου: *from...*; separation
οἷον: *as...*; 'which sort' a relative *which is
a correlative* with demonstrative adjective
τοιούτου ('this sort...which sort' or
'such...as'); here an accusative predicate
οὐδένα μή ποτε: *not ever...anyone*; μὴ οὐ
+ fut. in a generic assertion (2705g)
9 ἴσασιν: 3rd pl. οἶδα, pf. but pres. in sense
c1 ὡς: *since*; + pple expresses alleged cause
οἷός τ᾽ ὢν: *being able*; 'being the sort to'
2 ἂν εἴη: *would be*; potential 3rd sg. opt. εἰμί
ταύτης: *than...*; gen. of comparison

χρήματα περὶ πλείονος ποιεῖσθαι ἢ φίλους; οὐ γὰρ πείσον-
ται οἱ πολλοὶ ὡς σὺ αὐτὸς οὐκ ἠθέλησας ἀπιέναι ἐνθένδε
5 ἡμῶν προθυμουμένων.

ΣΩ. ἀλλὰ τί ἡμῖν, ὦ μακάριε Κρίτων, οὕτω τῆς τῶν
πολλῶν δόξης μέλει; οἱ γὰρ ἐπιεικέστατοι, ὧν μᾶλλον ἄξιον
φροντίζειν, ἡγήσονται αὐτὰ οὕτω πεπρᾶχθαι ὥσπερ ἂν
πραχθῇ.

d   ΚΡ. ἀλλ᾽ ὁρᾷς δὴ ὅτι ἀνάγκη, ὦ Σώκρατες, καὶ τῆς τῶν
πολλῶν δόξης μέλειν. αὐτὰ δὲ δῆλα τὰ παρόντα νυνὶ ὅτι οἷοί
τ᾽ εἰσὶν οἱ πολλοὶ οὐ τὰ σμικρότατα τῶν κακῶν ἐξεργάζεσθαι

ἀνάγκη, ἡ: necessity, force, constraint, 5
ἄξιος, -α, -ον: worthy of, deserving of, 4
ἀπ-έρχομαι: to go away, depart, 7
δῆλος, -η, -ον: clear, evident, conspicuous 8
ἐθέλω: to be willing, wish, desire, 5
ἐνθένδε: from here, from this place, 9
ἐξ-εργάζομαι: to work out, accomplish, 1
ἐπιεικής, -ές: suitable, reasonable, good, 1
ἡγέομαι: to lead; consider, think, believe 4
κακός, -ή, -όν: bad, base, cowardly, evil, 6
μακάριος, -α, -ον: blessed, happy, 2

μᾶλλον: more, rather, 8
μέλει: there is a care for (dat.) for (gen.) 2
νυνί: now; as it is, 1
πάρ-ειμι: to be near, be present, be at hand 5
πλεων, -ον: more, greater, 4
προ-θυμέομαι: to be eager, ready, willing, 2
σμικρός, -ά, -όν: small, little, 2
φίλος, -η, -ον: dear, friendly; friend, kin, 5
φροντίζω: to think, worry, give heed to, 3
χρῆμα, -ατος, τό: thing, money, goods, 7
ὥσπερ: as, just as, as if, 8

c3   περὶ πλείονος ποιεῖσθαι: *consider…of*
     more (importance); gen. of value (1373)
     ἢ; *than*; as often following a comparative
4   πείσονται: fut. pass. (not mid.) πείθω
     ὡς: *that*
     αὐτὸς: *yourself*; intensive following σύ
4   ἀπιέναι: inf. ἀπ-έρχομαι
     like italics or the stress in oral speech
5   ἡμῶν…: *(though) we…*; gen. absolute is
     concessive in force
6   τί: *why…*?
7   ἐπιεικέστατοι: *best men*
     ὧν: *whose (opinion)*; supply δόξαν
     ἄξιον: *(it is) worthwhile*; supply ἐστί

     a corrective: 'no, rather' 'on the contrary'
8   αὐτὰ: *that they…*; i.e. 'these matters,' acc.
     subject of pf. pass. inf. πράττω; from
     αὐτός, where we may prefer ταῦτα
     ἂν πραχθῇ: 3rd sg. aor. pass. subjunctive
     πράττω; ἂν indicates a supposed fact
     in future time (2545)
d1   ὁρᾷς: ὁράεις, 2nd sg. present ὁράω
     δὴ: *in fact*; emphasizes the verb (D 215)
2   αὐτὰ…παρόντα: *present affairs*
     themselves are clear that…;
     νυνὶ: *just now*; deictic iota lends emphasis
     οἷοί τ᾽ εἰσὶν: *are able*; see below
     σμικρότατα: superlative adj.

οἷος τε + εἰμί = to be able/possible + epexegetical (explantatory) infinitive		
οἷος τ᾽ ὤν: *being able (being fit to)*	44c1[p. 61], 46a2[p. 68]	οἷος can mean 'fit,' or 'sort' and
οἷοί τ᾽ εἰσὶν: *are able (are fit to)*	44d2[p. 62]	+ inf. translates as 'able/possible.'
οἷοί τ᾽ εἶναι: *to be able (are fit to)*	44d6, d7, d8[p. 63]	The particle τε is a connective
οἷόν τε (ἐστί): *it is possible (it is fit to)*	46a7[p. 69]	that is untranslatable (2970).
οἷοι τέ εἰσιν: *are able to (are fit to)*	48a11[p. 78]	This construction is employed
οἷοι τ᾽ ἦσαν: *were able (were fit to)*	48c5[p. 80]	eight times in the *Crito*.

ἀλλὰ τὰ μέγιστα σχεδόν, ἐάν τις ἐν αὐτοῖς διαβεβλημέ-
νος ᾖ.   5

ΣΩ. εἰ γὰρ ὤφελον, ὦ Κρίτων, οἷοί τ᾽ εἶναι οἱ πολλοὶ
τὰ μέγιστα κακὰ ἐργάζεσθαι, ἵνα οἷοί τ᾽ ἦσαν καὶ ἀγαθὰ τὰ
μέγιστα, καὶ καλῶς ἂν εἶχεν. νῦν δὲ οὐδέτερα οἷοί τε· οὔτε
γὰρ φρόνιμον οὔτε ἄφρονα δυνατοὶ ποιῆσαι, ποιοῦσι δὲ τοῦτο
ὅτι ἂν τύχωσι.   10

ΚΡ. ταῦτα μὲν δὴ οὕτως ἐχέτω· τάδε δέ, ὦ Σώκρατες,   e

ἀγαθός, -ή, -όν: good, brave, capable, 8
ἄ-φρων, -ον: senseless, foolish, silly, 2
δια-βάλλω: to slander, dispute; pass over, 1
δυνατός, -ή, -όν: capable, strong, possible, 2
ἐργάζομαι: to work, labor, toil, 4
ἵνα: in order that (+ subj.); where (+ ind.), 6
κακός, -ή, -όν: bad, base, cowardly, evil, 6
καλός, -ή, -όν: beautiful, fair, noble, fine 5

μέγιστος, -η, -ον: greatest, best, longest, 4
ὅδε, ἥδε, τόδε: this, this here 5
οὐδέτερος, -α, -ον: not either, neither, 2
ὀφείλω: to owe, ought, be bound, 1
σχεδόν: nearly, almost, just about 3
τυγχάνω: chance upon, get; meet; happen, 7
φρόνιμος, -ον: intelligent, wise, prudent, 2

---

d3 ἐάν..ᾖ: if...; protasis in a present general
    condition (ἐάν + subj., present ind.)
    διαβεβλημένος ᾖ: periphrastic 3ʳᵈ sg. pf.
    pass. subjunctive (pf. pass. pple + εἰμί)
6 εἰ γὰρ ὤφελον: Would that...; + inf.; εἰ
    γὰρ, here with impf. ὀφείλω, introduces
    an unattainable wish (1780); γὰρ shows
    approval of what was said, i.e. 'yes, for...'
    οἷοί τ᾽ εἶναι: to be able; inf. εἰμί
7 ἵνα οἷοί τ᾽ ἦσαν: that they might have
    been able (to accomplish); ἵνα expresses
    purpose usually with subj. or opt. but here
    with past. ind. after an unfulfilled wish
    showing that the purpose is unfulfilled
8 καλῶς ἂν εἶχεν: it would be good; ἔχω
    (holds, is disposed) + adv. is equivalent to

'to be' + adj.; ἄν + aor. ind. expresses past
(unrealized) potential; adv. καλῶς is often
translated as 'well,' hence the adj. 'good'
νῦν δὲ: but as it is; often after contrary-to-
fact conditions and unfulfilled wishes
οἷοι τε (εἰσὶν ἐργάζεσθαι): supply verbs
9 δυνατοὶ (εἰσὶν): supply 3ʳᵈ pl. pres. εἰμί
    ποιῆσαι: aor. inf.
    τοῦτο ὅτι: this...(namely) whatever...
10 ἂν τύχωσι (ποιοῦντες): ἂν + 3ʳᵈ pl. aor.
    subj. τυγχάνω, indefinite relative clause;
    τυγχάνω + pple is translated 'happen to'
e1 ἐχέτω: let...be; 3ʳᵈ sg. imperative + neut.
    pl. subject; ; ἔχω (holds, is disposed) +
    adv. is equivalent to 'to be' + adj

Common Translations of ἔχω			
ἔχω + infinitive →	to be able + inf.	ἔχωμεν λέγειν [p. 70]	we are able to say
		ἔχω ἀποκρίνασθαι [p. 87]	I am able to reply
		ἔχω λέγειν [p. 106]	I am able to say
ἔχω + adverb →	to be + adjective	καλῶς ἂν εἶχεν [p. 63]	it would be good
'	'holds, is disposed'	οὕτως ἐχέτω [p. 63]	let...be so
		ὧδε ἔχω [p. 71]	I am so
		ὀρθῶς ἔχοντος [p. 85]	being right
		καλῶς ἔχουσιν [p. 89]	they are good
		οὕτως ἔχει [p. 90]	it is so

εἰπέ μοι. ἆρά γε μὴ ἐμοῦ προμηθῇ καὶ τῶν ἄλλων ἐπιτη-
δείων μή, ἐὰν σὺ ἐνθένδε ἐξέλθῃς, οἱ συκοφάνται ἡμῖν
πράγματα παρέχωσιν ὡς σὲ ἐνθένδε ἐκκλέψασιν, καὶ ἀναγ-
5 κασθῶμεν ἢ καὶ πᾶσαν τὴν οὐσίαν ἀποβαλεῖν ἢ συχνὰ
χρήματα, ἢ καὶ ἄλλο τι πρὸς τούτοις παθεῖν; εἰ γάρ τι
45 τοιοῦτον φοβῇ, ἔασον αὐτὸ χαίρειν· ἡμεῖς γάρ που δίκαιοί
ἐσμεν σώσαντές σε κινδυνεύειν τοῦτον τὸν κίνδυνον καὶ ἐὰν
δέῃ ἔτι τούτου μείζω. ἀλλ᾽ ἐμοὶ πείθου καὶ μὴ ἄλλως ποίει.
ΣΩ. καὶ ταῦτα προμηθοῦμαι, ὦ Κρίτων, καὶ ἄλλα
5 πολλά.

ἄλλως: otherwise, in another way, 4
ἀναγκάζω: to force, compel, require, 2
ἀπο-βάλλω: to throw off, or away, 1
ἆρα: truly (introduces yes/no question), 6
ἐάω: to permit, allow, let be, suffer, 4
εἶπον: aor., said, spoke, 8
ἐκ-κλέπτω: to steal away, deceive, 1
ἐνθένδε: from here, from this place, 9
ἐξ-έρχομαι: to go out, come out, 6
ἐπιτήδειος, -α, -ον: suitable; a close friend, 8
κινδυνεύω: to risk, venture; it is likely, 3
κίνδυνος, ὁ: risk, danger, venture, 1
μείζων, μεῖζον: larger, greater, 3

οὐσία, ἡ: property; being; substance, 2
παρ-έχω: to provide, furnish, give, 2
που: anywhere, somewhere; I suppose, 5
πρᾶγμα, τό: deed; matter, affair, trouble, 5
προ-μηθέομαι: show forethought, care for,
   regard for (gen) 1
συκο-φάντης, -ου ὁ: false accuser, informer, 2
συχνός, -ή, -όν: long, much, many, great 1
σῴζω: to save, keep, preserve 7
τοιοῦτος, -αύτη, -οῦτο: such, 9
φοβέομαι: to fear, be afraid 6
χαίρω: to rejoice, be glad; fare well, 2
χρῆμα, -ατος, τό: thing, money, goods, 7

e2 εἰπέ: aor. imperative
  ἆρα γε μὴ...: *You are not..., are you?*;
  Smyth (2651) says ἆρα μὴ anticipates
  a 'no' reply (Lat. num) but Denniston (48.
  50) claims ἆρα μὴ merely suggests that
  the affirmative is difficult to accept
  προμηθῇ: προμηθε(ε)σαι, 2nd sg. pres.
3 ἐάν...ἐξέλθῃς: *if...*; protasis in a present
  general condition (ἐάν + aor. subj., ind.)
4 μὴ...πράγματα παρέχωσιν: *lest...make*
  trouble; fearing clause (3rd pl. pres. subj.)
  ὡς...ἐκκλέψασιν: *(on the charge) that...*;
  the sycophants charge; 3rd pl. aor.
  ἀναγκασθῶμων: aor. pass. subjunctive
  parallel to παρέχωσιν in fearing clause

5 ἢ...ἢ...ἢ: *either...or...or*
  ἀποβαλεῖν: aor. inf.
6 παθεῖν: aor. inf. πάσχω
  πρὸς τούτοις *in addition to these things*
45a φοβῇ: φοβε(σ)αι, 2nd sg. pres. mid.
  ἔασον χαίρειν: *dismiss*; lit. 'allow (acc.)
  to say farewell,' aor. sg. imperative ἐάω
2 ἐσμεν: 1st pl. pres. εἰμί
  κινδυνεύειν: *to run this risk*; cognate acc.
  inf.; epexegetical (explanatory) inf.
  following δικαιοι
3 δέῃ: 3rd sg. pres subj. δεῖ
  μείζω (κίνδυνον): μείζο(ν)α...; acc. sg.
  πείθου: sg. mid. imperative
  ποίει: ποίεε; sg. act. imperative

Epexegetical (Explanatory) Infinitive

This near equivalent to an acc. of respect limits and clarifies the range of a noun or adjective.

οἷός τ᾽ ὢν σῴζειν being fit to save [p. 61]	ἕτοιμοι ἀναλίσκειν ready to spend [p. 65]
δίκαιοι κινδινεύειν right to risk [p. 64]	ἐπιθυμία εἰδέναι a desire to know [p. 96]

ΚΡ. μήτε τοίνυν ταῦτα φοβοῦ—καὶ γὰρ οὐδὲ πολὺ
τἀργύριόν ἐστιν ὃ θέλουσι λαβόντες τινὲς σῶσαί σε καὶ ἐξ-
αγαγεῖν ἐνθένδε. ἔπειτα οὐχ ὁρᾷς τούτους τοὺς συκοφάντας
ὡς εὐτελεῖς, καὶ οὐδὲν ἂν δέοι ἐπ᾽ αὐτοὺς πολλοῦ ἀργυρίου;
σοὶ δὲ ὑπάρχει μὲν τὰ ἐμὰ χρήματα, ὡς ἐγὼ οἶμαι, ἱκανά·   b
ἔπειτα καὶ εἴ τι ἐμοῦ κηδόμενος οὐκ οἴει δεῖν ἀναλίσκειν
τἀμά, ξένοι οὗτοι ἐνθάδε ἕτοιμοι ἀναλίσκειν· εἷς δὲ καὶ
κεκόμικεν ἐπ᾽ αὐτὸ τοῦτο ἀργύριον ἱκανόν, Σιμμίας ὁ Θη-
βαῖος, ἕτοιμος δὲ καὶ Κέβης καὶ ἄλλοι πολλοὶ πάνυ.   5
ὥστε, ὅπερ λέγω, μήτε ταῦτα φοβούμενος ἀποκάμῃς σαυτὸν

ἅμα: at the same time; along with (dat.), 2
ἀναλίσκω: to use up, squander, spend, 3
ἀπο-κάμνω: grow weary; fail, hestitate, 1
ἀργύριον, τό: silver (coin), piece of silver, 3
ἐθέλω: to be willing, wish, desire, 5
ἐμός, -ή, -όν: my, mine, 2
ἐν-θάδε: hither, thither, 3
ἐνθένδε: from here, from this place, 9
ἐξ-άγω: to lead out, help escape, 4
ἐπί: near, at (gen.), to (acc), upon (dat.) 5
ἔπ-ειτα: then, next, secondly, 2
ἕτοιμος, -η, -ον: ready, prepared, at hand, 2
εὐ-τελής, -ες: easily paid, cheap, paltry, 1
Θηβαῖος, -η, -ον: Theban, 1
ἱκανός, -ή, -όν: enough, sufficient; capable 3

Κέβης, ὁ: Cebes, 1
κήδομαι: to care about, be troubled, 2
κομίζω: to bring, convey; travel, journey, 1
λαμβάνω: to take, receive, catch, grasp 5
μή-τε: and not, 6
ξένος, ὁ: guest, foreigner, stranger, 4
πάνυ: quite, entirely, exceedingly, 3
Σιμμίας, ὁ: Simmias, 1
συκο-φάντης, -ου ὁ: false accuser, informer, 2
σῴζω: to save, keep, preserve 7
τοί-νυν: well then; therefore, accordingly, 5
ὑπ-άρχω: to be there, be ready, be available 1
φοβέομαι: to fear, be afraid 6
χρῆμα, -ατος, τό: thing, money, goods, 7
ὥστε: so that, that, so as to, 7

---

a6 φοβοῦ: φοβε(σ)ο, sg. mid. imperative
7   τἀργύριον: τὸ ἀργύριον, crasis
    ὅ: which...; relative, neut. acc. sg. object
    of nom. pl. aor. pple λαμβάνω
    θέλουσι: ἐθέλουσι, 3rd pl. pres.
    σῶσαι: 1st aor. inf. σῴζω
    ἐξαγαγεῖν: 2nd aor. inf. ἐξ-άγω
8   ὁρᾷς: ὁράεις, 2nd sg. α-contract verb
9   ὡς εὐτελεῖς: how cheap these informers
    (are); proleptic use of συκοφάντας which
    should come after not before ὡς εὐτελεῖς
    οὐδὲν: not at all; inner acc. of δέοι 'there
    is no need' or adverbial acc.
    ἂν δέοι: there would be a need; potential
    opt., δέω governs a gen. of separation
    ἐπ᾽ αὐτούς: aor. inf. σῴζω

b1 σοὶ: for you; dat. of interest
2   τι...κηδόμενος: having some care for +
    gen.; an inner acc.
    οἴει: οἴε(σ)αι, 2nd sg. pres. mid. οἴομαι
3   τἀμά: τὰ ἐμα (χρήματα); crasis
    οὗτοι: these (friends are); Crito is talking
    about the friends who are not now present
    ἀναλίσκειν: epexegetical (explanatory) inf.
    governed by ἕτοιμοι
4   κεκόμικεν: 3rd sg. pf. κομίζω
    ἐπὶ αὐτὸ τοῦτο: for this very (purpose)
6   ὅπερ λέγω: just as I have been saying; the
    present is pf. progressive in sense
    μήτε...ἀποκάμῃς: prohibitive subj. (μὴ +
    2nd sg. aor. subj) may be translated 'don't
    tire' or 'you should not tire' + inf.

σῶσαι, μήτε, ὃ ἔλεγες ἐν τῷ δικαστηρίῳ, δυσχερές σοι
γενέσθω ὅτι οὐκ ἂν ἔχοις ἐξελθὼν ὅτι χρῷο σαυτῷ· πολ-
c λαχοῦ μὲν γὰρ καὶ ἄλλοσε ὅποι ἂν ἀφίκῃ ἀγαπήσουσί σε·
ἐὰν δὲ βούλῃ εἰς Θετταλίαν ἰέναι, εἰσὶν ἐμοὶ ἐκεῖ ξένοι οἵ
σε περὶ πολλοῦ ποιήσονται καὶ ἀσφάλειάν σοι παρέξονται,
ὥστε σε μηδένα λυπεῖν τῶν κατὰ Θετταλίαν.

5   ἔτι δέ, ὦ Σώκρατες, οὐδὲ δίκαιόν μοι δοκεῖς ἐπιχειρεῖν
πρᾶγμα, σαυτὸν προδοῦναι, ἐξὸν σωθῆναι, καὶ τοιαῦτα σπεύ-
δεις περὶ σαυτὸν γενέσθαι ἅπερ ἂν καὶ οἱ ἐχθροί σου σπεύσαιέν
τε καὶ ἔσπευσαν σὲ διαφθεῖραι βουλόμενοι. πρὸς δὲ τούτοις

ἀγαπάω: love, show affection, be fond of, 1
ἄλλο-σε: to another place, to elsewhere, 3
ἀ-σφάλεια, ἡ: safety, security, assurance, 1
ἀφ-ικνέομαι: to come, arrive, 1
βούλομαι: to wish, be willing, desire, 8
δια-φθείρω: to destroy, corrupt, kill, 8
δικαστήριον, τό: court, 3
δυσ-χερής, -ές: hard to manage, difficult, 1
ἐκεῖ: there, in that place, 5
ἐξ-έρχομαι: to go out, come out, 6
ἔξεστι: it is allowed, permitted; is possible 7
ἔρχομαι: to come or go, 6
ἐχθρός, -ά, -όν: hated, hostile; *subst.* enemy 1
Θετταλία, ἡ: Thessaly, 7
κατά: down from (gen), down (along) (acc.) 1

λυπέω: to cause pain, distress, grief, 1
μηδ-είς, μηδ-εμία, μηδ-έν: no one, nothing, 5
μή-τε: and not, 6
ξένος, ὁ: guest, foreigner, stranger, 4
ὅποι: to which place, whither, 3
παρ-έχω: to provide, furnish, give, 2
πολλα-χοῦ: in many places, 1
πρᾶγμα, τό: deed; matter, affair, trouble, 5
προ-δίδωμι: to give over, deliver, betray, 3
σπεύδω: to hasten, hurry, rush, be eager, 3
σῴζω: to save, keep, preserve 7
τοιοῦτος, -αύτη, -οῦτο: such, 9
χράομαι: to use, employ, possess (+ dat.), 2
ὥστε: so that, that, so as to, 7

---

b7   σῶσαι: 1ˢᵗ aor. inf. σῴζω
    μήτε...γενέσθω: *and don't let it become*;
    negative 3ʳᵈ sg. aor. imperative
8   ὅτι: *(namely) that*...; the entire noun-
    clause is subject of γενέσθω
    of nom. pl. aor. pple λαμβάνω
    ἂν ἔχοις: *you would know*; potential opt.
    ὅτι: *what*; ὅ τι, interrogative, inner acc. of
    χράομαι: 'what use you would make...'
    χρῷο σαυτῷ: *you would do with*
    yourself; 'employ yourself,' χράοι(σ)ο is
    2ⁿᵈ sg. pres. opt. replacing a deliberative
    subjunctive in secondary sequence
c1   ὅποι ἂν ἀφίκῃ: *to wherever*...; indefinite
    relative clause (ἄν + 2ⁿᵈ sg. aor. subj.)
2   βούλῃ: 2ⁿᵈ sg. pres. mid. subj. in a general
    present condition (ἐάν + subj., ind.)
    ἰέναι: inf. ἔρχομαι

εἰσὶν: 3ʳᵈ pl. pres. εἰμί
οἵ: *who*...; relative, note the accent
3   περὶ πολλοῦ ποιήσονται: *consider...of*
    great (importance); gen. of value (1373)
4   ὥστε: *so that*...; result, + acc. subj .+ inf.
    σε μηδένα: μηδένα is acc. subj., σε, object
    τῶν...: *of those*....; partitive gen.
    κατὰ Θετταλίαν: *in Thessaly*
5   ἔτι δέ: *and furthermore*; 'and still'
    δίκαιον (εἶναι)... δοκεῖς: *you think unjust*
    to...; + inf. or 'you think (it is) not just to'
    ἐπιχειρεῖν πρᾶγμα: *to attempt this matter*
6   προδοῦναι: aor. inf. προδίδωμι
    ἐξόν σωθῆναι: *(though) it being allowed to*
    be saved; acc. absolute.; neut. pple ἔξεστι
7   ἄν...σπεύσαιεν τε: *both would be eager*;
    aor. potential opt. σπεύδω
8   πρὸς τούτοις: *in addition to these things*

καὶ τοὺς ὑεῖς τοὺς σαυτοῦ ἔμοιγε δοκεῖς προδιδόναι, οὕς σοι
ἐξὸν καὶ ἐκθρέψαι καὶ ἐκπαιδεῦσαι οἰχήσῃ καταλιπών, καὶ   d
τὸ σὸν μέρος ὅτι ἂν τύχωσι τοῦτο πράξουσιν· τεύξονται δέ,
ὡς τὸ εἰκός, τοιούτων οἷάπερ εἴωθεν γίγνεσθαι ἐν ταῖς
ὀρφανίαις περὶ τοὺς ὀρφανούς. ἢ γὰρ οὐ χρὴ ποιεῖσθαι
παῖδας ἢ συνδιαταλαιπωρεῖν καὶ τρέφοντα καὶ παιδεύοντα, σὺ   5
δέ μοι δοκεῖς τὰ ῥᾳθυμότατα αἱρεῖσθαι. χρὴ δέ, ἅπερ ἂν ἀνὴρ
ἀγαθὸς καὶ ἀνδρεῖος ἕλοιτο, ταῦτα αἱρεῖσθαι, φάσκοντά γε δὴ
ἀρετῆς διὰ παντὸς τοῦ βίου ἐπιμελεῖσθαι· ὡς ἔγωγε καὶ
ὑπὲρ σοῦ καὶ ὑπὲρ ἡμῶν τῶν σῶν ἐπιτηδείων αἰσχύνομαι μὴ   e

ἀγαθός, -ή, -όν: good, brave, capable, 8
αἱρέω: to seize, take; *mid.* choose, 6
αἰσχύνω: to shame; *mid.* feel shame, 3
ἀνδρεῖος, -α, -ον: brave, courageous, manly 1
ἀνήρ, ἀνδρός, ὁ: a man, 6
ἀρετή, ἡ: excellence, goodness, virtue, 4
βίος, ὁ: life, 4
διά: through (gen) on account of (acc), 4
ἔγωγε: I (for my part), 6
ἔθω: to be accustomed, be in the habit 3
εἰκός, -ότος τό: what is likely, probable,
reasonable 2
ἐκ-παιδεύω: to educate completely, 1
ἐκ-τρέφω: to bring up from childhood, rear 4
ἔξεστι: it is allowed, permitted; is possible 7
ἐπι-μελέομαι: to take care, care for (+ dat.) 5
ἐπιτήδειος, -α, -ον: suitable; a close friend, 8
κατα-λείπω: to leave behind, abandon, 2

μέρος, -εος, τό: a part, share, portion, 3
ὀρφανία, ἡ: orphanhood, 1
ὀρφανός, -ή, -όν: orphan, bereft of parents, 1
οἷοσπερ, οἷα-, οἷον-: the sort which, such as, 1
οἰχέομαι: to have gone, be gone, depart, 1
παιδεύω: to educate, teach 8
παῖς, παιδός, ὁ, ἡ: a child, boy, girl; slave, 7
προ-δίδωμι: to give over, deliver, betray, 3
ῥᾴθυμος, -ον: easy, light; indifferent, lazy, 1
σός, -ή, -όν: your, yours 8
συν-δια-ταλαιπωρέω: endure hardship with 1
τοιοῦτος, -αύτη, -οῦτο: such, 9
τρέφω: to bring up, raise, rear 2
τυγχάνω: chance upon, get; meet; happen, 7
υἱός, -οῦ, ὁ: a son, child, 1
ὑπέρ: above, on behalf of (gen); over (acc) 3
φάσκω: to say, affirm, claim, 3
χρή: it is necessary, it is fitting; must, ought, 8

c9 τοὺς ὑεῖς: *children*; see *Apology* 34d
    προδιδόναι: pres. inf. προδίδωμι
    οὕς: *whom...*; relative
d1 ἔξον...ἐκπαιδεῦσαι: *(though) it being
    allowed...*; acc. absolute concessive in
    sense.; neut. pple ἔξεστι
    ἐκθρέψαι: aor. inf. ἐκ-τρέφω
    οἰχήσῃ: οἰχήσε(σ)αι, 2nd sg. fut. οἰχέομαι
    καταλιπών: nom. aor. pple καταλείπω
2   τὸν σὸν μέρος: *on your part*; acc. respect
    ὅτι ἂν τύχωσι (πράττοντες): *whatever
    (the children) happen to accomplish*;
    indefinite relative clause (ἄν+ aor. subj);
    τυγχάνω governs a complementary pple,
    here missing; the antecedent is τοῦτο
    τοῦτο πράξουσιν: *this they will*

accomplish; i.e. 'they will fare in this way
in which they happen to fare' fut. πράττω
    τεύξομαι: *they will attain*; + gen; i.e. "hit
upon' fut. τυγχάνω
3   τοιούτων οἷάπερ: *such as*; correlative
    εἴωθεν: *it is customary*; pf. ἔθω
4   ποιεῖσθαι: *to consider*
5   καὶ...καὶ: *both...and*
6   τὰ ῥᾳθυμότατα: superlative adverb
    αἱρεῖσθαι: *to choose*; pres. mid. inf.
7   ἂν...ἕλοιτο: *would choose*; potential opt.,
    aor. mid. αἱρέω
    φάσκοντά γε δὴ: *(you) accustomed to
claiming certainly*; δὴ strengthens γε (D
245); σκ evokes iterative/customary action

δόξῃ ἅπαν τὸ πρᾶγμα τὸ περὶ σὲ ἀνανδρίᾳ τινὶ τῇ ἡμετέρᾳ
πεπρᾶχθαι, καὶ ἡ εἴσοδος τῆς δίκης εἰς τὸ δικαστήριον ὡς
εἰσῆλθεν ἐξὸν μὴ εἰσελθεῖν, καὶ αὐτὸς ὁ ἀγὼν τῆς δίκης
5 ὡς ἐγένετο, καὶ τὸ τελευταῖον δὴ τουτί, ὥσπερ κατάγελως
τῆς πράξεως, κακίᾳ τινὶ καὶ ἀνανδρίᾳ τῇ ἡμετέρᾳ διαπεφευ-
46 γέναι ἡμᾶς δοκεῖν, οἵτινές σε οὐχὶ ἐσώσαμεν οὐδὲ σὺ σαυτόν,
οἷόν τε ὂν καὶ δυνατὸν εἴ τι καὶ μικρὸν ἡμῶν ὄφελος ἦν.
ταῦτα οὖν, ὦ Σώκρατες, ὅρα μὴ ἅμα τῷ κακῷ καὶ αἰσχρὰ ᾖ
σοί τε καὶ ἡμῖν. ἀλλὰ βουλεύου—μᾶλλον δὲ οὐδὲ βου-
5 λεύεσθαι ἔτι ὥρα ἀλλὰ βεβουλεῦσθαι—μία δὲ βουλή· τῆς

ἀγών, ὁ: trial; contest, competition, 1
αἰσχρός, -ά, -όν: shameful, disgraceful, 3
ἅμα: at the same time; along with (dat.), 2
ἀν-ανδρία, ἡ: unmanliness, cowardice, 2
ἅπας, ἅπασα, ἅπαν: every, quite all, 4
βουλεύω: to deliberate, plan, take counsel, 6
βουλή, ἡ: plan, deliberation, advice, opinion, 3
δια-φεύγω: to flee, get away from, escape 1
δικαστήριον, τό: court, 3
δίκη, ἡ: justice; lawsuit, trial; penalty, 9
δυνατός, -ή, -όν: capable, strong, possible, 2
ἔξεστι: it is allowed, permitted; is possible 7
εἰσ-έρχομαι: to go in, enter, 2
εἴσ-οδος, ὁ: entrance, 1

ἡμέτερος, -α, -ον: our, ours, 6
κακία, ἡ: wickedness, cowardice, 1
κακός, -ή, -όν: bad, base, cowardly, evil, 6
κατάγελως, -ωτος, ὁ: derision, ridicule, 1
μᾶλλον: more, rather, 8
μικρός, ή, όν: small, little; trifle, 1
ὄφελος, τό: profit, benefit, help, advantage 2
πρᾶγμα, τό: deed; matter, affair, trouble, 5
πρᾶξις, -εως ἡ: action, deed; business, 1
σῴζω: to save, keep, preserve 7
τελευταῖος, -η, -ον: last, 1
ὥρα, ἡ: time; season, period of time, 1
ὥσπερ: as, just as, as if, 8

---

e2 **δόξῃ**: *lest the entire matter may seem*; 3rd
    sg. aor. subj. in a fearing clause
ἀνανδρίᾳ...ἡμετέρᾳ: *because of...*; dat. of
    cause
πεπρᾶχθαι: pf. pass. inf. πράττω
3 **καὶ...καὶ...καὶ**: *both...and...and*
    δίκης: *legal case*
    ὡς εἰσῆλθεν: *when (the case) entered*
4 **ἐξόν...εἰσελθεῖν**: *(though) it being possible*
    not to enter (the case); acc. abs. is
    concessive in force; neut. pple ἔξεστι
    ἀγών: *the trial*
    ὡς: see line 3 parallel above
5 **τελευταῖον**: *finally*; adverbial acc.
    τουτί: *this*; deictic iota gives emphasis
6 **κακίᾳ...ἡμετέρᾳ**: dat. cause, see line 2
46a **δοκεῖν**: *(namely) that we seem...*; in

apposition to τουτί; ἡμᾶς is acc. subject
οἵτινές: *who...*; antecedent ἡμᾶς
2 **οἷον τε ὂν**: *(though) it being possible...*;
    acc. abs.; neuter. sg. pres. pple εἰμί
    εἴ...ἦν: *if we were good for anything at all*;
    lit. 'if our use was even something small,'
    καὶ 'even' is adverbial; ἡμῶν is subjective
    gen. of ὄφελος (if *we* profited Socrates)
3 **ταῦτα**: *in respect to...*; acc. respect
    ὅρα μὴ: *see (to it) that...*; fearing clause
    with 3rd sg. pres. subj. εἰμί (2220)
    καὶ...ᾖ: *(these things) also be shameful*;
    supply neuter pl. subject for 3rd sg. verb
4 **βουλεύου**: sg. mid. imperative
5 **ὥρα**: *(it is) time...*; infinitives are subject
    μία δὲ βουλή: *and there is...*; supply verb

γὰρ ἐπιούσης νυκτὸς πάντα ταῦτα δεῖ πεπρᾶχθαι, εἰ δ᾽ ἔτι
περιμενοῦμεν, ἀδύνατον καὶ οὐκέτι οἷόν τε. ἀλλὰ παντὶ
τρόπῳ, ὦ Σώκρατες, πείθου μοι καὶ μηδαμῶς ἄλλως ποίει.

ΣΩ. ὦ φίλε Κρίτων, ἡ προθυμία σου πολλοῦ ἀξία εἰ   b
μετά τινος ὀρθότητος εἴη· εἰ δὲ μή, ὅσῳ μείζων τοσούτῳ
χαλεπωτέρα. σκοπεῖσθαι οὖν χρὴ ἡμᾶς εἴτε ταῦτα πρακτέον
εἴτε μή· ὡς ἐγὼ οὐ νῦν πρῶτον ἀλλὰ καὶ ἀεὶ τοιοῦτος οἷος
τῶν ἐμῶν μηδενὶ ἄλλῳ πείθεσθαι ἢ τῷ λόγῳ ὃς ἄν μοι   5
λογιζομένῳ βέλτιστος φαίνηται. τοὺς δὴ λόγους οὓς ἐν τῷ

ἀ-δύνατος, ον: unable incapable impossible 1
ἀεί: always, forever, in every case, 1
ἄλλως: otherwise, in another way, 4
ἄξιος, -α, -ον: worthy of, deserving of (gen) 4
βέλτιστος, -η, -ον: best, 2
εἴτε: either...or; whether...or, 8
ἐμός, -ή, -όν: my, mine, 2
ἐπ-έρχομαι: to approach, attack, assault, 3
λογίζομαι: to reckon, calculate, count, 1
μείζων, μεῖζον: larger, greater, 3
μετά: with (+ gen.); after (+ acc.), 6
μηδαμῶς: in no way, not at all, 1
μηδ-είς, μηδ-εμία, μηδ-έν: no one, nothing, 5
νύξ, νυκτός, ἡ: a night, 2

ὀρθότης, -τητος, ἡ: erectness, upright, 1
ὅσος, -η, -ον: as much or as; all who, 4
οὐκ-έτι: no more, no longer, no further, 1
περι-μένω: to wait for, await, 1
πρακτέος, -ον: to be done, must be done, 2
προ-θυμία, ἡ: eagerness, zeal, willingness, 1
πρῶτος, -η, -ον: first, earliest, 7
σκοπέω: to look at, examine, consider, 9
τοιοῦτος, -αύτη, -οῦτο: such, 9
τοσοῦτος, -αύτη, -οῦτο: so great, so many, 2
τρόπος, ὁ: a manner, way; turn, direction, 5
φίλος, -η, -ον: dear, friendly; friend, kin, 5
χαλεπός, -ά, -όν: difficult, hard, harmful, 4
χρή: it is necessary, it is fitting; must, ought, 8

a6 ἐπ-ιούσης: *coming*; pple ἐπ-έρχομαι
    νυκτὸς: *during...*; gen. of time within
    πεπρᾶχθαι: pf. pass. inf. πράττω
7 ἀδύνατον: *supply verb* ἐστί
    οἷόν τε (ἐστί): *(it is) possible*; 'is the sort,'
    neut. sg., οἷός τε + εἰμί is an idiom
    παντὶ τρόπῳ: *in every way*; dat. manner
8 πείθου: sg. mid. imperative πείθω
    ποίει: ποίεε; sg. act. imperative
b1 ἡ προθυμία: your eagerness (*would be*);
    supply ἂν εἴη, potential opt. to complete
    this future less vivid (εἰ opt., ἂν opt.)
2 εἴη: *(it) should be*; 3rd sg. opt. εἰμί, protasis
    of the future less vivid conditions
    ὅσῳ...τοσούτῳ...: *by as much much...(it
    is)...by so much...(it would be)*; relative
    and demonstrative, correlatives; both dat.
    of degree of difference with comparatives
    ὅσῳ μείζων: relative clause; supply verb

χαλεπωτέρα: predicate; supply linking
    verb and ἡ προθυμία as subject
3 πρακτέον: *(we) must do these things*; '(it
    is) to be done,' verbal adj. + εἰμί suggests
    necessity or obligation; often with dat. of
    agent (supply ἡμῖν); here, the construction
    is impersonal and takes an acc. obj. (2152)
4 ὡς ἐγώ: *since I (am)...*; causal in sense
    οὐ νῦν πρῶτον ἀλλὰ καὶ ἀεί: *not now for
    the first time but in fact always*; πρῶτον
    is adverbial acc.; καὶ is adverbial
    οἷος...πείθεσθαι: *so as to obey...*; + dat.
    'which sort (is) to obey,' relative;
    epexegetical (explanatory) mid. inf.
5 τῶν ἐμῶν: *of my own*; partitive gen.
    ἤ: *than*;
    ὃς ἄν: *whatever...*; ἄν + subj. in an
    indefinite relative clause

ἔμπροσθεν ἔλεγον οὐ δύναμαι νῦν ἐκβαλεῖν, ἐπειδή μοι
ἥδε ἡ τύχη γέγονεν, ἀλλὰ σχεδόν τι ὅμοιοι φαίνονταί μοι,
c καὶ τοὺς αὐτοὺς πρεσβεύω καὶ τιμῶ οὕσπερ καὶ πρότερον·
ὧν ἐὰν μὴ βελτίω ἔχωμεν λέγειν ἐν τῷ παρόντι, εὖ ἴσθι
ὅτι οὐ μή σοι συγχωρήσω, οὐδ' ἂν πλείω τῶν νῦν παρόν-
των ἡ τῶν πολλῶν δύναμις ὥσπερ παῖδας ἡμᾶς μορμο-
5 λύττηται, δεσμοὺς καὶ θανάτους ἐπιπέμπουσα καὶ χρημάτων
ἀφαιρέσεις. πῶς οὖν ἂν μετριώτατα σκοποίμεθα αὐτά; εἰ
πρῶτον μὲν τοῦτον τὸν λόγον ἀναλάβοιμεν, ὃν σὺ λέγεις
περὶ τῶν δοξῶν. πότερον καλῶς ἐλέγετο ἑκάστοτε ἢ οὔ,

ἀνα-λαμβάνω: to take up, find, resume, 1
ἀφαίρεσις, -εως, ἡ: a carrying or taking off, 1
βελτίων, -ον: better, 4
δεσμός, ὁ: a binding, bond, fetter, 1
δύναμαι: to be able, can, be capable, 3
δύναμις, -εως, ἡ: power, force, capacity 1
ἐκάστοτε: each time, on each occasion, 3
ἐκ-βάλλω: to throw out of, cast away, 1
ἔμ-προσθεν: before, former; earlier, 2
ἐπειδή: when, after, since, because, 7
ἐπι-πέμπω: to send to or against, 1
εὖ: well, 5
θάνατος, ὁ: death, 2
καλός, -ή, -όν: beautiful, fair, noble, fine 5
μέτριος, -α, -ον: moderate; enough; modest 1
μορμολύττομαι: to frighten, scare, terrify, 1
ὅδε, ἥδε, τόδε: this, this here 5

οἶδα: to know, 7
ὅμοιος, -α, -ον: like, resembling, similar, 2
παῖς, παιδός, ὁ, ἡ: a child, boy, girl; slave, 7
πάρ-ειμι: to be near, be present, be at hand 5
πλέων, -ον: more, greater, 4
πρεσβεύω: to revere, venerate, honor 1
πρότερος, -α, -ον: before, in front of; earlier 4
πρῶτος, -η, -ον: first, earliest, 7
πῶς: how? in what way?, 5
σκοπέω: to look at, examine, consider, 9
συγ-χωρέω: yield to, concede to (dat), 1
σχεδόν: nearly, almost, just about 3
τιμάω: to honour, value, esteem, 5
τύχη, ἡ: chance, luck, fortune, success, 3
χρῆμα, -ατος, τό: thing, money, goods, 7
ὥσπερ: as, just as, as if, 8

b7 ἐκβαλεῖν: aor. inf. ἐκβάλλω
8   ἡ τύχη: misfortune
    γέγονεν: 3rd sg. pf. γίγνομαι
    σχεδὸν τι: just about, almost
c1 τοὺς αὐτούς: the same (ones); as often
    when αὐτός is attributive (follows article)
    οὕσπερ: just as; 'which very ones (I
    honored)'; relative, supply form of τιμάω
    πρότερον: comparative adverb
2   ὧν: than which; gen. of comparison
    βελτίω: better things; βελτίο(ν)α; acc. pl.
    ἔχωμεν: we are able; common idiom for
    ἔχω + inf.; 1st pl. subj. in mixed condition
    παρόντι: present (time); pple πάρ-ειμι
    ἴσθι: sg. imperative οἶδα
3   οὐ μή: NOT; a strong denial + fut. (2755)

πλείω: more; πλείο(ν)α; acc. neuter pl.
inner acc. 'give us more frights'
παρόντων: than (those)...; gen. of
comparison; see line 2 above, πάρ-ειμι
5 ἐπιπέμπουσα: fem. pple modifies δύναμις
6 ἀφαιρέσεις: acc. pl. ἀφ-αίρεσις
    ἄν...σκοποίμεθα: should we consider; fut.
    less vivid 'should, would (εἰ opt, ἄν + opt)
    μετριώτατα: superlative adverb
    αὐτά: them; neuter acc. pl.
7 ἀναλάβοιμεν: we should...; aor. opt. see 6
    of the future less vivid conditions
    λέγεις: you have been saying; the present
    is pf. progressive in sense
8 πότερον...ἤ: πότερον is left untranslated
    καλῶς: well

ὅτι ταῖς μὲν δεῖ τῶν δοξῶν προσέχειν τὸν νοῦν, ταῖς **d**
δὲ οὔ; ἢ πρὶν μὲν ἐμὲ δεῖν ἀποθνήσκειν καλῶς ἐλέγετο,
νῦν δὲ κατάδηλος ἄρα ἐγένετο ὅτι ἄλλως ἕνεκα λόγου
ἐλέγετο, ἦν δὲ παιδιὰ καὶ φλυαρία ὡς ἀληθῶς; ἐπιθυμῶ
δ' ἔγωγ' ἐπισκέψασθαι, ὦ Κρίτων, κοινῇ μετὰ σοῦ εἴ τί **5**
μοι ἀλλοιότερος φανεῖται, ἐπειδὴ ὧδε ἔχω, ἢ ὁ αὐτός,
καὶ ἐάσομεν χαίρειν ἢ πεισόμεθα αὐτῷ. ἐλέγετο δέ πως,
ὡς ἐγῷμαι, ἑκάστοτε ὧδε ὑπὸ τῶν οἰομένων τὶ λέγειν,
ὥσπερ νυνδὴ ἐγὼ ἔλεγον, ὅτι τῶν δοξῶν ἃς οἱ ἄνθρωποι
δοξάζουσιν δέοι τὰς μὲν περὶ πολλοῦ ποιεῖσθαι, τὰς δὲ μή. **e**

ἀληθῶς: truly, 2
ἀλλοῖος, -η, -ον: different, of another sort, 1
ἄλλως: otherwise, in another way, 4
ἄνθρωπος, ὁ: human being, 10
ἀπο-θνήσκω: to die off, perish, 6
δοξάζω: to think, imagine, suppose, 1
ἐάω: to permit, allow, let be, suffer, 4
ἔγωγε: I (for my part), 6
ἑκάστοτε: each time, on each occasion, 3
ἕνεκα: for the sake of, because of, for (+gen) 2
ἐπειδή: when, after, since, because, 7
ἐπι-θυμέω: to desire, long for, 2
ἐπι-σκοπέω: to look upon, examine, regard, 1
κατά-δηλος, -η, -ον: quite clear, evident 1

κοινός, -ή, -όν: common, ordinary; public, 4
μετά: with (+ gen.); after (+ acc.), 6
νοῦς, ὁ: mind, intention, attention, thought, 2
νυν-δή: just now, 2
παιδιά, ἡ: childish play, game, 1
πρίν: until, before, 4
προσ-έχω: to offer, provide; direct 2
πως: somehow, in any way, 1
ὑπό: by, because of, from (gen.) under (dat.) 9
φλυαρία, ἡ: nonsense, silly talk, foolery, 1
χαίρω: to rejoice, be glad; fare well, 2
ὧδε: in this way, so, thus, 3
ὥσπερ: as, just as, as if, 8

---

d1 ταῖς μὲν...ταῖς δὲ: *to some...to others*;
     dat. of compound verb προσέχειν
     τῶν δοξῶν: partitive gen. with ταῖς
2 πρὶν μὲν...νῦν δὲ: *previously...but now*
     ἐμέ...ἀποθνήσκειν: *that it is necessary that*;
     + acc. + inf., subject of ἐλέγετο
     ἐλέγετο: *it was said*; inf. δεῖν is subject
     ἄρα: *it seems, then*; particle is inferential
4 ἄλλως: *poorly*; 'otherwise,' in contrast to
     καλῶς it means 'not well' or 'poorly'
e2 ἕνεκα λόγου: *for the sake of (idle)*
     speech; i.e. Socrates complains that they
     should not treat the earlier arguments as
     something said but not followed
     ἦν: *it was*; impf. εἰμί
4 ὡς ἀληθῶς: *truly*
5 ἐπισκέψασθαι: aor. inf. ἐπι-σκοπέω,
     which takes its non-present tenses from the
     verb ἐπισκέπτομαι

κοινῇ: *in common*
τί: *at all*; acc. extent of degree with adj.
6 φανεῖται: fut. φαίνομαι (fut. stem φανε)
     ἔχω: ἔχω (holds, is disposed) + adv. is
     often translated as 'to be' + adjective
     ἤ...ἤ: *either...or*
     ὁ αὐτός: *(it is) the same*; a predicate
7 ἐάσομεν χαίρειν: *will we dismiss*; lit.
     'allow (acc.) to say farewell,' 1st pl. aor.
     πεισόμεθα: fut. mid. πείθω + dat.
8 ἐγῷμαι: *I suppose*; crasis, ἐγὼ οἶμαι
     ὑπό: *by those thinking...*; gen. of agent
     τὶ λέγειν: *to say something (important)*
9 τῶν δοξῶν ἅς: *among the opinions which*
e1 δέοι: *it was necessary*; opt. ind. discourse
     replaces an indicative in secondary seq.
     περὶ πολλοῦ ποιεῖσθαι: *to consider (acc)*
     of great (importance); gen. of value (1373)

τοῦτο πρὸς θεῶν, ὦ Κρίτων, οὐ δοκεῖ καλῶς σοι λέγεσθαι;
—σὺ γάρ, ὅσα γε τἀνθρώπεια, ἐκτὸς εἶ τοῦ μέλλειν ἀπο-
47 θνῄσκειν αὔριον, καὶ οὐκ ἂν σὲ παρακρούοι ἡ παροῦσα συμ-
φορά· σκόπει δή—οὐχ ἱκανῶς δοκεῖ σοι λέγεσθαι ὅτι οὐ
πάσας χρὴ τὰς δόξας τῶν ἀνθρώπων τιμᾶν ἀλλὰ τὰς μέν,
τὰς δ' οὔ, οὐδὲ πάντων ἀλλὰ τῶν μέν, τῶν δ' οὔ; τί φῄς;
5 ταῦτα οὐχὶ καλῶς λέγεται;
     ΚΡ. καλῶς.
     ΣΩ. οὐκοῦν τὰς μὲν χρηστὰς τιμᾶν, τὰς δὲ πονηρὰς μή;
     ΚΡ. ναί.

ἀνθρώπειος, -α, -ον: of a human, human 1
ἀπο-θνῄσκω: to die off, perish, 6
αὔριον: tomorrow, 2
ἐκτός: outside; out of, far from (+ gen.) 1
θεός, ὁ: a god, divinity, 4
ἱκανῶς: sufficiently, adequately 2
μέλλω: to be about to, intend to, 2
ναί: yes, yea, 2
ὅσος, -η, -ον: as much or as; all who, 4

οὐκοῦν: therefore, then, accordingly, 4
παρα-κρούω: strike aside, mislead, 1
πάρ-ειμι: to be near, be present, be at hand 5
πονηρός, -ά, -όν: bad, evil; wicked, 2
σκοπέω: to look at, examine, consider, 9
συμ-φορά, ἡ: misfortune, mishap, event, 3
τιμάω: to honour, value, esteem, 5
χρή: it is necessary, it is fitting; must, ought, 8
χρηστός, -ή, -όν: good, useful, worthy, 2

e2 τοῦτο: subject, λέγεσθαι is pass. inf.
   πρὸς θεῶν: *by the gods!*; 'from the gods'
   in exclamation rather than gen. agent
3 ὅσα γε τἀνθρώπεια: *so far as (they are)*
   human affairs at least; ὅσα is adverbial,
   τὰ ἀνθρώπεια is neuter plural
   εἶ: 2nd sg. pres. εἰμί, ἐκτὸς is predicative
   τοῦ μέλλειν: *of going to*: + fut. inf. an
   articular infinitive governdd by ἐκτὸς
   + acc. + inf., subject of ἐλέγετο
47a ἂν...παρακρούοι: *would lead astray..*;
   'strike aside,' potential opt.
   παροῦσα: fem. pple πάρειμι

2 σκόπει: σκόπεε; sg. imperative
   δή: *just*; emphasizing the imperative
3 τιμᾶν: inf. α-contract
   τὰς μὲν...τὰς δὲ: *some...others*; δόξας
4 τῶν μὲν...τῶν δὲ: *of some...of others*;
   ἀνθρώπων
   φῄς: 2nd sg. pres. φημί
   οὐχὶ: deictic iota (-ι) adds emphasis
5 καλῶς: *well*
   λέγεται: 3rd sg. pass. with neut. pl. subject
7 τιμᾶν: *(is it necessary) to honor*; add δεῖ
   χρηστάς, πονηράς: i.e. δόξας

Types of Conditions	Protasis (if-clause)	Apodosis (then-clause)
Simple Present, Simple Past	εἰ + **any indicative**	**any indicative** εἰ ταῦτα ποιεῖς, καλῶς ποιεῖς. *If you do this, you do well.*
Present General (Indefinite)	ἐάν + **subjunctive** (*if ever*)	**present indicative** ἐὰν ταῦτα ποιῇς, καλῶς ποιεῖς. If (ever) you do this, you do well.
Past General (Indefinite)	εἰ + **optative** (*if ever*)	**past indicative** εἰ ταῦτα ποιοίης, καλῶς ἐποίεις. If (ever) you did this, you did well.

ΣΩ. χρησταὶ δὲ οὐχ αἱ τῶν φρονίμων, πονηραὶ δὲ αἱ 10
τῶν ἀφρόνων;

ΚΡ. πῶς δ' οὔ;

ΣΩ. φέρε δή, πῶς αὖ τὰ τοιαῦτα ἐλέγετο; γυμναζόμενος
ἀνὴρ καὶ τοῦτο πράττων πότερον παντὸς ἀνδρὸς ἐπαίνῳ καὶ   b
ψόγῳ καὶ δόξῃ τὸν νοῦν προσέχει, ἢ ἑνὸς μόνου ἐκείνου ὃς
ἂν τυγχάνῃ ἰατρὸς ἢ παιδοτρίβης ὤν;

ΚΡ. ἑνὸς μόνου.

ΣΩ. οὐκοῦν φοβεῖσθαι χρὴ τοὺς ψόγους καὶ ἀσπάζεσθαι   5
τοὺς ἐπαίνους τοὺς τοῦ ἑνὸς ἐκείνου ἀλλὰ μὴ τοὺς τῶν

ἀνήρ, ἀνδρός, ὁ: a man, 6
ἀσπάζομαι: to welcome, embrace, 1
ἄ-φρων, -ον: senseless, foolish, silly, 2
αὖ: again, once more; further, moreover, 3
γυμνάζομαι: to train naked, exercise 1
ἐκεῖνος, -η, -ον: that, those, 9
ἔπαινος, ὁ: praise, approval, 3
ἰατρός, ὁ: physician, doctor, 1
μόνος, -η, -ον: alone, only, solitary, 2
νοῦς, ὁ: mind, thought, reason, attention, 5
οὐκοῦν: therefore, then, accordingly, 4
παιδο-τρίβης, ὁ: trainer, 1

πονηρός, -ά, -όν: bad, evil; wicked, 2
προσ-έχω: to offer, provide; direct 2
πῶς: how? in what way?, 5
τοιοῦτος, -αύτη, -οῦτο: such, 9
τυγχάνω: chance upon, get; meet; happen, 7
φέρω: to bear, carry, bring, endure, 6
φοβέομαι: to fear, be afraid 6
φρόνιμος, -ον: intelligent, wise, prudent, 2
χρή: it is necessary, it is fitting; must, ought, 8
χρηστός, -ή, -όν: good, useful, worthy, 2
ψόγος, ὁ: blame, censure, 2

---

10 χρησταί, πονηραί: predicates; add verb
13 φέρε δή: come now!; 'carry on now,'
   imperative often used to draw attention
   ἐλέγετο: were said; iterative impf., easier
   to express in the active: 'we used to say'
b1 πότερον...ἤ: πότερον is left untranslated
   ἐπαίνῳ...δόξῃ: to the...; dat. object of the

compound verb προσέχει
2 τὸν νοῦν προσέχει: i.e. pay attention
   ἑνός: of one...; gen. sg. εἷς
3 τυγχάνῃ...ὤν: happen to be; ἂν + 3rd sg.
   pres. subj. in an indefinite relative clause;
   ὤν is a complementary pple, nom. sg. εἰμί
4 ἑνός: of one...; gen. sg. εἷς

Future More Vivid	ἐάν + subjunctive	**future indicative** ἐὰν ταῦτα ποιῇς, καλῶς ποιήσεις. If you do this, you will do well.
Future Less Vivid	εἰ + optative (*should*)	**ἄν + optative (*would*)** εἰ ταῦτα ποιοίης, καλῶς ἄν ποιοίης. If you should do this, you would do well.
Present Contrary-to-Fact	εἰ + impf. ind. (*were*)	**ἄν + impf. ind. (*would*)** εἰ ταῦτα ἐποίεις, καλῶς ἄν ἐποίεις. If you were doing this, you would be doing well.
Past Contrary-to-Fact	εἰ + aor. ind. (*had*)	**ἄν + aor. ind (*would have*)** εἰ ταῦτα ἐποίησας, καλῶς ἄν ἐποίησας. If you had done this, you would have done well.

πολλῶν.

    ΚΡ. δῆλα δή.

    ΣΩ. ταύτῃ ἄρα αὐτῷ πρακτέον καὶ γυμναστέον καὶ

10 ἐδεστέον γε καὶ ποτέον, ᾗ ἂν τῷ ἑνὶ δοκῇ, τῷ ἐπιστάτῃ καὶ

ἐπαΐοντι, μᾶλλον ἢ ᾗ σύμπασι τοῖς ἄλλοις.

    ΚΡ. ἔστι ταῦτα.

c   ΣΩ. εἶεν. ἀπειθήσας δὲ τῷ ἑνὶ καὶ ἀτιμάσας αὐτοῦ τὴν

δόξαν καὶ τοὺς ἐπαίνους, τιμήσας δὲ τοὺς τῶν πολλῶν [λό-

γους] καὶ μηδὲν ἐπαϊόντων, ἆρα οὐδὲν κακὸν πείσεται;

    ΚΡ. πῶς γὰρ οὔ;

ἄρα: truly (introduces yes/no question), 6
ἀ-πειθέω: to disobey, be disobedient, 2
ἀ-τιμάζω: to dishonor, slight, 1
γυμναστέος, -ον: to be trained, 1
δῆλος, -η, -ον: clear, evident, conspicuous 8
ἐδεστέος, -ον: to be eaten, must be eaten 2
ἐπαῖνος, ὁ: praise, approval, 3
ἐπ-αίω: to profess knowledge; give ear, feel 5
ἐπ-ίστημι: to stand near or over, impose, 2

κακός, -ή, -όν: bad, base, cowardly, evil, 6
μᾶλλον: more, rather, 8
μηδ-είς, μηδ-εμία, μηδ-έν: no one, nothing, 5
ποτέος, -ον: to be drunk, must be drunk, 1
πρακτέος, -ον: to be done, must be done, 2
πῶς: how? in what way?, 5
σύμ-πας, -ασα, -αν: all together, all at once 3
τιμάω: to honour, value, esteem, 5

b8 δῆλα δή: *quite clearly*; '(it is) quite clear'
9 ταύτῃ: *in this way*; dat. of manner
   αυτῷ: *by him*; dat. of agent with verbal adjective (see below)
   πρακτέον...ποτέον: see below
   γε: emphasizes preceding word
10 ᾗ: *in whichever way...*; relative, dat. of manner correlative with ταύτῃ
   ἂν...δοκῇ: *it seems best*; 3rd sg. subj. in an indefinite relative clause

   τῷ ἑνὶ: *to the one*; dat. sg. εἷς
   τῷ...ἐπαΐοντι: *in apposition to* τῷ ἑνὶ
   μᾶλλον ἢ: *rather than*
11 ᾗ: *in whichever way (it seems best)*
12 ἔστι: *are (the case)*; sg. with neut. pl. subj.
c1 εἶεν: *well!*; particle from opt. εἰμί 'let it be'
3 πείσεται: fut. πάσχω
4 πῶς γὰρ οὔκ: *how could he not?*; πῶς γὰρ expresses impossibility and surprise

---

Verbal Adjectives Ending in -τέος, -τέα, -τέον

Along with εἰμί and a dative of agent, these verbal adjectives express necessity or obligation. Often the construction is impersonal, and the form of εἰμί or the dative is omitted. In translation, we often make the dative of agent the subject of an active verb. (2149-2152, 944)

πρακτέον ἐστὶν ἡμῖν [p. 69]	it is to be done by us →	we **must/ought to** do	

πρακτέον αὐτῷ [p. 74]	*he must do*	ἀδικητέον εἶναι [p. 82]	*we must wrong*
γυμναστέον αὐτῷ [p. 74]	*he must train*	ποιητέον [p. 86 twice]	*we must consider*
ἐδεστέον αὐτῷ [p. 74]	*he must eat*	ἐξαπατητέον [p. 86]	*he must deceive*
ποτέον αὐτῷ [p. 74]	*he must drink*	ποιητέον [p. 92 twice]	*you must deceive*
φροντιστέον ἡμῖν [p. 77]	*we must consider*	ὑπεικτέον [p. 92]	*you must yield*
ποιητέον [p. 79]	*we must consider*	ἀναχωρητέον [p. 72]	*you must withdrawn*
σκεπτέον ᾗ [p. 80]	*we must examine*	λειπτέον [p. 92]	*you must abandoned*

ΣΩ. τί δ' ἔστι τὸ κακὸν τοῦτο, καὶ ποῖ τείνει, καὶ εἰς   5
τί τῶν τοῦ ἀπειθοῦντος;

ΚΡ. δῆλον ὅτι εἰς τὸ σῶμα· τοῦτο γὰρ διόλλυσι.

ΣΩ. καλῶς λέγεις. οὐκοῦν καὶ τἆλλα, ὦ Κρίτων, οὕτως,
ἵνα μὴ πάντα διΐωμεν, καὶ δὴ καὶ περὶ τῶν δικαίων καὶ
ἀδίκων καὶ αἰσχρῶν καὶ καλῶν καὶ ἀγαθῶν καὶ κακῶν, περὶ   10
ὧν νῦν ἡ βουλὴ ἡμῖν ἐστιν, πότερον τῇ τῶν πολλῶν δόξῃ
δεῖ ἡμᾶς ἔπεσθαι καὶ φοβεῖσθαι αὐτὴν ἢ τῇ τοῦ ἑνός, εἴ τίς   d
ἐστιν ἐπαΐων, ὃν δεῖ καὶ αἰσχύνεσθαι καὶ φοβεῖσθαι μᾶλλον
ἢ σύμπαντας τοὺς ἄλλους; ᾧ εἰ μὴ ἀκολουθήσομεν, δια-

ἀγαθός, -ή, -όν: good, brave, capable, 8
ἄ-δικος, -ον: unrighteous, unjust, 5
αἰσχρός, -ά, -όν: shameful, disgraceful, 3
αἰσχύνω: to shame; mid. feel shame, 3
ἀκολουθέω: to follow (dat) 1
ἀ-πειθέω: to disobey, be disobedient, 2
βουλή, ἡ: plan, deliberation, advice, opinion, 3
δῆλος, -η, -ον: clear, evident, conspicuous 8
δια-φθείρω: to destroy, corrupt, kill, 8
δι-έρχομαι: to go through, pass through, 2
δι-όλλυμι: to destroy, kill, ruin utterly, 2
ἐπ-αΐω: to profess knowledge; give ear, feel 5

ἕπομαι: to follow, accompany, escort 1
ἵνα: in order that (+ subj.); where (+ ind.), 6
κακός, -ή, -όν: bad, base, cowardly, evil, 6
καλός, -ή, -όν: beautiful, fair, noble, fine 5
μᾶλλον: more, rather, 8
οὐκοῦν: therefore, then, accordingly, 4
ποῖ: whither? to where?, 1
σύμ-πας, -ασα, -αν: all together, all at once 3
σῶμα, -ατος, τό: the body 4
τείνω: to tend, extend, direct; stretch, spread 1
φοβέομαι: to fear, be afraid 6

c5 εἰς τί τῶν: onto what (of) part of the one
    disobeying; τῶν is partitive, cf. 46b5
7   δῆλον ὅτι: (it is) clear that; or 'clearly'
    διόλλυσι: 3rd sg. pres. δι-όλλυμι
8   καλῶς: well
    καὶ τἆλλα: and in other matters; crasis,
    τὰ ἄλλα is neuter pl. acc. of respect
9   ἵνα μὴ: so that...may not; negative
    purpose clause; subjunctive δι-έρχομαι

    καὶ δὴ καί: in particular; 'and in fact also'
11 ὧν: which...; relative pronoun
    πότερον...ἤ: no need to translate πότερον
    τῇ...δόξῃ: dat. obj. of pres. inf. ἕπομαι
d1 αὐτὴν: it; i.e. fem. sg. δόξῃ
    τῇ τοῦ ἑνός: that of one; assume δόξῃ
2   ὃν: whom...; relative, object of infinitives
3   ᾧ: whom...; dat. object of ἀκολουθέω

Common Constructions with ἄν

Indefinite (or General) Clauses

relative	ὅστις, ἥτις, ὅ τι + ἄν + subj.	ὅ τι ἄν ποιῇ	*whatever she does...*
temporal	ἐπειδάν, ὅταν, ἕως ἄν + subj.	ἐπειδάν ποιῇ	*whenever she does...*
conditional	ἐάν + subj.	ἐάν ποιῇ	*if ever she does...*

Potential Optative

	ἵνα, ὅπως, ὡς + subj.	ἵνα ποιῇ	**so that** (in order that)...

Fearing Clauses

	ἄν + past indicative	ἄν ἐποίησε	*she **would have** done...*

φθεροῦμεν ἐκεῖνο καὶ λωβησόμεθα, ὃ τῷ μὲν δικαίῳ βέλτιον
5 ἐγίγνετο τῷ δὲ ἀδίκῳ ἀπώλλυτο. ἢ οὐδέν ἐστι τοῦτο;

ΚΡ. οἶμαι ἔγωγε, ὦ Σώκρατες.

ΣΩ. φέρε δή, ἐὰν τὸ ὑπὸ τοῦ ὑγιεινοῦ μὲν βέλτιον
γιγνόμενον, ὑπὸ τοῦ νοσώδους δὲ διαφθειρόμενον διολέσωμεν
πειθόμενοι μὴ τῇ τῶν ἐπαϊόντων δόξῃ, ἆρα βιωτὸν ἡμῖν ἐστιν

e διεφθαρμένου αὐτοῦ; ἔστι δέ που τοῦτο σῶμα· ἢ οὐχί;

ΚΡ. ναί.

ΣΩ. ἆρ' οὖν βιωτὸν ἡμῖν ἐστιν μετὰ μοχθηροῦ καὶ
διεφθαρμένου σώματος;

ἄ-δικος, -ον: unrighteous, unjust, 5
ἆρα: truly (introduces yes/no question), 6
ἀπ-όλλυμι: to destroy, kill, ruin, 7
βελτίων, -ον: better, 4
βιωτός, -όν: to be lived, worth living, 3
δια-φθείρω: to destroy, corrupt, kill, 8
δι-όλλυμι: to destroy, kill, ruin utterly, 2
ἔγωγε: I (for my part), 6
ἐκεῖνος, -η, -ον: that, those, 9
ἐπ-αΐω: to profess knowledge; give ear, feel 5

λωβάομαι: maltreat, outrage, maim 2
μετά: with (+ gen.); after (+ acc.), 6
μοχθηρός, -ή, -όν: wretched, worthless, 1
ναί: yes, yea, 2
νοσώδης, -ες: sickly, diseased, unsound, 1
που: anywhere, somewhere; I suppose, 5
σῶμα, -ατος, τό: the body 4
ὑγιεινός, -ή, -όν: sound, healthy, wholesome 1
ὑπό: by, because of, from (gen.) under (dat.) 9
φέρω: to bear, carry, bring, endure, 6

d4 διαφθεροῦμεν: future
ἐκεῖνο..ὅ: that which...
τῷ δικαίῳ: by the right, just; dat. means
5 ἐγίγετο: was made; βέλτιον is predicate
τῷ ἀδίκῳ: by the wrong, unjust; means
ἀπώλλυτο: impf. pass. ἀπ-όλλυμι
6 οἶμαι: οἴομαι
7 φέρε δή: come now!; 'carry on now,' an
imperative often used to draw attention
7 ἐὰν...διολέσωμεν: if we destroy; aor. subj.
δι-όλλυμι in a present general condition
(ἐὰν+ subj., pres. ind.)

τὸ...γιγνόμενον...δὲ διαφθειρόμενον: the
thing becoming....but being corrupted...
ὑπό...: because of...; gen. of cause
9 πειθόμενοι μή: if not...; pple is conditional
is sense; hence μή instead of οὐ (2728)
ἆρα: untranslated, begins yes/no question
ἡμῖν: impf. pass. ἀπ-όλλυμι
e1 διεφθαρμένου αὐτοῦ: with it being
corrupted; gen. abs., pf. pass. pple
οὐχί: deictic iota lends extra emphasis
3 ἆρ': ἆρα, as above
4 διεφθαρμένου: pf. pass. pple διαφθείρω

Common Uses of Subjunctive in Independent Clauses

Hortatory (1st pl. subj.)
πειρώμεθα *Let us attempt* 48c2 [p. 79]   ἀρχώμεθα *let us begin* 49d6 [p. 85]
σκοπῶμεν *let us examine* 48d8 [p. 81]   πράττωμεν *let us do* 54e1 [p. 106]

Prohibitive (μή + aor. subj.)
μήτε...ἀποκάμης   *do not tire! / You should not tire!* 45b6 [p. 65]
μή...πείσῃ   *do not let Crito persuade!* 54c8-d1 [p. 105]

Deliberative (subj. in direct question)
τί δρῶμεν *What are we to do?* 48d7 [p. 81]   τί φῶμεν *What are we to say?* 48d7 [p. 98]

ΚΡ. οὐδαμῶς.   5

ΣΩ. ἀλλὰ μετ' ἐκείνου ἆρ' ἡμῖν βιωτὸν διεφθαρμένου,
ᾧ τὸ ἄδικον μὲν λωβᾶται, τὸ δὲ δίκαιον ὀνίνησιν; ἢ φαυλό-
τερον ἡγούμεθα εἶναι τοῦ σώματος ἐκεῖνο, ὅτι ποτ' ἐστὶ τῶν
ἡμετέρων, περὶ ὃ ἥ τε ἀδικία καὶ ἡ δικαιοσύνη ἐστίν;   48
ΚΡ. οὐδαμῶς.
ΣΩ. ἀλλὰ τιμιώτερον;
ΚΡ. πολύ γε.
ΣΩ. οὐκ ἄρα, ὦ βέλτιστε, πάνυ ἡμῖν οὕτω φροντιστέον   5
τί ἐροῦσιν οἱ πολλοὶ ἡμᾶς, ἀλλ' ὅτι ὁ ἐπαΐων περὶ τῶν

ἀ-δικία, ἡ: wrong-doing, injustice, 1
ἄ-δικος, -ον: unrighteous, unjust, 5
βέλτιστος, -η, -ον: best, 2
βιωτός, -όν: to be lived, worth living, 3
δια-φθείρω: to destroy, corrupt, kill, 8
δικαιοσύνη, ἡ: justice, righteousness, 3
ἐκεῖνος, -η, -ον: that, those, 9
ἐπ-αΐω: to profess knowledge; give ear, feel 5
ἐρέω: I will say or speak, 7
ἡγέομαι: to lead; consider, think, believe 4
ἡμέτερος, -α, -ον: our, ours, 6

λωβάομαι: maltreat, outrage, maim 2
μετά: with (+ gen.); after (+ acc.), 6
ὀνίνημι: to profit, benefit, help, assist
οὐδαμῶς: in no way, not at all, 6
πάνυ: quite, entirely, exceedingly, 3
ποτέ: ever, at some time, once, 3
σῶμα, -ατος, τό: the body 4
τίμιος, -α, -ον: honored, worthy, 2
φαυλός, -ή, -όν: trivial, petty, worthless, 2
φροντιστέος, -ον: to be considered, 1

e6 μετ': with...; μετά + gen.
   ἆρ': ἄρα
   βιωτὸν: supply ἐστί
   διεφθαρμένου: pf. pass. pple with ἐκείνου
7 ᾧ: which; dat. obj. of λωβᾶται, ὀνίνησιν
   τὸ ἄδικον: the unjust, wrong; substantive
   τὸ δίκαιον: the just, the right
   φαυλότερον: pred. adjective after εἶναι
8 τοῦ σώματος: than...; gen. comparison
   ἐκεῖνο: acc. subj. of εἶναι, inf. of εἰμί
   ὅτι: which; ὅ τι

48a περὶ ὅ: with regard to which
3 τιμιώτερον: in contrast to φαυλότερον
4 πολύ γε: yes, far (more honorable); πολύ
   is adverbial acc. or acc. extent of degree,
   supply τιμιώτερον
5 οὐκ...πάνυ: not at all; 'exceedingly not'
   ἡμῖν: by us; dat. of agent with verbal adj.
   φροντιστέον: it must be considered;
   verbal adj. + missing εἰμί expresses
   necessity or obligation 47b9
6 ἐροῦσιν: 3rd pl ἐρέω (used as fut. λέγω)

Common Uses of the Subjunctive in Subordinate Clauses		
Indefinite (or General) Clauses		
relative	ὅστις, ἥτις, ὅ τι + ἄν + subj.	ὅ τι ἄν ποιῇ	*whatever she does...*
temporal	ἐπειδᾶν, ὅταν, ἕως ἄν + subj.	ἐπειδᾶν ποιῇ	*whenever she does...*
conditional	ἐάν + subj.	ἐάν ποιῇ	*if ever she does...*
Purpose Clause		
	ἵνα, ὅπως, ὡς + subj.	ἵνα ποιῇ	*so that (in order that)...*
Fearing Clause		
	μὴ + subj.	μὴ ποιῇ	*lest she does...*

δικαίων καὶ ἀδίκων, ὁ εἷς καὶ αὐτὴ ἡ ἀλήθεια. ὥστε πρῶτον
μὲν ταύτῃ οὐκ ὀρθῶς εἰσηγῇ, εἰσηγούμενος τῆς τῶν πολλῶν
δόξης δεῖν ἡμᾶς φροντίζειν περὶ τῶν δικαίων καὶ καλῶν καὶ
10 ἀγαθῶν καὶ τῶν ἐναντίων. 'ἀλλὰ μὲν δή,' φαίη γ' ἄν
τις, 'οἷοί τέ εἰσιν ἡμᾶς οἱ πολλοὶ ἀποκτεινύναι.'

b   ΚΡ. δῆλα δὴ καὶ ταῦτα· φαίη γὰρ ἄν, ὦ Σώκρατες.
ἀληθῆ λέγεις.

     ΣΩ. ἀλλ', ὦ θαυμάσιε, οὗτός τε ὁ λόγος ὃν διεληλύθα-
μεν ἔμοιγε δοκεῖ ἔτι ὅμοιος εἶναι καὶ πρότερον· καὶ τόνδε δὲ

ἀγαθός, -ή, -όν: good, brave, capable, 8
ἄ-δικος, -ον: unrighteous, unjust, 5
ἀλήθεια, ἡ: truth, 3
ἀληθής, -ές: true, 6
ἀπο-κτείνω: to kill, slay, 2
δῆλος, -η, -ον: clear, evident, conspicuous 8
δι-έρχομαι: to go through, pass, 2
ἔγωγε: I (for my part), 6
ἐναντίος, -α, -ον: opposite, contrary, 1
εἰσ-ηγέομαι: to bring in, introduce, explain, 2

θαυμάσιος, -α, -ον: wonderful, marvelous, 1
καλός, -ή, -όν: beautiful, fair, noble, fine 5
ὅδε, ἥδε, τόδε: this, this here 5
ὅμοιος, -α, -ον: like, resembling, similar, 2
ὀρθῶς: rightly, correctly, 4
πρότερος, -α, -ον: before, in front of; earlier 4
πρῶτος, -η, -ον: first, earliest, 7
φροντίζω: to think, worry, give heed to, 2
φροντιστέος, -η, -ον: to be considered 1
ὥστε: so that, that, so as to, 7

a7 ὁ εἷς: *the one*
    αὐτὴ: *itself*; intensive
    πρῶτον: *at first*; adverbial acc.
8 ταύτῃ: *in this way*; dat. of manner
    εἰσηγῇ: εἰσ-ηγέεσαι 2nd sg. pres. mid.
    τῆς...δόξης: gen. object of φροντίζειν
9 δεῖν: *that it is necessary*; ind. discourse
    following pple εἰσηγούμενος
10 ἀλλὰ μὲν δή: *but of course*; in contrast
    (D. 394); μὲν δή suggest positive certainty
    φαίη γ' ἄν τις: *one might say*; potential
    3rd sg. pres. opt. φημί
11 οἷοι τέ εἰσιν: *they are able*; 'are the sort,'

    neut. sg., οἷος τε + εἰμί (3rd pl.) is idiom
    ἀποκτεινύναι: pres. inf.
b1 δῆλα δή: (are) *quite clear*; supply ἐστί
    καὶ: *also*; adverbial
    φαίη γὰρ ἄν: *for one would say (this)*;
    Crito agrees by repeating Socrates' words
2 ἀληθῆ: *the truth*; ἀληθέα, 'truth things'
3 ὃν: *which...*; relative
    διεληλύθαμεν: 1st pl. pf. δι-έρχομαι
4 ὅμοιος...καὶ: *same as*; καί (as) often
    follows adjs. of likeness (1501)
    πρότερον: comparative adverb

Optatives may Replace Subjunctives in Subordinate Clauses

In secondary sequence an optative may replace a subj. (with/out ἄν) in a subordinate clause.

Indefinite	subjunctive		optative	
relative	ὅ τι ἄν ποιῇ	→	ὅ τι ποιοῖ	*whatever she did*
temporal	ἐπειδὰν ποιῇ	→	ἐπειδὴ ποιοῖ	*whenever she did*
conditional	ἐὰν ποιῇ	→	εἰ ποιοῖ	*if ever she did*
Purpose	ἵνα ποιῇ	→	ἵνα ποιοῖ	*so that she might do...*
Fearing	μὴ ποιῇ	→	μὴ ποιοῖ	*lest she (might) do...*

αὖ σκόπει εἰ ἔτι μένει ἡμῖν ἢ οὔ, ὅτι οὐ τὸ ζῆν περὶ πλεί- 5
στου ποιητέον ἀλλὰ τὸ εὖ ζῆν.

ΚΡ. ἀλλὰ μένει.

ΣΩ. τὸ δὲ εὖ καὶ καλῶς καὶ δικαίως ὅτι ταὐτόν ἐστιν,
μένει ἢ οὐ μένει;

ΚΡ. μένει. 10

ΣΩ. οὐκοῦν ἐκ τῶν ὁμολογουμένων τοῦτο σκεπτέον,
πότερον δίκαιον ἐμὲ ἐνθένδε πειρᾶσθαι ἐξιέναι μὴ ἀφιέντων
Ἀθηναίων ἢ οὐ δίκαιον· καὶ ἐὰν μὲν φαίνηται δίκαιον, c
πειρώμεθα, εἰ δὲ μή, ἐῶμεν. ἃς δὲ σὺ λέγεις τὰς σκέψεις

Ἀθηναῖος, -α, -ον: Athenian, of Athens, 7
αὖ: again, once more; further, moreover, 3
ἀφ-ίημι: to send forth; release, give up, 1
δικαίως: justly, rightly, lawfully, fairly 3
ἐάω: to permit, allow, let be, suffer, 4
ἐνθένδε: from here, from this place, 9
ἐξ-έρχομαι: to go out, come out, 6
εὖ: well, 5
ζάω: to live, 7

μένω: to stay, remain, abide, 5
οὐκοῦν: therefore, then, accordingly, 4
πειράω: to try, attempt, endeavor, 3
πλεῖστος, -η, -ον: most, greatest, 3
ποιητέος, -ον: to be made or done 5
σκεπτέος, -ον: to be considered, 2
σκέψις, -εως, ἡ: consideration, speculation, 2
σκοπέω: to look at, examine, consider, 9

---

5 **σκόπει:** σκόπεε; sg. imperative
  εἰ: *whether*
  μένει...ὅτι: *(it) abides...(namely) that*
  τὸ ζῆν: *to live*; articular infinitive, ζάω, is
  acc. object of impersonal ποιητέον
  περὶ πλείστου: *of the greatest
  (importance)*; gen. of value
6 **ποιητέον:** *we must consider*; '(it) to be
  considered (by us)'; verbal adj., add ἐστί
8 **τὸ...(ζῆν) ὅτι..ἐστιν:** *that to (live)....is the
  same*; lit. 'to live...that it is the same,' the
  articular infinitive (add ζῆν) is the subject;
  an example of prolepsis (anticipation): in
  this case the subject of ἐστιν is outside
  the ὅτι clause;
  μένει: *abides*; the ὅτι clause is subject

11 **ὁμολογουμένων:** *the (things) agreed on*
   σκεπτέον: *we must examine*; '(it is) to be
   examined (by us); verbal adj., add ἐστί
   πότερον...ἢ: leave πότερον untranslated
12 **δίκαιον:** *(it is) right, (it is) just*; add verb
   ἐξιέναι: inf. ἐξ-έρχομαι
   μὴ ἀφιέντων Ἀθηναίων: *if the Athenian
   do not...*; gen. absolute, the μὴ indicates it
   is conditional in sense; pres. pple ἀφ-ίημι
c1 **φαίνηται:** pres. subj. in a mixed condition
2 **πειρώμεθα:** *let us...*; hortatory subjunctive
   ἐῶμεν: *let us let it be*; hortatory subj. ἐάω
   ἃς...: *which...*; σκέψεις is the antecedent
   τὰς σκέψεις: *as for the considerations*; 'in
   respect to...' acc. of respect

	Present		Imperfect		Subjunctive		Optative	
	φημί, φήσω[37, 39], ἔφησα: to say, claim							
1st	φημί	φαμέν[28-29,40-1]	ἔφην	ἔφαμεν	φῶ	φῶμεν[44]	φαίην	φαῖμεν
2nd	φής[18, 45]	φατέ	ἔφης*	ἔφατε	φῇς	φῆτε	φαίης	φαίητε
3rd	φησί(ν)	φᾶσί(ν)[6, 29-30]	ἔφη	ἔφασαν	φῇ	φῶσι	φαίη[24]	φαῖεν[42]
Inf.	φάναι		*or ἔφησθα[43]				superscript denotes page number	

περί τε ἀναλώσεως χρημάτων καὶ δόξης καὶ παίδων τροφῆς,

μὴ ὡς ἀληθῶς ταῦτα, ὦ Κρίτων, σκέμματα ἦ τῶν ῥᾳδίως

5 ἀποκτεινύντων καὶ ἀναβιωσκομένων γ' ἄν, εἰ οἷοί τ' ἦσαν,

οὐδενὶ ξὺν νῷ, τούτων τῶν πολλῶν. ἡμῖν δ', ἐπειδὴ ὁ λόγος

οὕτως αἱρεῖ, μὴ οὐδὲν ἄλλο σκεπτέον ἦ ἦ ὅπερ νυνδὴ ἐλέγο-

μεν, πότερον δίκαια πράξομεν καὶ χρήματα τελοῦντες τούτοις

d τοῖς ἐμὲ ἐνθένδε ἐξάξουσιν καὶ χάριτας, καὶ αὐτοὶ ἐξάγοντές

τε καὶ ἐξαγόμενοι, ἦ τῇ ἀληθείᾳ ἀδικήσομεν πάντα ταῦτα

ποιοῦντες· κἂν φαινώμεθα ἄδικα αὐτὰ ἐργαζόμενοι, μὴ οὐ

δέῃ ὑπολογίζεσθαι οὔτ' εἰ ἀποθνῄσκειν δεῖ παραμένοντας καὶ

ἄ-δικος, -ον: unrighteous, unjust, 5
αἱρέω: to seize, take; *mid.* choose, 6
ἀλήθεια, ἡ: truth, 3
ἀληθῶς: truly, 2
ἀνα-βιώσκομαι: to bring back to life, 1
ἀναλώσις, -εως ἡ: expenditure, outlay, 1
ἀπο-θνῄσκω: to die off, perish, 6
ἀπο-κτείνω: to kill, slay, 2
ἐνθένδε: from here, from this place, 9
ἐξ-άγω: to lead out, help escape, 4
ἐπειδή: when, after, since, because, 7
ἐργάζομαι: to work, labor, do (acc) to (acc), 4
νοῦς, ὁ: mind, thought, reason, attention, 5

νυν-δή: just now, 2
ξύν: along with, with, together (+ gen.) 1
παῖς, παιδός, ὁ, ἡ: a child, boy, girl; slave, 7
παρα-μένω: to abide, remain, 2
ῥᾴδιος, -α, -ον: easy, ready, 2
σκέμμα, -ματος τό: speculation, question, 1
σκεπτέος, -ον: to be considered, 2
τελέω: to end, complete, fulfill; pay, 1
τροφή, ἡ: nourishment, food; upbringing 2
ὑπο-λογίζομαι: to take into account, 1
χάρις, χάριτος, ἡ: favor, gratitude, thanks, 1
χρῆμα, -ατος, τό: thing, money, goods, 7

---

c4 μὴ...ἦ: *perhaps these are the speculations*;
μὴ + subjunctive in main clause (here, 3rd
sg. subj. εἰμι) expresses doubtful assertion
(1801), a construction used mainly by
Plato and twice more below
ὡς ἀληθῶς: *truly*; 'thus truly'

5 ἀναβιωσκομένων γ' ἄν: *bringing (them)
back to life*; ἄν + pple is equivalent here to
a ἄν + past ind. (past potential): 'who
would bring them back again'
οἷοι τ' ἦσαν: οἷος τε + εἰμί (here impf.) is
an idiom equivalent to 'to be able'

6 οὐδενὶ ξὺν νῷ: σὺν οὐδενὶ νῷ; dat. νοῦς
ἡμῖν: *by us*; dat. agent with verbal adj.
αἱρεῖ: *wins out*; 'overtakes' or 'takes over'

7 μὴ..σκεπτέον ἦ: *perhaps we must examine*;
μὴ + subjunctive in main clause (here, 3rd
sg. subj. εἰμι) expresses doubtful assertion;

'perhaps it is to be examined'; verbal adj.
+ εἰμί expressing objligation + dat. agent
ἦ: *than*; following ἄλλο
πότερον...ἦ: leave πότερον untranslated

8 τελοῦντες: *paying*

d1 τούτοις τοῖς..ἐξάξουσιν: *to these...*; dat.
pl. fut. pple (going to...) ἐξ-άγω
καὶ χάριτας: acc. obj. of τελοῦντες

2 τῇ ἀληθείᾳ: *in truth*; adverbial

3 κἂν: *even if...*; crasis, καὶ ἐὰν + pres. subj.
in a present general condition
φαινώμεθα: *appear to*; + pple
μὴ οὐ...δέῃ: *perhaps it is necessary not...*;
μὴ + subjunctive in main clause (here, 3rd
sg. subj. δεῖ) expresses doubtful assertion
(1801); μὴ is a doubtful assertaion and μὴ
οὐ, as above, is a negative negation

4 οὔτε...οὔτε: *both...and*; following μὴ οὐ

ἡσυχίαν ἄγοντας, οὔτε ἄλλο ὁτιοῦν πάσχειν πρὸ τοῦ ἀδικεῖν.   5
ΚΡ. καλῶς μέν μοι δοκεῖς λέγειν, ὦ Σώκρατες, ὅρα δὲ
τί δρῶμεν.

ΣΩ. σκοπῶμεν, ὦ ἀγαθέ, κοινῇ, καὶ εἴ πῃ ἔχεις ἀντι-
λέγειν ἐμοῦ λέγοντος, ἀντίλεγε καί σοι πείσομαι· εἰ δὲ μή,   e
παῦσαι ἤδη, ὦ μακάριε, πολλάκις μοι λέγων τὸν αὐτὸν
λόγον, ὡς χρὴ ἐνθένδε ἀκόντων Ἀθηναίων ἐμὲ ἀπιέναι· ὡς
ἐγὼ περὶ πολλοῦ ποιοῦμαι πείσας σε ταῦτα πράττειν, ἀλλὰ
μὴ ἄκοντος. ὅρα δὲ δὴ τῆς σκέψεως τὴν ἀρχὴν ἐάν σοι   5
ἱκανῶς λέγηται, καὶ πειρῶ ἀποκρίνεσθαι τὸ ἐρωτώμενον ᾗ   49
ἂν μάλιστα οἴῃ.

ἀγαθός, -ή, -όν: good, brave, capable, 8
ἄγω: to lead, to bring, to carry, to convey, 4
Ἀθηναῖος, -α, -ον: Athenian, of Athens, 7
ἄκων, ἄκοῦσα, ἄκόν: unwilling, 2
ἀντι-λέγω: to reply; speak against, gainsay 3
ἀπ-έρχομαι: to go away, depart, 7
ἀπο-κρίνομαι: to answer, reply, 5
ἀρχή, ἡ: a beginning; rule, office, 2
δράω: to do, 2
ἐνθένδε: from here, from this place, 9
ἐρωτάω: to ask, inquire, question, 4
ἤδη: already, now, at this time, 4
ἡσυχία, ἡ: silence, quiet, stillness, rest, 2

ἱκανῶς: sufficiently, adequately 2
κοινός, -ή, -όν: common, ordinary; public, 4
μακάριος, -α, -ον: blessed, happy, 2
μάλιστα: especially, in particular, 5
ὁστισ-οῦν, ὁτι-οῦν: whosoever, whatsoever, 2
παύω: to stop, make cease, 1
πειράω: to try, attempt, endeavor, 3
πῃ: in some way, somehow, 2
πολλάκις: many times, often, frequently, 4
πρό: before, in front; in place of (+ gen.), 3
σκέψις, -εως, ἡ: consideration, speculation, 2
σκοπέω: to look at, examine, consider, 9
χρή: it is necessary, it is fitting; must, ought, 8

---

d5 **ἄγοντας**: *keeping*
   ὁτιοῦν: *whatsoever*
   πρὸ: *instead of*; + articular infinitive
6 **καλῶς**: *well*
   ὅρα: ὅραε, sg. imperative
7 **δρῶμεν**: *are we to do*; deliberative subj.
   σκοπῶμεν: *let us...*; hortatory subjunctive
8 **κοινῇ**: *in common*; dat. of manners
   ἔχεις: *you are able*
e1 **ἐμοῦ λέγοντος**: gen. absolute
   πείσομαι: fut. mid. πείθω
2 **παῦσαι**: 1st aor. imperative, παύω
   αὐτὸν: *the same*; attributive position
3 **ὡς**: *(namely) that*; apposition to λόγον
   ἀκόντων Ἀθηναίων: *although...*; gen. abs. concessive in sense
   ἀπιέναι: inf. ἀπ-έρχομαι
4 **περὶ πολλοῦ ποιοῦμαι**: *consider of great*

(importance); gen. of value (1373)
   πείσας σε: nom. sg. aor. pple πείθω
   ταῦτα πράττειν: governed by ποιοῦμαι
5 **μὴ ἄκοντος (σοῦ)**: *if...*; gen. abs. (supply σοῦ), μὴ suggests it is conditional in sense
   ὅρα...δὴ: *just see, see now*; ὅραε, sg. imperative, δὴ is emphatic (D 217)
   τὴν ἀρχὴν ἐάν: *whether the beginning...*; lit. 'the beginning, whether (it)...' an example of prolepsis: make the acc. the subject within the conditional
   σοι: *to you*; dat. reference
49a **πειρῶ**: πειρά(σ)ο, 2nd sg. mid imperative
   τὸ ἐρωτώμενον: *the thing...*; pass. pple
   ᾗ: *in whatever way*; relative, dat. manner
   οἴῃ: 2nd sg. pres. subj. οἴομαι + αν in a general relative clause

ΚΡ. ἀλλὰ πειράσομαι.

ΣΩ. οὐδενὶ τρόπῳ φαμὲν ἑκόντας ἀδικητέον εἶναι, ἢ
5 τινὶ μὲν ἀδικητέον τρόπῳ τινὶ δὲ οὔ; ἢ οὐδαμῶς τό γε
ἀδικεῖν οὔτε ἀγαθὸν οὔτε καλόν, ὡς πολλάκις ἡμῖν καὶ ἐν
τῷ ἔμπροσθεν χρόνῳ ὡμολογήθη; [ὅπερ καὶ ἄρτι ἐλέγετο]
ἢ πᾶσαι ἡμῖν ἐκεῖναι αἱ πρόσθεν ὁμολογίαι ἐν ταῖσδε ταῖς
ὀλίγαις ἡμέραις ἐκκεχυμέναι εἰσίν, καὶ πάλαι, ὦ Κρίτων,
10 ἆρα τηλικοίδε γέροντες ἄνδρες πρὸς ἀλλήλους σπουδῇ δια-
b λεγόμενοι ἐλάθομεν ἡμᾶς αὐτοὺς παίδων οὐδὲν διαφέροντες;
ἢ παντὸς μᾶλλον οὕτως ἔχει ὥσπερ τότε ἐλέγετο ἡμῖν·

ἀγαθός, -ή, -όν: good, brave, capable, 8
ἀδικητέος, -ον: to be wronged, 2
ἀλλήλος, -α, -ον: one another, 3
ἀνήρ, ἀνδρός, ὁ: a man, 6
ἄρτι: just, exactly, 2
δια-λέγομαι: to converse with, discuss 2
δια-φερόντως: particularly, especially, 3
ἐκ-χέω: to pour out, cast out, 1
ἐκεῖνος, -η, -ον: that, those, 9
ἑκών, ἑκοῦσα, ἑκόν: willing, intentionally, 2
ἔμ-προσθεν: before, former; earlier, 2
γέρων, -οντος, ὁ: old man; elder, 2
ἡμέρα, ἡ: day, 2
καλός, -ή, -όν: beautiful, fair, noble, fine 5
λανθάνω: escape notice of, act unnoticed 2
μᾶλλον: more, rather, 8

ὅδε, ἥδε, τόδε: this, this here 5
ὀλίγος -η, -ον: few, little, small, 4
ὁμο-λογία, ἡ: agreement, 6
οὐδαμῶς: in no way, not at all, 6
πάλαι: long ago, formerly, of old, 5
παῖς, παιδός, ὁ, ἡ: a child, boy, girl; slave, 7
πειράω: to try, attempt, endeavor, 3
πολλάκις: many times, often, frequently, 4
πρόσθεν: before, 2
σπουδή, ἡ: eagerness, seriousness, haste, 1
τηλικοσδε, -ηδε, -ονδε: of such an age, so old 1
τότε: at that time, then, 3
τρόπος, ὁ: a manner, way; turn, direction, 5
χρόνος, ὁ: time, 3
ὥσπερ: as, just as, as if, 8

---

a3 πειράσομαι: future
 οὐδενὶ τρόπῳ: in...; dat. of manner
φαμὲν: 1st pl. pres. φημί
4 ἑκόντας: (we) unwilling; agrees with
missing accusative subject
ἀδικητέον εἶναι: we must do wrong; 'is
to be wronged; verbal adj. + εἰμί '(inf.) in
ind. discourse
ἤ...ἤ: either...or
5 τινὶ μὲν....πρόπῳ...τινὶ δὲ: in some
ways...in other ways; dat. of manner
6 τό γε ἀδικεῖν: articular subject; add ἐστί
ὡς: just as, as
ἡμῖν: with us, by us; dat. of assocation
7 ἐν...χρόνῳ: in former times
ὡμολογήθη: 3rd. sg. aor. pass.
8 ἡμῖν: by us; dat. of assocation governed by

ὁμολογίαι
9 ἐκκεχυμέναι εἰσίν: periphrastic pf. pass.
(pf. pass. pple ἐκ-χέω+ 3rd pl. pres εἰμι)
10 τηλικοίδε γέροντες ἄνδρες: (we) old men
of this age; assume 1st pl. subject
πρὸς ἀλλήλους: with one another
σπουδῇ: earnestly, seriously; 'in earnest,
in seriousness' dat. of manner
b1 ἐλάθομεν: 1st pl aor, λανθάνω
ἡμᾶς...διαφέροντες: that we...differ; ind.
discourse
παίδων: from...; gen. of comparison
οὐδὲν: not at all; inner acc. 'no difference'
2 παντὸς μᾶλλον: more than anything;
'more than everything' gen. comparison
ἔχει: it is; 'holds' + adv. is often translated
as 'to be' + adjective

εἴτε φασὶν οἱ πολλοὶ εἴτε μή, καὶ εἴτε δεῖ ἡμᾶς ἔτι τῶνδε
χαλεπώτερα πάσχειν εἴτε καὶ πρᾳότερα, ὅμως τό γε ἀδικεῖν
τῷ ἀδικοῦντι καὶ κακὸν καὶ αἰσχρὸν τυγχάνει ὂν παντὶ   5
τρόπῳ; φαμὲν ἢ οὔ;

ΚΡ. φαμέν.

ΣΩ. οὐδαμῶς ἄρα δεῖ ἀδικεῖν.

ΚΡ. οὐ δῆτα.

ΣΩ. οὐδὲ ἀδικούμενον ἄρα ἀνταδικεῖν, ὡς οἱ πολλοὶ   10
οἴονται, ἐπειδή γε οὐδαμῶς δεῖ ἀδικεῖν.

ΚΡ. οὐ φαίνεται.   c

αἰσχρός, -ά, -όν: shameful, disgraceful, 3
ἀντ-αδικέω: to commit injustice in return, 4
δῆτα: certainly, to be sure, of course 1
εἴτε: either…or; whether…or, 8
ἐπειδή: when, after, since, because, 7
κακός, -ή, -όν: bad, base, cowardly, evil, 6
ὅδε, ἥδε, τόδε: this, this here 5

ὅμως: nevertheless, however, yet, 3
οὐδαμῶς: in no way, not at all, 6
πρᾷος, -ον: mild, gentle, soft, 2
τρόπος, ὁ: a manner, way; turn, direction, 5
τυγχάνω: chance upon, get; meet; happen, 7
χαλεπός, -ά, -όν: difficult, hard, harmful, 4

b3 φασὶν: 3rd pl. pres. φημί
  τῶνδε: *that these*; gen. of comparison
  χαλεπώτερα: neuter pl. comparative
  καὶ: *even*; adverbal
  πρᾳότερα: neuter pl. comparative
4 τό γε ἀδικεῖν: articular subject
5 καὶ…καὶ: *both…and*
  τυγχάνει ὄν: *happen to be*; neut. sg.
  complementary pple. εἰμί
  παντὶ τρόπῳ: *in…*; dat. of manner

6 φαμὲν: 1st pl. pres. φημί
9 οὐ δῆτα: *certainly not*; expresses approval
   of the negation in the previous statement
10 ἀδικούμενον: *(one) being wronged*; acc.
   subject of ἀνταδικεῖν
   ἀνταδικεῖν: supply δεῖ
   ὡς: *as*
c1 οὐ φαίνεται: *no, it appears*; as above,
   expresses approval of previous negation

Cases that Accompany Comparative Adjectives (1063-93)		
Positive	Comparative	Superlative
χαλεπός, ή, όν	χαλεπώτερος, ᾱ, ον	χαλεπώτατος, η, ον
difficult	*more difficult*	*most difficult*

Gen. of Comparison can replace ἤ (than) + object. Supply 'than' in translation. (1431)

δεῖ χαλεπώτερα πάσχειν <u>τῶνδε</u>.

*It is necessary to suffer more difficult things <u>**than these**</u>.*

Dat. of Degree of Difference is the amount by which the two groups in the comparison
  differ. (1513)

δεῖ <u>πολλῷ</u> χαλεπώτερα…

*It is necessary to suffer <u>**much**</u> more difficult things*

Acc. of Extent of Degree, a type of adverbial acc., can replace the dative. (1514,-86,1609)

δεῖ <u>πολὺ</u> χαλεπώτερα…

*It is necessary to suffer <u>**much**</u> more difficult things*

ΣΩ. τί δὲ δή; κακουργεῖν δεῖ, ὦ Κρίτων, ἢ οὔ;

ΚΡ. οὐ δεῖ δήπου, ὦ Σώκρατες.

ΣΩ. τί δέ; ἀντικακουργεῖν κακῶς πάσχοντα, ὡς οἱ
5 πολλοί φασιν, δίκαιον ἢ οὐ δίκαιον;

ΚΡ. οὐδαμῶς.

ΣΩ. τὸ γάρ που κακῶς ποιεῖν ἀνθρώπους τοῦ ἀδικεῖν
οὐδὲν διαφέρει.

ΚΡ. ἀληθῆ λέγεις.

10   ΣΩ. οὔτε ἄρα ἀνταδικεῖν δεῖ οὔτε κακῶς ποιεῖν οὐδένα
ἀνθρώπων, οὐδ' ἂν ὁτιοῦν πάσχῃ ὑπ' αὐτῶν. καὶ ὅρα, ὦ
d   Κρίτων, ταῦτα καθομολογῶν, ὅπως μὴ παρὰ δόξαν ὁμολογῇς·

ἀληθής, -ές: true, 6
ἀντ-αδικέω: to commit injustice in return, 4
ἀντι-κακουργέω: to do wrong in return, 2
δή-που: perhaps, I suppose, of course, 1
δια-φέρω: to differ, surpass, be superior to 2
καθ-ομολογέω: to consent (to one's harm) 1
κακ-ουργέω: to do wrong, do mischief, 1

κακῶς: poorly, badly, 7
ὅπως: how, in what way; in order that, that 3
ὅστισ-οῦν, ὅτι-οῦν: whosoever, whatsoever, 2
οὐδαμῶς: in no way, not at all, 6
παρά: beside, alongside, in respect to, 6
που: anywhere, somewhere; I suppose, 5
ὑπό: by, because of, from (gen.) under (dat.) 9

c2 τί δὲ δή: *Well, what then?*; δὴ 'then' is
    inferential not emphatic (2846); τί δὲ
    similar to τί δαί (2848, D 263)
4   τί δὲ: *well, what?, What (now)?*
    ἀντικακουργεῖν: this acc.-infinitive is
    subject of δίκαιον (ἐστι) below
    πάσχοντα: modifies missing acc. subj.
    (supply 'one' as subject of the inf.)
5   φασιν: 3rd pl. pres. φημί
    δίκαιον: *(is it) right...? (is it) just...?*
7   τὸ...ποιεῖν: *to treat...*; articular inf., a
    common translation for ποιέω when
    governed by an adverb

τοῦ ἀδικεῖν: *from...*; articular inf., here a
    gen. of comparison governed by διαφέρει
9   ἀληθῆ: *the truth*; ἀληθέα, 'true things'
10 ποιεῖν: *to treat...*; see note 7 above
11 οὐδὲ ἂν: *not even if...*; ἂν is a contracted
    form of ἐὰν + 3rd sg. pres. subj. in a
    present general condition
    ὁτιοῦν: *whatsoever*; neut. acc.
    ὑπό: *by, at the hands of*; gen. of agent
    ὅρα: ὅραε, sg. imperative
d1 ὅπως μὴ: *that...not*; clause of effort often
    governs fut. ind. but here a pres. subj.
    παρὰ δόξαν: *contrary to opinion*

Translating Participles and Absolutes

Participles and absolutes may be translated a variety of ways depending on their use in the sentence. If they describe the circumstances of the main action, they are circumstantial in sense; if they describe the causes, causal in sense, etc. Below are the main categories for translation:

sense of pple or absolute	κακῶς πάσχοντα (49c4)	ἐμοῦ λέγοντος (48e1)
Circumstantial	*(when/while) suffering badly*	*(when/while) I am talking*
Causal	*(since/because) suffering badly*	*(since) I am talking*
Concessive/Adversative	*(although) suffering badly*	*(although) I am talking*
Conditional	*(if) suffering badly*	*(if) I am talking*

οἶδα γὰρ ὅτι ὀλίγοις τισὶ ταῦτα καὶ δοκεῖ καὶ δόξει. οἷς
οὖν οὕτω δέδοκται καὶ οἷς μή, τούτοις οὐκ ἔστι κοινὴ βουλή,
ἀλλὰ ἀνάγκη τούτους ἀλλήλων καταφρονεῖν ὁρῶντας ἀλλή-
λων τὰ βουλεύματα. σκόπει δὴ οὖν καὶ σὺ εὖ μάλα πότε- 5
ρον κοινωνεῖς καὶ συνδοκεῖ σοι καὶ ἀρχώμεθα ἐντεῦθεν
βουλευόμενοι, ὡς οὐδέποτε ὀρθῶς ἔχοντος οὔτε τοῦ ἀδικεῖν οὔτε
τοῦ ἀνταδικεῖν οὔτε κακῶς πάσχοντα ἀμύνεσθαι ἀντι-
δρῶντα κακῶς, ἢ ἀφίστασαι καὶ οὐ κοινωνεῖς τῆς ἀρχῆς;
ἐμοὶ μὲν γὰρ καὶ πάλαι οὕτω καὶ νῦν ἔτι δοκεῖ, σοὶ δὲ εἴ e
πῃ ἄλλῃ δέδοκται, λέγε καὶ δίδασκε. εἰ δ᾽ ἐμμένεις τοῖς

ἀλλήλος, -α, -ον: one another, 3
ἀμύνω: to fend off, *mid.* defend oneself, 1
ἀνάγκη, ἡ: necessity, force, constraint, 5
ἀντ-αδικέω: to commit injustice in return, 4
ἀντ-δράω: to act in return, in retaliation, 1
ἀρχή, ἡ: a beginning; rule, office, 2
ἄρχω: to begin; to rule, be leader of, 2
ἀφ-ίστημι: to remove; make revolt, 1
βουλεύμα, ματος τό: deliberation, purpose, 1
βουλεύω: to deliberate, plan, take counsel, 6
βουλή, ἡ: plan, deliberation, advice, opinion, 3
διδάσκω: to teach, instruct, 1
ἐμ-μένω: to abide in, remain, 5
ἐντεῦθεν: from here, from there, 1

εὖ: well, 5
κακῶς: poorly, badly, 7
κατα-φρονέω: think down on, disdain (gen) 1
κοινός, -ή, -όν: common, ordinary; public, 4
κοινωνέω: to have a share of, partake in 2
μάλα: very, very much, exceedingly, 1
οἶδα: to know, 7
ὀλίγος -η, -ον: few, little, small, 4
ὀρθῶς: rightly, correctly, 4
οὐδέ-ποτε: not ever, never, 1
πάλαι: long ago, formerly, of old, 5
πῃ: in some way, somehow, 2
σκοπέω: to look at, examine, consider, 9
συν-δοκέω: to seem good also, 2

---

d2 ὀλίγοις τισὶ: *to some few*; dat. reference
καὶ δοκεῖ: *both...seems (good)*; pl. subject
οἷς...οἷς: *to whom...*; antecedent τούτοις
δέδοκται: pf. mid. δοκέω
3 τούτοις: dat. of possession: 'to these there is' or 'these have...'
4 ἀνάγκη: *(it is) necessary*; supply verb
τούτους: acc. subject of καταφρονεῖν
καταφρονεῖν: verbs of accusing and condemnation govern gen. of person
5 σκόπει: σκόπεε, sg. imperative
δὴ: *just*; often emphasizes an imperative
καὶ σὺ εὖ μάλα: *and you (consider) very well*; assume σκόπει again for emphasis
πότερον...σοι: *whether...*; ind. question
6 ἀρχώμεθα: *let us...*; hortatory subjunctive
7 ὡς: *that...*; governed by βουλευόμενοι
οὐδέποτε ὀρθῶς ἔχοντος...τοῦ

ἀδικεῖν...τοῦ ἀνταδικεῖν..(τοῦ)
ἀμύνεσθαι: *it is right...*; gen. abs. (the other part is a series of articular infs.); ἔχω (holds) + adv. is translated as 'to be' + adj.
8 οὔτε..(τοῦ)...ἀμύνεσθαι: supply τοῦ to make the articular inf. parallel to the others
κακῶς πάσχοντα: modifies missing acc. subject of ἀμύνεσθαι
ἀντιδρῶντα: *by...*; pple is causal in sense
9 ἀφίστασαι: *do you disagree?*; 'do you revolt from' 2nd sg. mid. pres. ἀφίστημι
ἀρχῆς: *the beginning*; i.e. of the examination; partitive gen.
e1 καὶ...καὶ: *both...and*
πῃ ἄλλῃ: *in...*; dative of manner
λέγε καὶ δίδασκε: imperative
τοῖς πρόσθε: *the previous (arguments)*; dat. of compound verb ἐμ-μένεις

πρόσθε, τὸ μετὰ τοῦτο ἄκουε.

ΚΡ. ἀλλ' ἐμμένω τε καὶ συνδοκεῖ μοι· ἀλλὰ λέγε.

5　ΣΩ. λέγω δὴ αὖ τὸ μετὰ τοῦτο, μᾶλλον δ' ἐρωτῶ·
πότερον ἃ ἄν τις ὁμολογήσῃ τῳ δίκαια ὄντα ποιητέον ἢ
ἐξαπατητέον;

ΚΡ. ποιητέον.

50　ΣΩ. ἐκ τούτων δὴ ἄθρει. ἀπιόντες ἐνθένδε ἡμεῖς μὴ
πείσαντες τὴν πόλιν πότερον κακῶς τινας ποιοῦμεν, καὶ
ταῦτα οὓς ἥκιστα δεῖ, ἢ οὔ; καὶ ἐμμένομεν οἷς ὡμολογή-
σαμεν δικαίοις οὖσιν ἢ οὔ;

ἀθρέω: to look at, gaze at, observe, 1
ἀκούω: to hear, listen to, 8
ἀπ-έρχομαι: to go away, depart, 7
αὖ: again, once more; further, moreover, 3
ἐμ-μένω: to abide in, remain, 5
ἐνθένδε: from here, from this place, 9
ἐξαπατητέος, -ον: to be deceived, 1
ἐρωτάω: to ask, inquire, question, 4

ἥκιστος, -η, -ον: least; not at all 3
κακῶς: poorly, badly, 7
μᾶλλον: more, rather, 8
μετά: with (+ gen.); after (+ acc.), 6
ποιητέος, -ον: to be made or done 5
πρόσθεν: before, 2
συν-δοκέω: to seem good also, 2

e3　τὸ μετὰ: *the next thing*; 'the one after'
4　ἀλλ ': *well*; in assent, often short in Plato
　　and repeating words (2784a, D 16, 20)
　　ἀλλά: *come now*; 'but...' often before an
　　imperative it suggests impatience (2784c).
5　δὴ: *now*; temporal (2845)
　　τὸ μετὰ τοῦτο: see above
　　μᾶλλον δ ': *but rather*
6　πότερον...ἤ: *....or...?*; leave πότερον
　　untranslated
　　ἃ: *whichever...*; general relative clause
　　(relative + ἄν + subjunctive, here aor.)
　　τῳ: *with someone*; indefinite, alternative
　　to dat. sg. τινί, here dat. of association
　　ὄντα: acc. neut. pl. pple εἰμί
6　ποιητέον: *must he consider*; '(is it) to be
　　considered (by him); verbal adj. add ἐστί
7　ἐξαπατητέον: *must he deceive*; '(is it) to
　　be deceived (by him); verbal adj. + ἐστί

50a　ἄθρει: ἄθρεε, sg. imperative ε-contract
　　ἀπιόντες: nom. pl. pres. pple ἀπέρχομαι
　　μὴ πείσαντες: *if not persuading...*; aor.
　　πείθω; μή indicates the pple is conditional
2　πότερον...ἤ: *whether...or*
　　τινας: *some*; indefinite
　　ποιοῦμεν: *we treat*; pres. καταφρονεῖν
　　καὶ ταῦτα: *and what is more*; 'and in
　　respect to these things' acc. of respect
3　οὓς ἥκιστα δεῖ (κακῶς ποιεῖν): *(those)
　　whom we least ought to treat badly*; a
　　clarification of τινας above; ἥκιστα is a
　　superlative adverb
　　οἷς: *(those things) which*; an acc. plural
　　(see 49e6); acc. neut. pl. relative attracted
　　into the dat. of the missing antecedent
4　δικαίοις οὖσιν: dat. pl. pple εἰμί modifies
　　οἷς and should likewise be acc. see line 3
　　above and 49e6

ἔρομαι vs. ἐρέω: often confused, the voice will distinguish these two verbs.

1st	ἔρομαι	ἐρόμεθα	*I ask*	ἐρῶ	ἐροῦμεν *I will say*	ἔρομαι occurs once (50a8).
2nd	ἔρεσαι	ἔρεσθε		ἐρεῖς	ἐρεῖτε	ἐρέω, 7 times, is treated as
3rd	ἔρεται	ἔρονται		ἐρεῖ	ἐροῦσιν	the future of the verb λέγω

ΚΡ. οὐκ ἔχω, ὦ Σώκρατες, ἀποκρίνασθαι πρὸς ὃ ἐρωτᾷς·
οὐ γὰρ ἐννοῶ.

5

ΣΩ. ἀλλ' ὧδε σκόπει. εἰ μέλλουσιν ἡμῖν ἐνθένδε εἴτε
ἀποδιδράσκειν, εἴθ' ὅπως δεῖ ὀνομάσαι τοῦτο, ἐλθόντες οἱ
νόμοι καὶ τὸ κοινὸν τῆς πόλεως ἐπιστάντες ἔροιντο· 'εἰπέ
μοι, ὦ Σώκρατες, τί ἐν νῷ ἔχεις ποιεῖν; ἄλλο τι ἢ τούτῳ
τῷ ἔργῳ ᾧ ἐπιχειρεῖς διανοῇ τούς τε νόμους ἡμᾶς ἀπολέσαι   b
καὶ σύμπασαν τὴν πόλιν τὸ σὸν μέρος; ἢ δοκεῖ σοι οἷόν τε
ἔτι ἐκείνην τὴν πόλιν εἶναι καὶ μὴ ἀνατετράφθαι, ἐν ᾗ ἂν
αἱ γενόμεναι δίκαι μηδὲν ἰσχύωσιν ἀλλὰ ὑπὸ ἰδιωτῶν ἄκυροί
τε γίγνωνται καὶ διαφθείρωνται;' τί ἐροῦμεν, ὦ Κρίτων,   5

ἀνα-τρέπω: to overturn, upset, run back, 1
ἀπο-διδράσκω: to run away, flee, escape, 4
ἀπ-όλλυμι: to destroy, kill, ruin, 7
ἀπο-κρίνομαι: to answer, reply, 5
ἄ-κυρος, -ον: without authority or power, 1
δίκη, ἡ: justice; lawsuit, trial; penalty, 9
δια-νοέομαι: to think, consider, intend, 1
δια-φθείρω: to destroy, corrupt, kill, 8
εἶπον: aor., said, spoke, 8
εἴτε: either...or; whether...or, 8
ἐκεῖνος, -η, -ον: that, those, 9
ἐνθένδε: from here, from this place, 9
ἐν-νοέω: to have in mind, consider, 1
ἐπ-ίστημι: to stand near or over, impose, 2
ἐρέω: I will say or speak, 7
ἔργον, τό: work, labor, deed, act, 3
ἔρομαι: to ask, enquire, question, 1

ἔρχομαι: to come or go, 6
ἐρωτάω: to ask, inquire, question, 4
ἰδιώτης, -ου, ὁ: a private citizen, 1
ἰσχύω: to be strong, powerful, 1
κοινός, -ή, -όν: common, ordinary; public, 4
μέλλω: to be about to, intend to, 2
μέρος, -εος, τό: a part, share, portion, 3
μηδ-είς, μηδ-εμία, μηδ-έν: no one, nothing, 5
νοῦς, ὁ: mind, thought, reason, attention, 5
ὀνομάζω: to name, call by name, 1
ὅπως: how, in what way; in order that, that 3
σκοπέω: to look at, examine, consider, 9
σός, -ή, -όν: your, yours 8
σύμ-πας, -ασα, -αν: all together, all at once 3
ὑπό: by, because of, from (gen.) under (dat.) 9
ὧδε: in this way, so, thus, 3

---

a4 ἔχω: *I am able*; as often with an infinitive
   πρὸς ὃ: *regarding what*; 'regarding (that)
   which' the antecedent is missing
   ἐρωτᾷς: ἐρωτάεις, 2nd sg. α-contract
6 σκόπει: σκόπεε, sg. imperative
   μέλλουσιν: dat. pl. pple μέλλω pple
   ἡμῖν: *for us*; dat. interest or dat. of
   compound verb ἐπιστάντες: 'over us'
   εἴτε...εἴθ ': *either...or*
7 εἴθ ' ὅπως...τοῦτο: *or however one ought
   call it*; aor. ὀνομάζω
   ἐλθόντες: nom. pl. aor. pple ἔρχομαι
8 τὸ κοινὸν: *the common(wealth)*
   ἐπιστάντες: *standing over*; pple, common
   way in Homer of depicting the gods who

appeared to humans in dreams and visions
   ἔροιντο: *should...*; opt. ἔρομαι, protasis in
   future less vivid condition (εἰ opt, ἂν opt)
   εἴπε: sg. imperative εἶπον
9 ἐν νῷ: *in mind*; dat. sg. νοῦς
   ἄλλο τί ἤ: *is it anything else than?*; (2652)
   τούτῳ...ἔργῳ: *by...;*dat. of means
b1 ᾧ: *which*; relative, dat. of compound
   διανοῇ: διανοέε(σ)αι, 2nd sg. pres.
   ἀπολέσαι: aor. inf. ἀπόλλυμι
2 τὸν σὸν μέρος: *on your part*; acc. respect
   οἷόν τε...εἶναι: *to be able*; 'to be the sort'
3 ἐν ᾗ: *in which*
4 αἱ γενόμεναι δίκαι: *the decisions made*
5 ἐροῦμεν: 1st pl. ἐρέω (fut. λέγω)

πρὸς ταῦτα καὶ ἄλλα τοιαῦτα; πολλὰ γὰρ ἄν τις ἔχοι,
ἄλλως τε καὶ ῥήτωρ, εἰπεῖν ὑπὲρ τούτου τοῦ νόμου ἀπολλυ-
μένου ὃς τὰς δίκας τὰς δικασθείσας προστάττει κυρίας εἶναι.

c   ἢ ἐροῦμεν πρὸς αὐτοὺς ὅτι 'ἠδίκει γὰρ ἡμᾶς ἡ πόλις καὶ
οὐκ ὀρθῶς τὴν δίκην ἔκρινεν;' ταῦτα ἢ τί ἐροῦμεν;

ΚΡ. ταῦτα νὴ Δία, ὦ Σώκρατες.

ΣΩ. τί οὖν ἂν εἴπωσιν οἱ νόμοι· 'ὦ Σώκρατες, ἦ
5   καὶ ταῦτα ὡμολόγητο ἡμῖν τε καὶ σοί, ἢ ἐμμενεῖν ταῖς
δίκαις αἷς ἂν ἡ πόλις δικάζῃ;' εἰ οὖν αὐτῶν θαυμάζοιμεν
λεγόντων, ἴσως ἂν εἴποιεν ὅτι 'ὦ Σώκρατες, μὴ θαύμαζε

ἄλλως: otherwise, in another way, 4
ἀπ-όλλυμι: to destroy, kill, ruin, 7
δικάζω: give judgment, pass judgment, 4
δίκη, ἡ: justice; lawsuit, trial; penalty, 9
εἶπον: aor., said, spoke, 8
ἐμ-μένω: to abide in, remain, 5
ἐρέω: I will say or speak, 7
Ζεύς, ὁ: Zeus, 2
ἦ: truly, in truth (introducing a question) 1
θαυμάζω: to wonder, marvel, be astonished, 4

ἴσως: perhaps, probably; equally, likely, 5
κρίνω: to choose, decide; interpret, 1
κύριος, -α, -ον: authoritative, legitimate, 2
νή: by + acc.; *invoking a divinity*, 1
ὀρθῶς: rightly, correctly, 4
προσ-τάττω: to order, assign, appoint 3
ῥήτωρ, ὁ: orator, a public speaker, 1
τοιοῦτος, -αύτη, -οῦτο: such, 9
ὑπέρ: above, on behalf of (gen); over (acc) 3

---

6   **πρὸς**: *to…*; i.e. in response to
   ἄν…ἔχοι: *one would be able, one could;*
   3rd sg. potential opt. + εἰπεῖν below
7   **ἄλλως τε καί**: *especially*; 'both otherwise
   and'
   ὑπὲρ: *on behalf of* + gen.
   τὰς δίκας δικασθείσας: *the legal
   decisions decided upon*; aor. pass. pple;
   acc. subj. of inf. εἰμί
c1   **ἐροῦμεν**: 1st pl. ἐρέω (fut. λέγω)
   ἠδίκει: ἠδίκεε, impf.
2   **ταῦτα**: in affirmative replies one often
   repeats what the previous speaker said
3   **νὴ Δία**: *by Zeus*; acc. sg. Ζεύς
4   **τί…ἄν**: *what if…*; τί…ἐὰν + aor. subj.
   protasis in a future more vivid condition;

   ἄν is an alternative to ἐὰν (2283)
   ἦ: *truly…?*; begins a yes/no question
5   **καὶ ταῦτα**: *these things also*
   ὡμολόγητο: plpf. pass. ὁμολογέω
   ἡμῖν…σοί: *by…*; dat. of association
   ἢ: *or*
   ταῖς δίκαις: dat. of compound verb
6   **αἷς** *by whichever*; relative, dat. of means
   δικάζῃ: 3rd sg. subj. + ἄν in a general
   relative clause (hence 'whichever')
   εἰ θαυμάζοιμεν…ἂν εἴποιεν: *if…should,
   they would…*; 1st pl. pres. opt. and 3rd pl.
   aor. opt. in a future less vivid condition
   αὐτῶν…λεγόντων: gen. obj. of
   θαυμάζω
7   **μὴ θαύμαζε**: negative command

Complementary (Supplementary) Participles (2088 ff.)

Some participles complete the sense of a main verb such as τυγχάνω[7 times] or παύω[1 time].

παῦσαι λέγων: *stop saying* (48c2)	τυγχάνει ὄν: *happen to be* (49b5)
ἂν τύχωσι ποιοῦντες: *happen to do* (44d10, 45d2)	ὢν ἐτύγχανεν: *happened to be* (50e8)
τυγχάνῃ ὤν: *happen to be* (47b3)	ὡμολογηκὼς τυγχάνω: *I happen to have…* (52b7)

τὰ λεγόμενα ἀλλ' ἀποκρίνου, ἐπειδὴ καὶ εἴωθας χρῆσθαι
τῷ ἐρωτᾶν τε καὶ ἀποκρίνεσθαι. φέρε γάρ, τί ἐγκαλῶν
ἡμῖν καὶ τῇ πόλει ἐπιχειρεῖς ἡμᾶς ἀπολλύναι; οὐ πρῶτον   d
μέν σε ἐγεννήσαμεν ἡμεῖς, καὶ δι' ἡμῶν ἔλαβε τὴν μητέρα
σου ὁ πατὴρ καὶ ἐφύτευσέν σε; φράσον οὖν, τούτοις ἡμῶν,
τοῖς νόμοις τοῖς περὶ τοὺς γάμους, μέμφῃ τι ὡς οὐ καλῶς
ἔχουσιν;' 'οὐ μέμφομαι,' φαίην ἄν. 'ἀλλὰ τοῖς περὶ   5
τὴν τοῦ γενομένου τροφήν τε καὶ παιδείαν ἐν ᾗ καὶ σὺ
ἐπαιδεύθης; ἢ οὐ καλῶς προσέταττον ἡμῶν οἱ ἐπὶ τούτῳ
τεταγμένοι νόμοι, παραγγέλλοντες τῷ πατρὶ τῷ σῷ σε ἐν

ἀπ-όλλυμι: to destroy, kill, ruin, 7
ἀπο-κρίνομαι: to answer, reply, 5
γάμος, ὁ: a wedding, wedding-feast, 1
γεννάω: to beget, engender, bring forth 2
διά: through (gen) on account of (acc), 4
ἐγ-καλέω: charge (acc) against (dat), accuse 1
ἔθω: to be accustomed, be in the habit 3
ἐπειδή: when, after, since, because, 7
ἐπί: near, at (gen.), to (acc), upon (dat.) 5
ἐρωτάω: to ask, inquire, question, 4
λαμβάνω: to take, receive, catch, grasp 5
μέμφομαι: to blame, censure, find fault with 2
μήτηρ, ἡ: a mother, 3

παιδεία, ἡ: education, culture, learning 2
παιδεύω: to educate, teach 8
παρ-αγγέλλω: to pass word, give orders, 1
πατήρ, ὁ: a father, 6
προσ-τάττω: to order, assign, appoint 3
πρῶτος, -η, -ον: first, earliest, 7
σός, -ή, -όν: your, yours 8
τάττω: to order, command, arrange
τροφή, ἡ: nourishment, food; upbringing 2
φέρω: to bear, carry, bring, endure, 6
φράζω: to point out, tell, indicate, 1
φυτεύω: to plant, sow, beget, 1
χράομαι: to use, employ, possess (+ dat.), 2

c8　τὰ λεγόμενα: *the things said*; pass. pple
　　ἀποκρίνου: ἀποκρίνε(σ)ο, sg. mid.
　　imperative
　　εἴωθας: *you are accustomed*; pf. ἔθω
　　χρῆσθαι: pres. mid. inf. χράομαι
c9　τῷ ἐρωτᾶν..ἀποκρίνεσθαι: *by...*; two
　　articular infinitives, dat. of means
　　τί: *what...?*; interrogative is acc. sg. obj.
　　of the nom. sg. res. pple ἐγκαλῶν
　　ἡμῖν...πόλει: dat. obj. of ἐγκαλῶν
d1　ἀπολλύναι: inf.
　　οὐ...ἐγεννήσαμεν: *did we not beget...?*; a
　　question anticipating a 'yes' response
　　πρῶτον: *first*; adverbial acc.
2　ἔλαβε: 3rd sg. aor. λαμβάνω
3　φράσον: aor. imperative φράζω
　　τούτοις ἡμῶν, τοῖς νόμοις: *to those laws
　　among us*; 'to these of us, the laws.... '
4　περί: *regarding...*

μέμφῃ: μέμφε(σ)αι, 2nd sg. pres. mid. + dat
ὡς..ἔχουσιν: *on the grounds that...*; ὡς +
　pple (dat. pl. pres) expresses alleged cuase.
καλῶς: *well*
καλῶς ἔχουσιν: ἔχε ('holds' or 'is
　disposed') + adv translates as 'to be' + adj.
5　οὐ μέμφομαι...τοῖς: *I do not blame (these
　laws regarding marriages) but those.... ;*
　supply νόμοις
φαίην ἄν: *I would say*; 1st sg. pres. subj. +
　ἄν is the apodosis of a future less vivid
　condition that was started in c4
6　τοῦ γενομένου: *of the one born*
　ἐν ᾗ: relative pronoun
7　ἐπαιδεύθης: 2nd sg. aor. pass.
　ἡμῶν: *among us*; partitive with νόμοι
　ἐπὶ τούτῳ: *for this (purpose)* (1689)
8　τεταγμένοι: pf. pass. pple τάττω

e μουσικῇ καὶ γυμναστικῇ παιδεύειν;' 'καλῶς,' φαίην ἄν.
   'εἶεν. ἐπειδὴ δὲ ἐγένου τε καὶ ἐξετράφης καὶ ἐπαιδεύθης,
   ἔχοις ἂν εἰπεῖν πρῶτον μὲν ὡς οὐχὶ ἡμέτερος ἦσθα καὶ ἔκγονος
   καὶ δοῦλος, αὐτός τε καὶ οἱ σοὶ πρόγονοι; καὶ εἰ τοῦθ' οὕτως
5 ἔχει, ἆρ' ἐξ ἴσου οἴει εἶναι σοὶ τὸ δίκαιον καὶ ἡμῖν, καὶ ἅττ'
   ἂν ἡμεῖς σε ἐπιχειρῶμεν ποιεῖν, καὶ σοὶ ταῦτα ἀντιποιεῖν
   οἴει δίκαιον εἶναι; ἢ πρὸς μὲν ἄρα σοι τὸν πατέρα οὐκ ἐξ
   ἴσου ἦν τὸ δίκαιον καὶ πρὸς δεσπότην, εἴ σοι ὢν ἐτύγχανεν,
   ὥστε ἅπερ πάσχοις ταῦτα καὶ ἀντιποιεῖν, οὔτε κακῶς ἀκού-

ἀκούω: to hear, listen to, 8
ἀντι-ποιέω: to do in return, 2
ἄρα: truly (introduces yes/no question), 6
δεσπότης, ὁ: master, lord, 3
δοῦλος, ὁ: a slave, 2
εἶπον: aor., said, spoke, 8
ἔκ-γονος, -ον: offspring, a child, 1
ἐκ-τρέφω: to bring up from childhood, rear 4
ἐπειδή: when, after, since, because, 7
γυμναστικός, -ή, -όν: gymnastic, 1

ἡμέτερος, -α, -ον: our, ours, 6
ἴσος, -η, -ον: equal to, the same as, like
κακῶς: poorly, badly, 7
μουσική, ἡ: music, 2
παιδεύω: to educate, teach 8
πατήρ, ὁ: a father, 6
πρό-γονος, ὁ: a forefather, ancestor, 2
πρῶτος, -η, -ον: first, earliest, 7
τυγχάνω: chance upon, get; meet; happen, 7
ὥστε: so that, that, so as to, 7

e1 **καλῶς**: *well*
    φαίην ἄν: *I would say*; 1st sg. pres. subj. +
    ἄν is the apodosis of a future less vivid
    condition that was started in c4
2   **εἶεν**: *well!*; particle from opt. εἰμί 'let it be'
    ἐγένου: ἐγένε(σ)ο, 2nd sg. impf. passive
    ἐξετράφης, ἐπαιδεύθης: 2nd sg. aor. pass.,
    ἐκ-τρέφω, παιδεύω
3   **ἔχοις ἄν**: *would you be able*; or 'could
    you' potential opt., ἔχοις governs an inf.
    ἦσθα: 2nd sg. impf. εἰμί
    οὐχὶ: deictic iota (-ι) adds emphasis
4   **αὐτός**: *(you) yourself*; nom. without an
    article is an intensive pronoun, assume σύ
    τοῦθ': τοῦτο, nom. subject
5   **ἔχει**: *is*; 'holds' or 'is disposed' + adv. is
    often translated as 'to be' + adj.
    ἆρα: introduces yes/no questions
    ἐξ ἴσου: *on equal terms*; 'out of equal(ity)'
    οἴει: 2nd sg. pres mid. οἴομαι
    τὸ δίκαιον: *the just, the right*; the article
    makes this adjective a substantive
    σοὶ καὶ ἡμῖν: *for you and for us*
    ἅττα: *whatever*; ἅτινα, neut. plural

6   **ἂν...ἐπιχειρῶμεν**: ἄν + pres. subj. in a
    general relative cause with ἅττα
    σε...ποιεῖν: *to do...to you*; ποιέω governs
    a double acc., ἅττα and σε
    σοι: *for you*; dat. of interest governed by
    δίκαιον
7   **οἴει**: 2nd sg. pres mid. οἴομαι
    δίκαιον εἶναι: *it is right*; ταῦτα
    ἀντιποιεῖν
    πρὸς μὲν...τὸν πατέρα: *with regard to
    your father*
    ἐξ ἴσου: *on equal terms*; 'out of equal(ity)'
8   **ἦν**: 3rd sg. impf. εἰμί
    σοι ὢν ἐτύγχανεν: *you happen to have*;
    'there happens to be for you,' dat.
    possession; τυγχάνω + complementary
    pple is often translated 'happens to'
9   **ἅπερ πάσχοις**: *whatever you experienced*;
    general relative clause, opt replaces ἄν +
    subj. in secondary sequence, the
    antecedent is ταῦτα
    κακῶς ἀκούοντα: *being spoken of poorly*;
    ἀκούω is used passively with κακῶς and
    εὖ (1593, 1752)

ὄντα ἀντιλέγειν οὔτε τυπτόμενον ἀντιτύπτειν οὔτε ἄλλα **51**
τοιαῦτα πολλά· πρὸς δὲ τὴν πατρίδα ἄρα καὶ τοὺς νόμους
ἐξέσται σοι, ὥστε, ἐάν σε ἐπιχειρῶμεν ἡμεῖς ἀπολλύναι
δίκαιον ἡγούμενοι εἶναι, καὶ σὺ δὲ ἡμᾶς τοὺς νόμους καὶ
τὴν πατρίδα καθ᾽ ὅσον δύνασαι ἐπιχειρήσεις ἀνταπολλύναι, 5
καὶ φήσεις ταῦτα ποιῶν δίκαια πράττειν, ὁ τῇ ἀληθείᾳ τῆς
ἀρετῆς ἐπιμελόμενος; ἢ οὕτως εἶ σοφὸς ὥστε λέληθέν σε
ὅτι μητρός τε καὶ πατρὸς καὶ τῶν ἄλλων προγόνων ἁπάντων
τιμιώτερόν ἐστιν πατρὶς καὶ σεμνότερον καὶ ἁγιώτερον
καὶ ἐν μείζονι μοίρᾳ καὶ παρὰ θεοῖς καὶ παρ᾽ ἀνθρώποις **b**

ἅγιος, -η, -ον: sacred, holy, 1
ἀλήθεια, ἡ: truth, 3
ἀντι-απ-ολλύμι: to destroy or kill in return, 1
ἀντι-λέγω: to reply; speak against, gainsay 3
ἀντι-τύπτω: to beat or strike in return, 1
ἅπας, ἅπασα, ἅπαν: every, quite all, 4
ἀπ-όλλυμι: to destroy, kill, ruin, 7
ἀρετή, ἡ: excellence, goodness, virtue, 4
δύναμαι: to be able, can, be capable, 3
ἔξεστι: it is allowed, permitted; is possible 7
ἐπι-μελέομαι: to take care, care for (+ dat.) 5
ἡγέομαι: to lead; consider, think, believe 4
θεός, ὁ: a god, divinity, 4
κατά: down from (+ gen.), down, down along (+ acc.), 4

λανθάνω: escape notice of, act unnoticed 2
μείζων, μείζον: larger, greater, 3
μήτηρ, ἡ: a mother, 3
μοῖρα, ἡ: fate, destiny, lot, share, 1
ὅσος, -η, -ον: as much or as; all who, 4
παρά: beside, alongside, in respect to, 6
πατήρ, ὁ: a father, 6
πατρίς, -ίδος: fatherland, native land, 7
πρό-γονος, ὁ: a forefather, ancestor, 2
σεμνός, -ή, -όν: holy, august, solemn, 1
σοφός, -ή, -όν: wise, skilled, 1
τίμιος, -α, -ον: honored, worthy, 2
τοιοῦτος, -αύτη, -οῦτο: such, 9
τύπτω: to beat, strike, 2
ὥστε: so that, that, so as to, 7

51a ὄντα: add ἀκού- from the previous page
   τυπτόμενον: pass. pple modifies the missing acc. subject of the infinitive
3 ἐξέσται σοι: *it will be allowed for you (to act in this way)*; fut. ἔξεστι
   ἐάν...ἐπιχειρῶμεν...ἐπιχειρήσεις: *if we attempt...you will attempt*; fut. more vivid (ἐάν + subj., fut. ind.)
   ἡμεῖς: *we*; nom. subj. for emphasis
3 ἀπολλύναι: inf. ἀπόλλυμι
4 δίκαιον...εἶναι: *that it is just*
   ἡγούμενοι: *believing*
5 καθ᾽ ὅσον...δύνασαι: *insofar as...*; 2nd sg. present δύναμαι
6 φήσεις: 2nd sg. fut. φημί
   δίκαια: *just (actions)*; inner accusative

ὁ...ἐπιμελόμενος: nom. in apposition to 'you' the understood subject of φήσεις
7 ἢ: *or*
   εἶ: 2nd sg. pres. εἰμί
   λέληθέν...ὅτι: *it has escaped your notice that...*; 3rd sg. pf. λανθάνω
9 μητρός...ἁπάντων: *than...*; gen. of comparison governed by the comparative τιμιώτερον
   πατρὶς: nom. subject of ἐστιν
   σεμνότερον...ἁγιώτερον: predicate adj. parallel to τιμιώτερον
b1 ἐν μείζονι μοίρᾳ: *in a greater position*
   καὶ παρά...καὶ παρά: *both among...and among*

τοῖς νοῦν ἔχουσι, καὶ σέβεσθαι δεῖ καὶ μᾶλλον ὑπείκειν καὶ
θωπεύειν πατρίδα χαλεπαίνουσαν ἢ πατέρα, καὶ ἢ πείθειν ἢ
ποιεῖν ἃ ἂν κελεύῃ, καὶ πάσχειν ἐάν τι προστάττῃ παθεῖν

5 ἡσυχίαν ἄγοντα, ἐάντε τύπτεσθαι ἐάντε δεῖσθαι, ἐάντε εἰς
πόλεμον ἄγῃ τρωθησόμενον ἢ ἀποθανούμενον, ποιητέον
ταῦτα, καὶ τὸ δίκαιον οὕτως ἔχει, καὶ οὐχὶ ὑπεικτέον οὐδὲ
ἀναχωρητέον οὐδὲ λειπτέον τὴν τάξιν, ἀλλὰ καὶ ἐν πολέμῳ
καὶ ἐν δικαστηρίῳ καὶ πανταχοῦ ποιητέον ἃ ἂν κελεύῃ ἡ

c πόλις καὶ ἡ πατρίς, ἢ πείθειν αὐτὴν ᾗ τὸ δίκαιον πέφυκε·
βιάζεσθαι δὲ οὐχ ὅσιον οὔτε μητέρα οὔτε πατέρα, πολὺ δὲ

ἄγω: to lead, to bring, to carry, to convey, 4
ἀναχωρητέος, -ον: to be withdrawn, retired 1
ἀπο-θνήσκω: to die off, perish, 6
βιάζω: to constrain, use force, overpower 1
δέω: to bind; lack, want of, need, 1
δικαστήριον, τό: court, 3
ἐάντε: ἐάντε...ἐάντε, whether...or, 5
ἡσυχία, ἡ: silence, quiet, stillness, rest, 2
θωπεύω: to flatter, 1
κελεύω: to bid, order, command, exhort, 4
λειπτέος, -ον: to be left, 1
μᾶλλον: more, rather, 8
μήτηρ, ἡ: a mother, 3
νοῦς, ὁ: mind, thought, reason, attention, 5
ὅσιος, -α, -ον: hallowed, sacred, ordained, 2

παντα-χοῦ: everywhere, 1
πατήρ, ὁ: a father, 6
πατρίς, -ίδος: fatherland, native land, 7
πόλεμος, ὁ: war, battle, fight, 2
ποιητέος, -ον: to be made or done 5
προσ-τάττω: to order, assign, appoint 3
σέβομαι: to worship, honor, 1
τάξις, -εως, ἡ: post, order, rank; battle array 4
τιτρώσκω: to wound, 1
τύπτω: to beat, strike, 2
ὑπ-εικτέος, -ον: to be conceded, yielded, 1
ὑπ-είκω: to withdraw, retire; yield; depart, 1
φύω: to bring forth, beget, be by nature, 1
χαλεπαίνω: to be sore, angry, grievous, 2

---

b2 ἔχουσι: dat. pl. pres. pple
χαλεπαίνουσαν: modifies f. acc. πατρίδα
missing acc. subject of the infinitive

3 ἢ πατέρα: than...; following μᾶλλον
ἢ...ἢ: either...or

4 ἃ ἂν κελεύῃ: whatever...; ἂν + 3rd sg. pres.
subj. in a general relative clause, κελεύω
ἐάν...προστάττῃ: if the fatherland orders;
ἄν + 3rd sg. subj. present general condition
παθεῖν: aor. inf. πάσχω

5 ἄγοντα: keeping; acc. sg. pple
δεῖσθαι: to be bound; passive inf.

6 ἄγῃ: it leads (him); 3rd sg. subj.
τρωθησόμενον, ἀποθανούμενον: fut.
pples

of τιτρώσκω, ἀποθνήσκω
ποιητέον: (you) must do; '(it is) to be done
(by you); verbal adj. supply ἐστί

7 ὑπεικτέον..λειπτέον...: see b6 above
ποιητέον: (you) must do; '(it is) to be done
(by you); verbal adj. supply ἐστί
ἃ ἂν κελεύῃ: see line 4, although the verb
is 3rd sg., the subject is plural,

c1 αὐτὴν: her; i.e. ἡ πατρὶς
ᾗ: inf. ἀπόλλυμι
πέφυκε: is (by nature); 3rd sg. pf. φύω

2 ὅσιον: (it is) impious
πολὺ: far; adverbial acc. or acc. of extent
of degree with ἧττον

τούτων ἔτι ἧττον τὴν πατρίδα;᾿ τί φήσομεν πρὸς ταῦτα, ὦ
Κρίτων; ἀληθῆ λέγειν τοὺς νόμους ἢ οὔ;

ΚΡ. ἔμοιγε δοκεῖ.   5

ΣΩ. 'σκόπει τοίνυν, ὦ Σώκρατες,᾿ φαῖεν ἂν ἴσως οἱ
νόμοι, 'εἰ ἡμεῖς ταῦτα ἀληθῆ λέγομεν, ὅτι οὐ δίκαια ἡμᾶς
ἐπιχειρεῖς δρᾶν ἃ νῦν ἐπιχειρεῖς. ἡμεῖς γάρ σε γεννήσαντες,
ἐκθρέψαντες, παιδεύσαντες, μεταδόντες ἁπάντων ὧν οἷοί τ᾿
ἦμεν καλῶν σοὶ καὶ τοῖς ἄλλοις πᾶσιν πολίταις, ὅμως προ-   d
αγορεύομεν τῷ ἐξουσίαν πεποιηκέναι Ἀθηναίων τῷ βουλομένῳ,

Ἀθηναῖος, -α, -ον: Athenian, of Athens, 7
ἀληθής, -ές: true, 6
ἅπας, ἅπασα, ἅπαν: every, quite all, 4
βούλομαι: to wish, be willing, desire, 8
δράω: to do, 2
ἔγωγε: I (for my part), 6
ἐκ-τρέφω: to bring up from childhood, rear 4
ἐξουσία, ἡ: opportunity, power, authority, 1
γεννάω: to beget, engender, bring forth 2
ἥττων, -ον: less, weaker, inferior, 1

ἴσως: perhaps, probably; equally, likely, 5
καλός, -ή, -όν: beautiful, fair, noble, fine 5
μετα-δίδωμι: give a part of, give a share of 1
ὅμως: nevertheless, however, yet, 3
παιδεύω: to educate, teach 8
πατρίς, -ίδος: fatherland, native land, 7
πολίτης, ὁ: citizen, 1
προ-αγορεύω: proclaim, tell beforehand, 1
σκοπέω: to look at, examine, consider, 9
τοί-νυν: well then; therefore, accordingly, 5

---

3 τούτων: than...; gen. of comparison
   τὴν πατρίδα: object of βιάζεσθαι
   φήσομεν: 1st pl. fut. φημί
4 πρὸς ταῦτα: in response to...
   ἀληθῆ: truth; ἀληθέα, 'true things,'
   τοὺς νόμους: acc. subject
6 σκόπει: σκόπεε, sg. imperative
   φαῖεν ἂν: would...; 3rd pl. potential opt.
   φημί
7 ταῦτα ἀληθῆ λέγομεν: we speak these
   things true; ἀληθῆ is a predicative acc.
   ὅτι: (namely) that...; in apposition to
   ταῦτα
   δίκαια: just things, right things; neuter pl.
   substantives

8 δρᾶν: inf. δράω
9 ἐκθρέψαντες: aor. pple. ἐκτρέφω
   μεταδόντες: aor. pple μεταδίδωμι
   ἁμάντων...καλῶν: all fine things;
   partitive gen. obj. of μεταδίδωμι
   ὧν (μεταδιδόναι): which...; gen. relative
   is partitive gen. object of missing inf., the
   complementary inf. of οἷοί τ᾿ ἦμεν
   οἷοί τ᾿ ἦμεν: ὅιος τε εἰμί 'is the sort to
   be' is translated 'to be able,' here impf.
d1 σοὶ καὶ...πολίταις: dat. ind. object of pple
2 τῷ...πεποιηκέναι: by creating...; dat. sg.
   of means, articular inf. (pf. act. ποιέω)
   Ἀθηναίων: partitive with βουλομένῳ
   τῷ βουλομένῳ: to the one wishing

Some Common Uses of ὡς (2988-3001)

1. Exclamatory: ὡς ἡδέως	*How sweetly...!* 43b5, also 43b8, 45a7, 53d4
2. Relative: ὥσπερ νυνδὴ ἐγὼ ἔλεγον	*just as I just now said* 46d9, + 7 other times
3. Alleged cause (+ pple): ὡς οἷος τ ᾿ ὢν	*since/on the grounds of being able* 44c1, 50c4...
4. Purpose (+ fut. pple): ὡς ἀκούσων	*so as about to hear* → *(in order) to hear*
5. Superlatives: ὡς ἥδιστα	*as sweetly as possible* 43b6
6. Result: ὥστε σε...λυπεῖν	*so that* you grieve... 45c4, also 6 times
7. Temporal: ὡς εἰσῆλθεν	*when/after* (the legal case) entered... 45e3
8. Indirect Statement: λέγων...ὡς χρή	*saying...that/how* it is necessary 48e3

ἐπειδὰν δοκιμασθῇ καὶ ἴδη τὰ ἐν τῇ πόλει πράγματα καὶ
ἡμᾶς τοὺς νόμους, ᾧ ἂν μὴ ἀρέσκωμεν ἡμεῖς, ἐξεῖναι λαβόντα
τὰ αὑτοῦ ἀπιέναι ὅποι ἂν βούληται. καὶ οὐδεὶς ἡμῶν τῶν
νόμων ἐμποδών ἐστιν οὐδ' ἀπαγορεύει, ἐάντε τις βούληται
ὑμῶν εἰς ἀποικίαν ἰέναι, εἰ μὴ ἀρέσκοιμεν ἡμεῖς τε καὶ ἡ
πόλις, ἐάντε μετοικεῖν ἄλλοσέ ποι ἐλθών, ἰέναι ἐκεῖσε ὅποι
ἂν βούληται, ἔχοντα τὰ αὑτοῦ. ὃς δ' ἂν ὑμῶν παραμείνῃ,
ὁρῶν ὃν τρόπον ἡμεῖς τάς τε δίκας δικάζομεν καὶ τἆλλα τὴν
πόλιν διοικοῦμεν, ἤδη φαμὲν τοῦτον ὡμολογηκέναι ἔργῳ ἡμῖν
ἃ ἂν ἡμεῖς κελεύωμεν ποιήσειν ταῦτα, καὶ τὸν μὴ πειθόμενον

5 (line marker)

e (line marker)

ἀπ-αγορεύω: to renounce, give up, forbid, 1
ἀπ-έρχομαι: to go away, depart, 7
ἀπ-οικία, ἡ: settlement, colony, 1
ἀρέσκω: to please, satisfy, appease (dat) 8
ἄλλο-σε: to another place, to elsewhere, 3
αὑτοῦ (ἑαυτοῦ) -ῆς, -οῦ: himself, herself, itself, themselves 3
βούλομαι: to wish, be willing, desire, 8
δι-οικέω: to manage a house, govern, 1
δίκη, ἡ: justice; lawsuit, trial; penalty, 9
δικάζω: give judgment, pass judgment, 4
δοκιμάζω: to test, scrutinize, examine, 1
ἐάντε: ἐάντε…ἐάντε, whether…or, 5
ἐκεῖ-σε: thither, to that place, 2

ἐμ-ποδών: in the way, in one's path, 1
ἔξεστι: it is allowed, permitted; is possible 7
ἔργον, τό: work, labor, deed, act, 3
ἔρχομαι: to come or go, 6
ἤδη: already, now, at this time, 4
κελεύω: to bid, order, command, exhort, 4
λαμβάνω: to take, receive, catch, grasp 5
μετ-οικέω: to change one's home, move, 1
ὅποι: to which place, whither, 3
παρα-μένω: to abide, remain, 2
ποι: somewhither, to somewhere, 2
πρᾶγμα, τό: deed; matter, affair, trouble, 5
τρόπος, ὁ: a manner, way; turn, direction, 5
ὑμεῖς: you, 2

---

d3 **δοκιμασθῇ**: *he was tested into manhood*; 3rd sg. aor. pass. subjunctive; young men were scrutinized before they were allowed to enter adult political life
ἴδη: *he saw*; 3rd sg. aor. subj. ὁράω
τὰ….πράγματα: *the affairs*

4 **ᾧ**: *whomever*…; relative, dat. object of ἀρέσκω, pres. subj. + ἄν in a general relative clause
ἐξεῖναι: *it is possible*; inf. ἔξεστιν
λαβόντα: *that (he) taking…*; aor. pple λαμβάνω, acc. modifying missing acc. subject of ἀπιέναι

5 **τὰ αὑτοῦ**: *his own goods*; ἑαυτοῦ, a 3rd person reflexive pronoun
ἀπιέναι: inf. ἀπέρχομαι
ὅποι: *to wherever…*; relative, dat. object pres. subj. + ἄν in a general relative clause

6 **ἐάντε…ἐάντε**: *whether…or*

7 **ἰέναι**: inf. ἔρχομαι

8 **μετοικεῖν**: supply τις βούληται
ἐλθών: nom. sg. aor. pple ἔρχομαι
ὅποι: see above

e1 **τὰ αὑτοῦ**: ἑαυτοῦ, reflexive, see above
ὃς δ' ἂν: *and whoever*…; general relative clause (relative + ἄν + pres. subj.)

2 **ὁρῶν**: ὁράων, nom. pres. pple ὁράω
ὃν τρόπον: *in what way*; acc. of respect
δίκας δικάζομεν: *we make judgments*
τἆλλα: crasis, τὰ ἄλλα

3 **φαμὲν**: 1st pl. pres. φημί
ὡμολογηκέναι: pf. inf. ὁμολογέω
ἔργῳ: *by his action(s)*; dat. of means
ἡμῖν: *with us*; dat. association with inf.

4 **τὸν…πειθόμενον**: *and that the one not persuading*; acc. subject; the use of μὴ makes the pple condition in sense "that one, if not persuading…"

τριχῇ φαμὲν ἀδικεῖν, ὅτι τε γεννηταῖς οὖσιν ἡμῖν οὐ πεί- 5
θεται, καὶ ὅτι τροφεῦσι, καὶ ὅτι ὁμολογήσας ἡμῖν πείσεσθαι
οὔτε πείθεται οὔτε πείθει ἡμᾶς, εἰ μὴ καλῶς τι ποιοῦμεν,
προτιθέντων ἡμῶν καὶ οὐκ ἀγρίως ἐπιταττόντων ποιεῖν ἃ ἂν 52
κελεύωμεν, ἀλλὰ ἐφιέντων δυοῖν θάτερα, ἢ πείθειν ἡμᾶς ἢ
ποιεῖν, τούτων οὐδέτερα ποιεῖ. ταύταις δή φαμὲν καὶ σέ, ὦ
Σώκρατες, ταῖς αἰτίαις ἐνέξεσθαι, εἴπερ ποιήσεις ἃ ἐπινοεῖς,
καὶ οὐχ ἥκιστα Ἀθηναίων σέ, ἀλλ' ἐν τοῖς μάλιστα.' εἰ οὖν 5
ἐγὼ εἴποιμι· 'διὰ τί δή;' ἴσως ἄν μου δικαίως καθάπτοιντο
λέγοντες ὅτι ἐν τοῖς μάλιστα Ἀθηναίων ἐγὼ αὐτοῖς ὡμολο-

ἀγρίως: wildly, fiercely, savagely, 1
Ἀθηναῖος, -α, -ον: Athenian, of Athens, 7
αἰτία, ἡ: cause, responsibility; (legal) charge 1
διά: through (gen) on account of (acc), 4
δικαίως: justly, rightly, lawfully, fairly 3
δύο: two 1
εἴπερ: if really (to imply doubt) 2
εἶπον: aor., said, spoke, 8
ἐν-έχω: to hold fast, cling fast, 1
ἐπι-νοέω : to devise, contrive, think over, 1
ἐπι-τάττω: to order, enjoin, command, 1
ἕτερος, -α, -ον: one of two, other, different, 2

ἐφ-ίημι: to send to, let upon, permit, allow, 1
γεννητής, ὁ: begetter, parent, 1
ἥκιστος, -η, -ον: least; not at all 3
ἴσως: perhaps, probably; equally, likely, 5
καθ-άπτομαι: to fasten; attach; accost, 1
κελεύω: to bid, order, command, exhort, 4
μάλιστα: especially, in particular, 5
οὐδέτερος, -α, -ον: not either, neither, 2
προ-τίθημι: to set before, propose, 1
τριχῇ: into three parts, three ways, 1
τροφεύς, ὁ: foster-parent, one who nutures, 2

---

e5 φαμὲν: 1st pl. φημί
    ὅτι...ὅτι...ὅτι: *because..because...because*
    γεννηταῖς οὖσιν: dat. pl. pple εἰμί
    modifies ἡμῖν; γεννηταῖς is predicate
6 τροφεῦσι: dat. pl. parallel to γεννηταῖς;
    supply οὖσιν ἡμῖν...πείθεται
    λαμβάνω, acc. modifying missing acc.
    subject of ἀπιέναι
    πείσεσθαι: fut. mid. πείθω
52a προτιθέντων...ἐπιτατόντων...ἀλλὰ
    ἐφιέντων: *although... but...*; gen. abs.
    concessive in force with ἡμῶν
    ἃ ἂν κελεύωμεν: *whatever...*; ἂν + 1st pl.
    subj. in a general relative clause, κελεύω
2 δυοῖν θάτερα: *one of two (options)*; τὰ
    ἕτερα, crasis, neut. acc. pl. often translates
    as one of a set or pair; dual genitive
3 ταύταις δή: *to exactly these*; modifies
    αἰτίαις, 'charges' below; dat. pl. of
    compound verb
    καὶ: *in fact*; adverbial
4 ἐνέξεσθαι: *will be liable*; 'will be held in'

fut. pass. inf. ἐνέχω
εἴπερ ποιήσεις: protasis in a emotional fut.
condition (εἰ fut., fut.); the future ind. is
used instead of ἄν + subj. (future more
vivid) to suggest something undesired
5 ἥκιστα: *the least*; superlative adverb
Ἀθηναίων: partitive gen.
ἐν τοῖς: *among those*; demonstrative; see
also 43c7 and below (1099)
6 εἴποιμι: 1st sg. opt., protasis in a future less
vivid condition (εἰ opt., ἄν opt.) (should,
would)
διὰ τί δή: *why exactly?;* "on account of
exactly what"
ἄν...καθάπτοιντο: *they would accost*; i.e.
attack, but not physically; + partitive gen.;
7 ἐν τοῖς: *among those*; demonstrative; see
also above and 43c7 (1099)
Ἀθηναίων: partitive gen.
ὡμολογηκώς: nom. sg. masc. pf. act.
pple. ὁμολογέω

γηκὼς τυγχάνω ταύτην τὴν ὁμολογίαν. φαῖεν γὰρ ἂν ὅτι
b 'ὦ Σώκρατες, μεγάλα ἡμῖν τούτων τεκμήριά ἐστιν, ὅτι σοι
καὶ ἡμεῖς ἠρέσκομεν καὶ ἡ πόλις· οὐ γὰρ ἂν ποτε τῶν ἄλλων
Ἀθηναίων ἁπάντων διαφερόντως ἐν αὐτῇ ἐπεδήμεις εἰ μή σοι
διαφερόντως ἤρεσκεν, καὶ οὔτ' ἐπὶ θεωρίαν πώποτ' ἐκ τῆς
5   πόλεως ἐξῆλθες, ὅτι μὴ ἅπαξ εἰς Ἰσθμόν, οὔτε ἄλλοσε
οὐδαμόσε, εἰ μή ποι στρατευσόμενος, οὔτε ἄλλην ἀποδημίαν
ἐποιήσω πώποτε ὥσπερ οἱ ἄλλοι ἄνθρωποι, οὐδ' ἐπιθυμία σε
ἄλλης πόλεως οὐδὲ ἄλλων νόμων ἔλαβεν εἰδέναι, ἀλλὰ ἡμεῖς

Ἀθηναῖος, -α, -ον: Athenian, of Athens, 7
ἄλλο-σε: to another place, to elsewhere, 3
ἅπαξ: once, once only, once for all 1
ἀπο-δημία, ἡ: being abroad, a going abroad, 1
ἀρέσκω: to please, satisfy, appease, 8
δια-φερόντως: particularly, especially, 3
ἐξ-έρχομαι: to go out, come out, 6
ἐπί: near, at (gen.), to (acc), upon (dat.) 5
ἐπι-δημέω: to live at home, be in town, 1
ἐπι-θυμία, ἡ: desire, longing, yearning, 1
θεωρία, ἡ: sight-seeing, view, 1
Ἰσθμός, ὁ: isthmus, a narrow passage, 1

λαμβάνω: to take, receive, catch, grasp 5
μέγας, μεγάλη, μέγα: big, great, important, 1
οἶδα: to know, 7
ὁμο-λογία, ἡ: agreement, 6
οὐδαμό-σε: to nowhere, 1
ποι: somewhither, to somewhere, 2
ποτέ: ever, at some time, once, 3
πώ-ποτε: ever yet, ever, 2
στρατεύω: march, campaign, 1
τεκμήριον, τό: evidence, indication, proof, 1
τυγχάνω: chance upon, get; meet; happen, 7
ὥσπερ: as, just as, as if, 8

---

a8 τυγχάνω: *I happen*; + complementary
pple and, in this instance, a cognate acc.
φαῖεν ἂν: 3rd pl. potential opt. φημί
ὅτι: *that...*; one expects indirect statement
but what follows is direct speech
b1 ἡμῖν...ἐστιν: *we have*; 'there is to us,' dat.
of possession
ὅτι: *(namely) that...*; in apposition
2 καὶ...καὶ: *both...and*
4 ἂν...ἐπεδήμεις εἰ...ἤρεσκεν: *you would live
...if (the city) were pleasing*; present
contrafactual (were, would) condition (εἰ +
impf. ind., ἂν + impf. ind.)

3 ἐν αὐτῇ: i.e. in the city, fem. πόλις
4 καὶ οὔτ '...οὔτε: *and neither...nor*
ἐπὶ θεωρίαν: *for...*; expressing purpose
7 οὐδὲ...οὐδὲ: *neither...nor*
ἐπιθυμία....εἰδέναι: *desire to know...*; +
gen.; 'desire of.... to know,' epexegetical
(explanatory) inf. οἶδα is equivalent to an
acc. of respect (desire of....in respect to
knowing); the genitives are grammatically
the object of ἐπιθυμία but are logically the
object of εἰδέναι.
8 ἔλαβεν: aor. λαμβάνω

Dative of Manner (1527)

Otherwise called the adverbial dative, this dative is often translated with the preposition "in" or "with."

σιγῇ *in silence (silently)* 43b1
παντὶ τρόπῳ *in every way* 46a7, 49b5
κοινῇ *in common* 48d8

οὐδενὶ τρόπῳ *in no way* 49a3
τινὶ...τρόπῳ *in some way* 49a5

Some dative of manner constructions are adjectives with a missing noun, likely the fem. ὁδῷ, "way."

ταύτῃ *in this (way)* 43d7, 47b9, 48a8, 52e2   ᾗ *in what (way)* 49a1
πῃ *in some (way) (somehow)* 48d8   πῃ ἄλλῃ *in some other (way)* 49e1

σοι ἱκανοὶ ἦμεν καὶ ἡ ἡμετέρα πόλις· οὕτω σφόδρα ἡμᾶς   c
ᾑροῦ καὶ ὡμολόγεις καθ᾽ ἡμᾶς πολιτεύσεσθαι, τά τε ἄλλα καὶ
παῖδας ἐν αὐτῇ ἐποιήσω, ὡς ἀρεσκούσης σοι τῆς πόλεως. ἔτι
τοίνυν ἐν αὐτῇ τῇ δίκῃ ἐξῆν σοι φυγῆς τιμήσασθαι εἰ ἐβού-
λου, καὶ ὅπερ νῦν ἀκούσης τῆς πόλεως ἐπιχειρεῖς, τότε   5
ἑκούσης ποιῆσαι. σὺ δὲ τότε μὲν ἐκαλλωπίζου ὡς οὐκ ἀγα-
νακτῶν εἰ δέοι τεθνάναι σε, ἀλλὰ ᾑροῦ, ὡς ἔφησθα, πρὸ τῆς
φυγῆς θάνατον· νῦν δὲ οὔτ᾽ ἐκείνους τοὺς λόγους αἰσχύνῃ,
οὔτε ἡμῶν τῶν νόμων ἐντρέπῃ, ἐπιχειρῶν διαφθεῖραι, πράτ-
τεις τε ἅπερ ἂν δοῦλος ὁ φαυλότατος πράξειεν, ἀποδιδράσκειν   d

---

ἀγανακτέω: to be annoyed, be irritated, 3
αἱρέω: to seize, take; *mid.* choose, 6
αἰσχύνω: to shame; *mid.* feel shame, 3
ἄκων, ἄκοῦσα, ἄκόν: unwilling, 2
ἀρέσκω: to please, satisfy, appease, 8
ἀπο-διδράσκω: to run away, flee, escape, 4
βούλομαι: to wish, be willing, desire, 8
δίκη, ἡ: justice; lawsuit, trial; penalty, 9
δια-φθείρω: to destroy, corrupt, kill, 8
δοῦλος, ὁ: a slave, 2
ἐκεῖνος, -η, -ον: that, those, 9
ἑκών, ἑκοῦσα, ἑκόν: willing, intentionally, 2
ἐν-τρέπω: give regard to , turn to, 1
ἔξεστι: it is allowed, permitted; is possible 7
ἡμέτερος, -α, -ον: our, ours, 6

θάνατος, ὁ: death, 2
θνήσκω: to die, 2
ἱκανός, -ή, -όν: enough, sufficient; capable 3
καλλωπίζω: beautify, embellish; show off 1
κατά: down from (+ gen.), down, down along (+ acc.), 4
παῖς, παιδός, ὁ, ἡ: a child, boy, girl; slave, 7
πολιτεύομαι: to live (as a citizen), take part, 3
πρό: before, in front; in place of (+ gen.), 3
σφόδρα: very, very much, exceedingly, 2
τιμάω: to honour, value, esteem, 5
τοί-νυν: well then; therefore, accordingly, 5
τότε: at that time, then, 3
φαυλός, -ή, -όν: trivial, petty, worthless, 2
φεύγω: to flee, escape; defend in court, 2

---

c1 ἦμεν: 1ˢᵗ pl. impf. εἰμί
2 ᾑροῦ: ε-αἱρε(σ)ο, 2ⁿᵈ sg. impf. mid.;
   αἱρέω in the middle means 'choose'
   ὡμολόγεις: 2ⁿᵈ sg. impf.
   καθ᾽ ἡμᾶς: *among us*
   τά τε ἄλλα καὶ: *especially*; 'both in other respects and,' acc. of respect
3 ἐν αὐτῇ: i.e. in the city
   ἐποιήσω: ἐποιήσα(σ)ο, 2ⁿᵈ sg. aor. mid
   ὡς: *on the grounds that…*; i.e. 'since' pple expresses alleged cause
4 δίκῃ: *trial*
   ἐξῆν: 3ʳᵈ sg. impf. ἔξεστι
   φυγῆς τιμήσασθαι: *to offer (the penalty) of flight*; i.e. 'exile,' aor. inf. governs a gen. of price; in the penalty phase of a trial both the prosecutor and defendant offered penalties and the jury chose
   ἐβούλου: ἐβούλε(σ)ο, 2ⁿᵈ sg. impf. mid

5 ἀκούσης…πόλεως: gen. absolute
6 ἑκούσης…(πόλεως): gen. abs., add noun
   ποιῆσαι: aor. inf. supply impf. ἐξῆν
   ἐκαλλωπίζου: *you showed off*; i.e. put on airs; 2ⁿᵈ sg. impf. mid., ἐκαλλωπίζε(σ)ο
   ὡς…ἀγανακτῶν: *on the grounds that…*; ὡς + pple (nom. sg. pres. pple)
7 δέοι: *it was necessary*; opt. δεῖ replaces and ind. in secondary sequence
   τεθνάναι: θνήσκω
   ᾑροῦ: ε-αἱρε(σ)ο, 2ⁿᵈ sg. impf. mid.;
   ἔφησθα: 2ⁿᵈ sg. impf. φημί
   πρό: *in place of*
8 αἰσχύνῃ: αἰσχύνε(σ)αι, 2ⁿᵈ sg. pres. mid.
9 ἐντρέπῃ: ἐντρέπε(σ)αι, 2ⁿᵈ sg. pres. mid.
   διαφθεῖραι: aor inf. διαφθείρω
d1 ἅπερ ἂν: *whatever…*; opt. replaces subj. in a general relative clause in secondary seq.

ἐπιχειρῶν παρὰ τὰς συνθήκας τε καὶ τὰς ὁμολογίας καθ' ἃς
ἡμῖν συνέθου πολιτεύεσθαι. πρῶτον μὲν οὖν ἡμῖν τοῦτ' αὐτὸ
ἀπόκριναι, εἰ ἀληθῆ λέγομεν φάσκοντές σε ὡμολογηκέναι
5 πολιτεύσεσθαι καθ' ἡμᾶς ἔργῳ ἀλλ' οὐ λόγῳ, ἢ οὐκ ἀληθῆ.'
τί φῶμεν πρὸς ταῦτα, ὦ Κρίτων; ἄλλο τι ἢ ὁμολογῶμεν;
    ΚΡ. ἀνάγκη, ὦ Σώκρατες.
    ΣΩ. 'ἄλλο τι οὖν,' ἂν φαῖεν, 'ἢ συνθήκας τὰς πρὸς
e ἡμᾶς αὐτοὺς καὶ ὁμολογίας παραβαίνεις, οὐχ ὑπὸ ἀνάγκης
ὁμολογήσας οὐδὲ ἀπατηθεὶς οὐδὲ ἐν ὀλίγῳ χρόνῳ ἀναγκασθεὶς
βουλεύσασθαι, ἀλλ' ἐν ἔτεσιν ἑβδομήκοντα, ἐν οἷς ἐξῆν σοι

ἀληθής, -ές: true, 6
ἀναγκάζω: to force, compel, require, 2
ἀνάγκη, ἡ: necessity, force, constraint, 5
ἀπατάω: to cheat, trick, deceive, beguile, 1
ἀπο-κρίνομαι: to answer, reply, 5
βουλεύω: to deliberate, plan, take counsel, 6
ἑβδομήκοντα: seventy, 1
ἔξεστι: it is allowed, permitted; is possible 7
ἔργον, τό: work, labor, deed, act, 3
ἔτος, -εως, τό: a year, 1
κατά: down from (+ gen.), down, down along (+ acc.), 4

ὀλίγος -η, -ον: few, little, small, 4
ὁμο-λογία, ἡ: agreement, 6
παρά: beside, alongside, in respect to, 6
παρα-βαίνω: to transgress, offend, 4
πολιτεύομαι: to live (as a citizen), take part, 3
πρῶτος, -η, -ον: first, earliest, 7
συν-θήκη, ἡ: agreement, contract, treaty, 3
συν-τίθημι: put together, devise, understand 1
ὑπό: by, because of, from (gen.) under (dat.) 9
φάσκω: to say, affirm, claim, 3
χρόνος, ὁ: time, 3

2   παρά: *contrary to...*
    καθ' ἃς: *according to which*; κατά
3   συνέθου: συνέθε(σ)ο, 2nd sg. aor. mid. συντίθημι
    πρῶτον: *adverbial acc.*
    ἀπόκριναι: *aor. imperative.* ἀποκρίνομαι
    τοῦτ' αὐτό: *this very thing*; *intensive*
4   ἀπόκριναι: *aor. inf.* ἀποκρίνομαι
    ἀληθῆ: *truth*; ἀληθέα, '*true things,*'
    ὡμολογηκέναι: *pf. inf.* ὁμολογέω
5   ἔργῳ...λόγῳ: *in action but not in speech*; *dat. of respect*
6   φῶμεν: *are we to say*; *deliberative subj.*
    πρός: *in reply to*

    ἄλλο τί ἤ: *is it anything else than?*; (2652)
    ὁμολογῶμεν: *are we to agree*; 1st *pl.* *deliberative subjunctive*
7   ἀνάγκη: *(it is) necessary*
8   ἄλλο τί...ἤ: *is it anything else than?*
    ἂν φαῖεν: *would say*; 3rd *pl. potential opt.* φημί
    πρὸς ἡμᾶς αὐτούς: *between us ourselves*
    ὑπό: *out of...*; *gen. of cause*
e1   ἀπατηθείς: *nom. sg aor. pass. pple*
2   ἀναγκασθείς: *nom. sg aor. pass. pple*
3   ἔτεσιν: *dat. pl.* ἔτος
    ἐν οἷς: *in which*
    ἐξῆν: 3rd *sg. impf.* ἔξεστι

Verbs Beginning with Vowels in the Perfect Tense (442)

These verbs do not have a reduplicated consonant in the pf. stem. Instead, a short vowel is lengthened or a long vowel is augmented. εὐ-ερετέω can be found with or, as below, without the lengthening.

ἀφῖξαι *have arrived* (ἀφ-ικνέομαι) 43a1, 43c4, 49c9
εὐεργέτηται *has been done* (εὐ-ερετέω) 43a8
ὡμολόγητο *had agreed* (ὁμολογέω) 50c5
ὡμολογηκέναι *to have agreed* 51e3, 52d4

ὡμολογηκώς *having agreed* 52a7
ὡμολογημένοις *having been agreed* 53a6
ἠδικημένος *having been wronged* (ἀδικέω) 54b8

ἀπιέναι, εἰ μὴ ἠρέσκομεν ἡμεῖς μηδὲ δίκαιαι ἐφαίνοντό σοι
αἱ ὁμολογίαι εἶναι. σὺ δὲ οὔτε Λακεδαίμονα προηροῦ οὔτε   5
Κρήτην, ἃς δὴ ἑκάστοτε φῂς εὐνομεῖσθαι, οὔτε ἄλλην οὐδε-
μίαν τῶν Ἑλληνίδων πόλεων οὐδὲ τῶν βαρβαρικῶν, ἀλλὰ   53
ἐλάττω ἐξ αὐτῆς ἀπεδήμησας ἢ οἱ χωλοί τε καὶ τυφλοὶ καὶ
οἱ ἄλλοι ἀνάπηροι· οὕτω σοι διαφερόντως τῶν ἄλλων Ἀθη-
ναίων ἤρεσκεν ἡ πόλις τε καὶ ἡμεῖς οἱ νόμοι δῆλον ὅτι· τίνι
γὰρ ἂν πόλις ἀρέσκοι ἄνευ νόμων; νῦν δὲ δὴ οὐκ ἐμμενεῖς   5
τοῖς ὡμολογημένοις; ἐὰν ἡμῖν γε πείθῃ, ὦ Σώκρατες· καὶ
οὐ καταγέλαστός γε ἔσῃ ἐκ τῆς πόλεως ἐξελθών.

Ἀθηναῖος, -α, -ον: Athenian, of Athens, 7
ἀνά-πηρος, -η, -ον: much maimed, crippled 1
ἄνευ: without, 1
ἀπ-έρχομαι: to go away, depart, 7
ἀπο-δημέω: to be away (from home), 4
ἀρέσκω: to please, satisfy, appease, 8
βαρβαρικός, -η, -ον: foreign, non-Greek, 1
δῆλος, -η, -ον: clear, evident, conspicuous 8
δια-φερόντως: particularly, especially, 3
ἑκάστοτε: each time, on each occasion, 3
ἐλάττων, -ον: smaller, fewer, 1
Ἑλληνίς, -ίδος, ἡ: Greek (fem. adj.) 1

ἐμ-μένω: to abide in, remain, 5
ἐξ-έρχομαι: to go out, come out, 6
εὐ-νομέομαι: have good laws, be orderly, 3
κατα-γέλαστος, -ον: laughable, ridiculous, 2
Κρήτη, ἡ: Crete, 1
Λακεδαίμων, -ονος, ἡ: Lacedaemon, 1
μηδέ: and not, but not, nor, 1
ὁμο-λογία, ἡ: agreement, 6
προ-αιρέω: seize before mid. choose, prefer, 1
τυφλός, -ή, -όν: blind, 1
χωλός, -ή, -όν: lame, crippled, maimed, 1

e4 ἀπιέναι: inf. ἀπ-έρχομαι
  ἐφαίνοντο: did seem; + inf. εἰμί
5 προηροῦ: προ-ε-αιρε(σ)ο, 2nd sg. impf.
  mid. προαιρέω
  ἃς: which very (cities);
6 φῂς: 2nd sg. pres. φημί
53a πόλεων: gen. pl. πόλις
2 ἐλάττω...ἢ: less...than; ἐλάττο(ν)α, adv.
  accusative
  τῶν...Ἀθηναίων: of...; partitive gen.

δῆλον ὅτι: clearly; '(it is) clear that'
4 τίνι: to whom...; interrogative
5 ἄν...ἀρέσκοι: would...; potential opt.
  νῦν δὲ δή: but just now; δή modifies νῦν
6 ὡμολογημένοις: pf. pass. pple ὁμολογέω
  ἐὰν...πείθῃ...ἔσῃ: fut. more vivid condition
  (ἐάν + subj., fut. ind.); 2nd sg. subj. and 2nd
  sg. fut. deponent εἰμί (ἔσε(σ)αι)
7 ἐξελθών: nom. sg. aor. pple ἐξέρχομαι

Synopsis Overview: παύω, παύσω, ἔπαυσα, πέπαυκα, πέπαυμαι, ἐπαύθην

	Active		Middle		Passive	
Pres.	παύω	I stop X	παύομαι	I stop	παύομαι	I am (being) stopped
Impf.	ἔπαυον	I was stopping X	ἐπαυόμην	I was stopping	ἐπαυόμην	I was being stopped
Fut.	παύσω	I will stop X	παύσομαι	I will stop	παυθήσομαι	I will be stopped
Aor.	ἔπαυσα	I stopped X	ἐπαυσάμην	I stopped	ἐπαύθην	I was stopped
Pf.	πέπαυκα	I have stopped X	πέπαυμαι	I have stopped	πέπαυμαι	I have been stopped
Plpf.	ἐπεπαύκη	I had stopped X	ἐπεπαύμην	I had stopped	ἐπεπαύμην	I had been stopped

"σκόπει γὰρ δή, ταῦτα παραβὰς καὶ ἐξαμαρτάνων τι
τούτων τί ἀγαθὸν ἐργάσῃ σαυτὸν ἢ τοὺς ἐπιτηδείους τοὺς
b σαυτοῦ. ὅτι μὲν γὰρ κινδυνεύσουσί γέ σου οἱ ἐπιτήδειοι καὶ
αὐτοὶ φεύγειν καὶ στερηθῆναι τῆς πόλεως ἢ τὴν οὐσίαν
ἀπολέσαι, σχεδόν τι δῆλον· αὐτὸς δὲ πρῶτον μὲν ἐὰν εἰς
τῶν ἐγγύτατά τινα πόλεων ἔλθῃς, ἢ Θήβαζε ἢ Μέγαράδε—
5 εὐνομοῦνται γὰρ ἀμφότεραι—πολέμιος ἥξεις, ὦ Σώκρατες, τῇ
τούτων πολιτείᾳ, καὶ ὅσοιπερ κήδονται τῶν αὑτῶν πόλεων
ὑποβλέψονταί σε διαφθορέα ἡγούμενοι τῶν νόμων, καὶ βε-
βαιώσεις τοῖς δικασταῖς τὴν δόξαν, ὥστε δοκεῖν ὀρθῶς τὴν

ἀγαθός, -ή, -όν: good, brave, capable, 8
ἀμφότερος, -α, -ον: each of two, both, 1
ἀπ-όλλυμι: to destroy, kill, ruin, 7
αὑτοῦ (ἑαυτοῦ) -ῆς, -οῦ: himself, herself, itself, themselves 3
βεβαίω: to strength, confirm, establish, 1
δῆλος, -η, -ον: clear, evident, conspicuous 8
διαφθορεύς ὁ: corrupter, 3
δικαστής, οῦ, ὁ: a juror, judge, 1
ἐγγύς: near (+ gen.); adv. nearby, 1
ἐξ-αμαρτάνω: to fail, miss the mark utterly 1
ἐπιτήδειος, -α, -ον: suitable; a close friend, 8
ἐργάζομαι: to work, labor, do (acc) to (acc), 4
ἔρχομαι: to come or go, 6
εὐ-νομέομαι: have good laws, be orderly, 3
ἡγέομαι: to lead; consider, think, believe 4
ἥκω: to have come, be present, 8

Θήβα-ζε: to Thebes, 1
κήδομαι: to care about, be troubled by (gen) 2
κινδυνεύω: to risk, venture; it is likely, 3
Μέγαρά-δε: to Megara, 1
ὀρθῶς: rightly, correctly, 4
ὅσοσπερ, ὅσαπερ, ὅσονπερ: as many as, 1
οὐσία, ἡ: property; being; substance, 2
παρα-βαίνω: to transgress, offend, 4
πολέμιος, -α, -ον: hostile, of the enemy, 1
πολιτεία, ἡ: government, civic life, polity, 1
πρῶτος, -η, -ον: first, earliest, 7
σκοπέω: to look at, examine, consider, 9
στερέω: to deprive, rob of, bereave (gen), 2
σχεδόν: nearly, almost, just about 3
ὑπο-βλέπω: to look askance at, 1
φεύγω: to flee, escape; defend in court, 2
ὥστε: so that, that, so as to, 7

---

a8 σκόπει...δὴ: σκόπεε, sg. imperative; δὴ emphasizes the imperative
παραβὰς: nom sg aor pple παρα-βαίνω,
τί ἀγαθὸν: *what good...*;
6 ἐργάσῃ: ἐργάσε(σ)αι, 2nd sg. fut. mid.
ἤ: *or...*; joining acc. objects
b1 ὅτι...δῆλον: *(it is) clear that...*; 'that...(is) clear'
κινδυνεύσουσι: *will run the risk* + inf.; or will probably' + inf.
2 στερηθῆναι:: *to be deprived...*; aor. pass. inf. στερέω
τῆς πόλεως: *from...*; gen. separation, gen. sg. of πόλις
3 ἀπολέσαι: aor. inf. ἀπ-όλλυμι
σχεδόν...τι: *almost, pretty much*
αὐτὸς: *(you) yourself*; intensive modifies

the 2nd sg. subject ἔλθῃς
πρῶτον: adverbial accusative
ἐὰν...ἔλθῃς,...ἥξεις: future more vivid condition (ἐάν + subj., fut. ind.)
εἰς...τινα: *to one...*; acc. sg. object
4 τῶν ἐγγύτατα...πόλεων: *of the very close cities*; superlative adverb behaving as an adj. in the attributive position (1096)
ἔλθῃς: 2nd aor. subj. ἔρχομαι
5 πολέμιος: *as an enemy*
ἥξεις: 2nd sg. fut. ἥκω
τῇ...πολιτείᾳ: dat. obj. of πολέμιος
6 αὑτῶν: *their own*; ἑαυτῶν, 3rd person reflexive pronoun
7 σε διαφθορέα: *you (to be) corrupter...*
8 τοῖς δικασταῖς: *for...*; dat. of interest
ὥστε δοκεῖν: *so as to seem...*; result cl.

δίκην δικάσαι· ὅστις γὰρ νόμων διαφθορεύς ἐστιν σφόδρα c
που δόξειεν ἂν νέων γε καὶ ἀνοήτων ἀνθρώπων διαφθορεὺς
εἶναι. πότερον οὖν φεύξῃ τάς τε εὐνομουμένας πόλεις καὶ
τῶν ἀνδρῶν τοὺς κοσμιωτάτους; καὶ τοῦτο ποιοῦντι ἆρα ἄξιόν
σοι ζῆν ἔσται; ἢ πλησιάσεις τούτοις καὶ ἀναισχυντήσεις 5
διαλεγόμενος—τίνας λόγους, ὦ Σώκρατες; ἢ οὕσπερ ἐνθάδε,
ὡς ἡ ἀρετὴ καὶ ἡ δικαιοσύνη πλείστου ἄξιον τοῖς ἀνθρώποις
καὶ τὰ νόμιμα καὶ οἱ νόμοι; καὶ οὐκ οἴει ἄσχημον [ἂν]
φανεῖσθαι τὸ τοῦ Σωκράτους πρᾶγμα; οἴεσθαί γε χρή. ἀλλ’ d
ἐκ μὲν τούτων τῶν τόπων ἀπαρεῖς, ἥξεις δὲ εἰς Θετταλίαν

ἀν-αισχυντέω: act or behave shamelessly, 1
ἀνήρ, ἀνδρός, ὁ: a man, 6
ἀ-νόητος, -ον: foolish, unintelligent, 2
ἄξιος, -α, -ον: worthy of, deserving of, 4
ἀπ-αείρω: to depart; remove, 1
ἆρα: truly (introduces yes/no question), 6
ἀρετή, ἡ: excellence, goodness, virtue, 4
ἄ-σχημος, -ον: misshapen, unseemly, 1
δια-λέγομαι: to converse with, discuss 2
διαφθορεύς ὁ: corrupter, 3
δικάζω: give judgment, pass judgment, 4
δικαιοσύνη, ἡ: justice, righteousness, 3
δίκη, ἡ: justice; lawsuit, trial; penalty, 9
ἐν-θάδε: hither, thither, 3
εὐ-νομέομαι: have good laws, be orderly, 3

ζάω: to live, 7
ἥκω: to have come, be present, 8
Θετταλία, ἡ: Thessaly, 7
κόσμιος, -α, -ον: well-ordered, moderate, 1
νέος, -α, -ον: young; new, novel, strange, 1
νόμιμος, -η, -ον: customary, lawful, 1
ὅστις, ἥτις, ὅ τι: whoever, which-, what-, 2
πλεῖστος, -η, -ον: most, greatest, 3
πλησιάζω: to bring near, draw near (dat) 1
που: anywhere, somewhere; I suppose, 5
πρᾶγμα, τό: deed; matter, affair, trouble, 5
σφόδρα: very, very much, exceedingly, 2
τόπος, ὁ: a place, region
φεύγω: to flee, escape; defend in court, 2
χρή: it is necessary, it is fitting; must, ought, 8

c1 δικάσαι: aor. inf. δικάζω
ὅστις: whoever…; antecedent is missing; relative clause ends with ἐστιν
2 δόξειεν ἂν: would…;aor. potential opt.
3 εἶναι: inf. εἰμί, διαφθορεὺς is predicate
πότερον…ἤ…ἤ: ….or…? or…?; leave πότερον untranslated
φεύξῃ: φεύξε(σ)αι; 2nd sg. fut. mid.
4 τῶν ἀνδρῶν: partitive gen.
4 κοσμιωτάτους: superlative adj.
ποιοῦντι: dat. sg. pple ποιέω modifies the dat. sg. σοι
ἄξιόν: worthwhile; neut. sg. nom. pred.
5 ζῆν: living; infinitive subject. ζάω
ἔσται: fut. dep. εἰμί
6 τίνας λόγους…ἤ: what (sort of)

conversations…
οὕσπερ ἐνθάδε: or just as here; ‘or (the conversations) which (you had) here’
ὡς: (namely) that…; in apposition
πλείστου: of very much; gen. of value with ἄξιον
ἄξιον: (are) worth; predicate of pl. subjects; supply linking verb
8 οἴει: 2nd sg. pres. οἴομαι
d1 φανεῖσθαι: fut. mid. φαίνομαι
τὸ…πρᾶγμα: the business, the situation
γε: yes, certainly; in replies, affirmative; cf. 54b1
2 ἀπαιρεῖς: 2nd sg. fut. ἀπ-αείρω
ἥξεις: fut. ἥκω

παρὰ τοὺς ξένους τοὺς Κρίτωνος; ἐκεῖ γὰρ δὴ πλείστη ἀταξία
καὶ ἀκολασία, καὶ ἴσως ἂν ἡδέως σου ἀκούοιεν ὡς γελοίως
5 ἐκ τοῦ δεσμωτηρίου ἀπεδίδρασκες σκευήν τέ τινα περιθέμενος,
ἢ διφθέραν λαβὼν ἢ ἄλλα οἷα δὴ εἰώθασιν ἐνσκευάζεσθαι οἱ
ἀποδιδράσκοντες, καὶ τὸ σχῆμα τὸ σαυτοῦ μεταλλάξας· ὅτι
δὲ γέρων ἀνήρ, σμικροῦ χρόνου τῷ βίῳ λοιποῦ ὄντος ὡς τὸ
e εἰκός, ἐτόλμησας οὕτω γλίσχρως ἐπιθυμεῖν ζῆν, νόμους τοὺς
μεγίστους παραβάς, οὐδεὶς ὃς ἐρεῖ; ἴσως, ἂν μή τινα λυπῇς·
εἰ δὲ μή, ἀκούσῃ, ὦ Σώκρατες, πολλὰ καὶ ἀνάξια σαυτοῦ.

ἀ-κολασία, ἡ: licentiousness, intemperance 1
ἀκούω: to hear, listen to, 8
ἀν-άξιος, -ον: unworthy, not worthy of +gen 1
ἀνήρ, ἀνδρός, ὁ: a man, 6
ἀπο-διδράσκω: to run away, flee, escape, 4
ἀ-ταξία, ἡ: disorderliness, lacking discipline 1
βίος, ὁ: life, 4
γέρων, -οντος, ὁ: old man; elder, 2
γελοίως: laughably, ridiculously, 1
γλίσχρως: greedily, graspingly; hardly, 1
δεσμωτηρίον, τό: prison, 2
δι-φθέρα, ἡ: prepared leather, leather bag, 1
ἔθω: to be accustomed, be in the habit 3
εἰκός, -ότος τό: likely, probably, reasonable 2
ἐκεῖ: there, in that place, 5
ἐν-σκευάζομαι: to prepare, dress up (or on) 1
ἐπι-θυμέω: to desire, long for, 2
ἐρέω: I will say or speak, 7

ζάω: to live, 7
ἡδέως: sweetly, pleasantly, gladly 2
ἴσως: perhaps, probably; equally, likely, 5
λαμβάνω: to take, receive, catch, grasp 5
λοιπός, -ή, -όν: remaining, the rest, 1
λυπέω: to cause pain or grief, offend, 1
μέγιστος, -η, -ον: greatest, best, longest, 4
μετ-αλλάσσω: to change, alter, 1
ξένος, ὁ: guest, foreigner, stranger, 4
παρά: beside, alongside, in respect to, 6
παρα-βαίνω: to transgress, offend, 4
περι-τίθημι: to put or place round, 1
πλεῖστος, -η, -ον: most, greatest, 3
σκευή, ὁ: attire, equipment, gear, 1
σμικρός, -ά, -όν: small, little, 2
σχῆμα, -ατος, τό: form, figure, appearance 1
τολμάω: to dare, undertake, endure, 1
χρόνος, ὁ: time, 3

---

d3 **παρὰ**: to (the side of); + place to which
γὰρ δὴ: *for of course, for indeed* (2820, D 243), δὴ emphasizes γάρ
4 **ἀκούοιεν ἄν**: *would...*; 3rd pl. aor. potential opt. ἀκούω
ὡς γελοίως: *how laughably..., how ridiculously*
5 **σκευήν**: *a disguise*; used elsewhere for the costume of an actor or chorus
περιθέμενος: aor. mid. περι-τίθημι relative clause ends with ἐστιν
6 **ἢ διαφθέραν...ἢ ἄλλα**: *either...or*; in apposition to σκευήν
λαβὼν: nom. sg. aor. pple λαμβάνω
οἷα δὴ: *exactly which things...*; relative

εἰώθασιν: 3rd pl. pf. ἔθω, present in sense
7 **μεταλλάξας**: nom. sg. aor. pple
ὅτι: that...; obj. of ἐρεῖ below
8 **σμικροῦ...ὄντος**: gen. abs., pple. εἰμί
τῷ βίῳ: *in (respect to) life*; dat. of respect
ὡς τὸ εἰκός: *as is likely*
e1 **ζῆν**: inf. ζάω
2 **παραβάς**: nom. sg. aor. pple
οὐδείς: *(there is) no one*
ἐρεῖ: fut. of λέγω (ἐρέω)
ἂν...λυπῇς: *if you do not bring pain to...*; ἂν is an alternative to ἐὰν; pres. subj. as the protasis in a fut. more vivid condition
3 **ἀκούσῃ**: ἀκούσε(σ)αι, 2nd sg. fut. middle

ὑπερχόμενος δὴ βιώσῃ πάντας ἀνθρώπους καὶ δουλεύων—
τί ποιῶν ἢ εὐωχούμενος ἐν Θετταλίᾳ, ὥσπερ ἐπὶ δεῖπνον   5
ἀποδεδημηκὼς εἰς Θετταλίαν; λόγοι δὲ ἐκεῖνοι οἱ περὶ
δικαιοσύνης τε καὶ τῆς ἄλλης ἀρετῆς ποῦ ἡμῖν ἔσονται; ἀλλὰ   54
δὴ τῶν παίδων ἕνεκα βούλει ζῆν, ἵνα αὐτοὺς ἐκθρέψῃς καὶ
παιδεύσῃς; τί δέ; εἰς Θετταλίαν αὐτοὺς ἀγαγὼν θρέψεις τε
καὶ παιδεύσεις, ξένους ποιήσας, ἵνα καὶ τοῦτο ἀπολαύσωσιν;
ἢ τοῦτο μὲν οὔ, αὐτοῦ δὲ τρεφόμενοι σοῦ ζῶντος βέλτιον   5
θρέψονται καὶ παιδεύσονται μὴ συνόντος σοῦ αὐτοῖς; οἱ γὰρ
ἐπιτήδειοι οἱ σοὶ ἐπιμελήσονται αὐτῶν. πότερον ἐὰν μὲν εἰς

ἄγω: to lead, to bring, to carry, to convey, 4
ἀπο-δημέω: to be away (from home), 4
ἀπο-λαύω: to enjoy, have enjoyment (gen.) 1
ἀρετή, ἡ: excellence, goodness, virtue, 4
βελτίων, -ον: better, 4
βιόω: to live, 1
βούλομαι: to wish, be willing, desire, 8
δεῖπνον, τό: the principal meal, dinner, 1
δικαιοσύνη, ἡ: justice, righteousness, 3
δουλεύω: to be a slave, serve, be subject to 1
ἐκεῖνος, -η, -ον: that, those, 9
ἐκ-τρέφω: to bring up from childhood, rear 4
ἕνεκα: for the sake of, because of, for (+gen) 2
ἐπί: near, at (gen.), to (acc), upon (dat.) 5

ἐπι-μελέομαι: to take care, care for (+ dat.) 5
ἐπιτήδειος, -α, -ον: suitable; a close friend, 8
εὐωχέω: eat a feast, feast, entertain well, 1
ζάω: to live, 7
Θετταλία, ἡ: Thessaly, 7
ἵνα: in order that (+ subj.); where (+ ind.), 6
ξένος, ὁ: guest, foreigner, stranger, 4
παιδεύω: to educate, teach 8
παῖς, παιδός, ὁ, ἡ: a child, boy, girl; slave, 7
ποῦ: where?
σύν-ειμι: to be with, associate with, 1
τρέφω: to bring up, raise, rear 4
ὑπ-έρχομαι: to go secretly, creep, go under, 1
ὥσπερ: as, just as, as if, 8

---

e4 βιώσῃ: βιώσε(σ)αι, 2nd sg.
5 ἤ: (other) than...
   ὥσπερ: as if
   ἐπί...: for...; expressing a goal or purpose
6 ἀποδεδημηκὼς: nom. sg. pf. pple
54a ἡμῖν ἔσονται: we will have...; lit. 'are for
   us' dat. of possession, 3rd pl. fut. εἰμί
   ἀλλὰ δή: but actually, but in fact
2 τῶν παίδων: object of ἕνεκα
   βούλει: βούλε(σ)αι, 2nd sg. pres.
   ζῆν: inf. ζάω
   ἵνα: so that...; purpose governs the subj.,
   here aor. ἐκτρέφω, παιδεύω
3 τί δέ: what then?
   ἀγαγὼν: nom. sg. 2nd aor. pple ἄγω
   θρέψεις: from τρέφω
4 ποιήσας: making (your children)...
   ἵνα: see line 2; governs 3rd pl. subj. here;
   the children are subject; tone is sarcastic

καί: also; adverbial
5 τοῦτο μὲν οὔ: (will you) not (do) this
   αὐτοῦ: here; adverb
   σοῦ ζῶντος: if...; gen. abs. which is
   conditional in force, cf. line 6 below
   βέλτιον: comparative adverb
6 θρέψονται: fut. pass. τρέφω
   μὴ...αὐτοῖς: if not..; gen. abs., μή suggests
   the abs. is conditional in force; pple
   σύνειμι + dat. of compound verb or dat. of
   association (1523)
7 οἱ σοί: your; σοί is in the attributive
   position following the article οἱ
   αὐτῶν: them; i.e. Socrates' children; the
   gen. object of ἐπιμελήσονται, which can
   govern a dative or a genitive object
   πότερον...ἤ: ....or...?; introduces two
   options, leave πότερον untranslated

Θετταλίαν ἀποδημήσῃς, ἐπιμελήσονται, ἐὰν δὲ εἰς Ἅιδου
ἀποδημήσῃς, οὐχὶ ἐπιμελήσονται; εἴπερ γέ τι ὄφελος αὐτῶν

b ἐστιν τῶν σοι φασκόντων ἐπιτηδείων εἶναι, οἴεσθαί γε χρή.

'ἀλλ', ὦ Σώκρατες, πειθόμενος ἡμῖν τοῖς σοῖς τροφεῦσι
μήτε παῖδας περὶ πλείονος ποιοῦ μήτε τὸ ζῆν μήτε ἄλλο
μηδὲν πρὸ τοῦ δικαίου, ἵνα εἰς Ἅιδου ἐλθὼν ἔχῃς πάντα

5 ταῦτα ἀπολογήσασθαι τοῖς ἐκεῖ ἄρχουσιν· οὔτε γὰρ ἐνθάδε
σοι φαίνεται ταῦτα πράττοντι ἄμεινον εἶναι οὐδὲ δικαιότερον
οὐδὲ ὁσιώτερον, οὐδὲ ἄλλῳ τῶν σῶν οὐδενί, οὔτε ἐκεῖσε
ἀφικομένῳ ἄμεινον ἔσται. ἀλλὰ νῦν μὲν ἠδικημένος ἄπει,

Ἅιδης, ὁ: Hades or Pluto, 3
ἀμείνων, -ον: better, 2
ἀπ-έρχομαι: to go away, depart, 7
ἀπο-δημέω: to be away (from home), 4
ἀπο-λογέομαι: to defend oneself 1
ἄρχω: to begin; to rule, be leader of, 2
ἀφ-ικνέομαι: to come, arrive, 1
εἴπερ: if really (to imply doubt) 2
ἐκεῖ: there, in that place, 5
ἐκεῖ-σε: thither, to that place, 2
ἐν-θάδε: hither, thither, 3
ἐπι-μελέομαι: to take care, care for (+ dat.) 5
ἐπιτήδειος, -α, -ον: suitable; a close friend, 8
ἔρχομαι: to come or go, 6
ζάω: to live, 7

Θετταλία, ἡ: Thessaly, 7
ἵνα: in order that (+ subj.); where (+ ind.), 6
μένω: to stay, remain, abide, 5
μή-τε: and not, 6
μηδ-είς, μηδ-εμία, μηδ-έν: no one, nothing, 5
ὄφελος, τό: profit, benefit, help, advantage 2
ὅσιος, -α, -ον: hallowed, sacred, ordained, 2
παῖς, παιδός, ὁ, ἡ: a child, boy, girl; slave, 7
πλέων, -ον: more, greater, 4
πρό: before, in front; in place of (+ gen.), 3
σός, -ή, -όν: your, yours 8
τροφεύς, ὁ: foster-parent, one who brings up 2
φάσκω: to say, affirm, claim, 3
χρή: it is necessary, it is fitting; must, ought, 8

---

a8 ἀποδημήσῃς, ἐπιμελήσονται: future more
   vivid condition (ἐάν + subj., fut. ind.);
   here an aorist subj.
   εἰς Ἅιδου: to Hades' (house); the gen.
   with missing acc. is common

9 οὐχὶ: not; the deictic iota lends emphasis
   to the negation
   εἴ...ἐστιν: if they are good for anything;
   lit. 'if their use is anything,' αὐτῶν is
   subjective gen. of ὄφελος (if they profit
   Socrates)
   εἴπερ γέ: yes, if at least...; ge is both
   affirmative and restrictive (D 132)

b1 φασκόντων: being accustomed to claim;
   infix σκ suggests that the action is habitual
   γε: yes, certainly; in replies, affirmative;
   cf. 53d1

3 περὶ πλείονος ποιοῦ: consider...of
   more (importance); gen. of value (1373);

ποιε(σ)ο, pres. mid. imperative
τὸ ζῆν: articular inf. ζάω

4 ἵνα...ἔχῃς: so that...may...; purpose + subj.
   εἰς Ἅιδου: to Hades' (house); see a8
   ἐλθὼν·, nom. sg. aor. pple ἔρχομαι

5 ἄρχουσιν: ruling; dat. pl. pple ἄρχω

6 φαίνεται: (it) appears...
   εἶναι: inf. εἰμί
   ἄλλῳ...οὐδενί: to anyone else; in light of
   the double negative, translate positively

7 τῶν σῶν: of your (friends); gen. pl. σός

8 ἀφικομένῳ: to (anyone)...; supply a noun
   ἠδικημένος: pf. pass. pple ἀδικέω; note
   long η pple even though form is a pple, in
   the pf., verbs that begin with vowels
   lengthen the vowel instead of duplicating
   the consonant (557, 575)
   ἄπει: 2nd sg. fut. ἀπ-έρχομαι (ἀπ-ειμι)

ἐὰν ἀπίῃς, οὐχ ὑφ’ ἡμῶν τῶν νόμων ἀλλὰ ὑπ’ ἀνθρώπων·   c
ἐὰν δὲ ἐξέλθῃς οὕτως αἰσχρῶς ἀνταδικήσας τε καὶ ἀντικα-
κουργήσας, τὰς σαυτοῦ ὁμολογίας τε καὶ συνθήκας τὰς πρὸς
ἡμᾶς παραβὰς καὶ κακὰ ἐργασάμενος τούτους οὓς ἥκιστα
ἔδει, σαυτόν τε καὶ φίλους καὶ πατρίδα καὶ ἡμᾶς, ἡμεῖς τέ   5
σοι χαλεπανοῦμεν ζῶντι, καὶ ἐκεῖ οἱ ἡμέτεροι ἀδελφοὶ οἱ ἐν
Ἅιδου νόμοι οὐκ εὐμενῶς σε ὑποδέξονται, εἰδότες ὅτι καὶ
ἡμᾶς ἐπεχείρησας ἀπολέσαι τὸ σὸν μέρος. ἀλλὰ μή σε
πείσῃ Κρίτων ποιεῖν ἃ λέγει μᾶλλον ἢ ἡμεῖς.’   d

    ταῦτα, ὦ φίλε ἑταῖρε Κρίτων, εὖ ἴσθι ὅτι ἐγὼ δοκῶ

ἀδελφός, ὁ: a brother, 1
Ἅιδης, ὁ: Hades or Pluto, 3
ἀντ-αδικέω: to commit injustice in return, 4
ἀντι-κακουργέω: to do wrong in return, 2
ἀπ-έρχομαι: to go away, depart, 7
ἀπ-όλλυμι: to destroy, kill, ruin, 7
αἰσχρῶς: shamefully, disgracefully
ἐκεῖ: there, in that place, 5
ἐξ-έρχομαι: to go out, come out, 6
ἐργάζομαι: to work, labor, do (acc) to (acc), 4
ἑταῖρος, ὁ: a comrade, companion, mate, 1
εὖ: well, 5
εὐ-μενῶς: kindly, favorably 1
ζάω: to live, 7
ἥκιστος, -η, -ον: least; not at all 3

ἡμέτερος, -α, -ον: our, ours, 6
κακός, -ή, -όν: bad, base, cowardly, evil, 6
μᾶλλον: more, rather, 8
μέρος, -εος, τό: a part, share, portion, 3
οἶδα: to know, 7
ὁμο-λογία, ἡ: agreement, 6
παρα-βαίνω: to transgress, offend, 4
πατρίς, -ίδος: fatherland, native land, 7
σός, -ή, -όν: your, yours 8
συν-θήκη, ἡ: agreement, contract, treaty, 3
ὑπό: by, because of, from (gen.) under (dat.) 9
ὑπο-δέχομαι: to receive hospitably, 1
φίλος, -η, -ον: dear, friendly; friend, kin, 5
χαλεπαίνω: be sore, angry, grievous at +dat 2

---

c1 ἐὰν ἀπίῃς: 2nd sg. pres. subjunctive.
   ἀπ-έρχομαι (ἄπ-ειμι) in a future more
   vivid condition (ἐάν + subj., fut. ind.)
   ὑφ’...: by...; gen. of agent governed by
   ἠδικόμενος
2 ἐὰν ἐξέλθῃς: 2nd sg. aor. subjunctive.
   ἐξ-έρχομαι in a future more vivid
   condition (ἐάν + subj., fut. ind.)
3 πρὸς ἡμᾶς: with us; ‘with regard to us’ in
   the attritive position with συνθήκας
4 παραβὰς: nom. sg. aor. pple
   κακὰ: neut. pl. acc. object
   ἐργασάμενος: governs a double accusative

   οὓς: whom...; relative, acc. pl.
   ἥκιστα: superlative adv.
5 ἔδει: impf. δεῖ
6 χαλεπανοῦμεν: χαλεπανέομεν, future
   ζῶντι: dat. sg. pres. pple
   ἐν Ἅιδου: in Hades’ (house)
7 εἰδότες: pple οἶδα
8 ἀπολέσαι: aor. inf. ἀπ-όλλυμι
   τὸν σὸν μέρος: on your part; acc. respect
   μή...πείσῃ: do not let...; prohibitive aor.
   subj., 3rd sg. πείθω
   ἴσθι: sg. imperative οἶδα
   ταῦτα: neut. pl. acc. object ἀκούειν

ἀκούειν, ὥσπερ οἱ κορυβαντιῶντες τῶν αὐλῶν δοκοῦσιν
ἀκούειν, καὶ ἐν ἐμοὶ αὕτη ἡ ἠχὴ τούτων τῶν λόγων βομβεῖ
5   καὶ ποιεῖ μὴ δύνασθαι τῶν ἄλλων ἀκούειν· ἀλλὰ ἴσθι, ὅσα γε
τὰ νῦν ἐμοὶ δοκοῦντα, ἐὰν λέγῃς παρὰ ταῦτα, μάτην ἐρεῖς.
ὅμως μέντοι εἴ τι οἴει πλέον ποιήσειν, λέγε.

    ΚΡ. ἀλλ', ὦ Σώκρατες, οὐκ ἔχω λέγειν.

e   ΣΩ. ἔα τοίνυν, ὦ Κρίτων, καὶ πράττωμεν ταύτῃ, ἐπειδὴ
ταύτῃ ὁ θεὸς ὑφηγεῖται.

ἀκούω: to hear, listen to, 8
αὐλός, ὁ: flute, pipe, mouthpiece, 1
βομβέω: to boom with buzzing, hum, 1
δύναμαι: to be able, can, be capable, 3
ἐάω: to permit, allow, let be, suffer, 4
ἐπειδή: when, after, since, because, 7
ἐρέω: I will say or speak, 7
ἠχή, ἡ: noise, cry, wail, sound, 1
θεός, ὁ: a god, divinity, 4
κορυβαντιάω: to be in a Corybantic frenzy, 1

μάτην: in vain, idly, 1
μέντοι: however, nevertheless; certainly, 2
οἶδα: to know, 7
ὅμως: nevertheless, however, yet, 3
ὅσος, -η, -ον: as much or as; all who, 4
παρά: beside, alongside, in respect to, 6
πλέων, -ον: more, greater, 4
τοί-νυν: well then; therefore, accordingly, 5
ὑφ-ηγέομαι: to guide, lead the way, 1
ὥσπερ: as, just as, as if, 8

d3 τῶν αὐλῶν: gen. object of ἀκούειν
    ἐν ἐμοί: *in me*
4 αὕτη: *this*; fem. nom. sg. οὗτος
5 ποιεῖ: *make it, bring it about*; 3rd sg.
    μὴ δύνασθαι...: *so as not to be able*...;
    negative result clause (positive ὥστε)
    τῶν ἄλλων: gen. object of ἀκούειν
    ἴσθι: sg. imperative οἶδα
    ὅσα γε...δοκοῦντα: *so far as things (are)
    seeming now to me*; ὅσα is adverbial, and
    γε is restrictive; cf. 46e3

6 ἐὰν λέγῃς...ἐρεῖς: future more vivid
    condition (ἐάν + subj., fut. ind.): 2nd sg.
    pres. subjunctive and fut. λέγω (ἐρέω)
7 οἴει: 2nd sg. pres. οἴομαι
    ποιήσειν: *(that you) will do*; supply σέ as
    acc. subject
8 ἔχω: *I am able*; as often with an infinitive
e1 ἔα: sg. imperative ἐάω
    πράττωμεν: *let us*...; hortatory subj.
    ταύτῃ: *in this way*

Plato's Crito

Greek-only pages
for classroom review

ΚΡΙΤΩΝ

ΣΩΚΡΑΤΗΣ ΚΡΙΤΩΝ

St. I
p. 43
a

ΣΩ. τί τηνικάδε ἀφῖξαι, ὦ Κρίτων; ἢ οὐ πρῲ ἔτι ἐστίν;

ΚΡ. πάνυ μὲν οὖν.

ΣΩ. πηνίκα μάλιστα;

ΚΡ. ὄρθρος βαθύς.

ΣΩ. θαυμάζω ὅπως ἠθέλησέ σοι ὁ τοῦ δεσμωτηρίου 5
φύλαξ ὑπακοῦσαι.

ΚΡ. συνήθης ἤδη μοί ἐστιν, ὦ Σώκρατες, διὰ τὸ πολ-
λάκις δεῦρο φοιτᾶν, καί τι καὶ εὐεργέτηται ὑπ᾽ ἐμοῦ.

ΣΩ. ἄρτι δὲ ἥκεις ἢ πάλαι;

ΚΡ. ἐπιεικῶς πάλαι. 10

ΣΩ. εἶτα πῶς οὐκ εὐθὺς ἐπήγειράς με, ἀλλὰ σιγῇ παρα- b
κάθησαι;

ΚΡ. οὐ μὰ τὸν Δία, ὦ Σώκρατες, οὐδ᾽ ἂν αὐτὸς ἤθελον
ἐν τοσαύτῃ τε ἀγρυπνίᾳ καὶ λύπῃ εἶναι, ἀλλὰ καὶ σοῦ πάλαι
θαυμάζω αἰσθανόμενος ὡς ἡδέως καθεύδεις· καὶ ἐπίτηδές σε 5
οὐκ ἤγειρον ἵνα ὡς ἥδιστα διάγῃς. καὶ πολλάκις μὲν δή σε
καὶ πρότερον ἐν παντὶ τῷ βίῳ ηὐδαιμόνισα τοῦ τρόπου, πολὺ
δὲ μάλιστα ἐν τῇ νῦν παρεστώσῃ συμφορᾷ, ὡς ῥᾳδίως αὐτὴν
καὶ πρᾴως φέρεις.

10 ΣΩ. καὶ γὰρ ἄν, ὦ Κρίτων, πλημμελὲς εἴη ἀγανακτεῖν τηλικοῦτον ὄντα εἰ δεῖ ἤδη τελευτᾶν.-

c KP. καὶ ἄλλοι, ὦ Σώκρατες, τηλικοῦτοι ἐν τοιαύταις συμφοραῖς ἁλίσκονται, ἀλλ᾽ οὐδὲν αὐτοὺς ἐπιλύεται ἡ ἡλικία τὸ μὴ οὐχὶ ἀγανακτεῖν τῇ παρούσῃ τύχῃ.

ΣΩ. ἔστι ταῦτα. ἀλλὰ τί δὴ οὕτω πρῴ ἀφῖξαι;

5 KP. ἀγγελίαν, ὦ Σώκρατες, φέρων χαλεπήν, οὐ σοί, ὡς ἐμοὶ φαίνεται, ἀλλ᾽ ἐμοὶ καὶ τοῖς σοῖς ἐπιτηδείοις πᾶσιν καὶ χαλεπὴν καὶ βαρεῖαν, ἣν ἐγώ, ὡς ἐμοὶ δοκῶ, ἐν τοῖς βαρύτατ᾽ ἂν ἐνέγκαιμι.

ΣΩ. τίνα ταύτην; ἢ τὸ πλοῖον ἀφῖκται ἐκ Δήλου, οὗ δεῖ

d ἀφικομένου τεθνάναι με;

KP. οὔτοι δὴ ἀφῖκται, ἀλλὰ δοκεῖν μέν μοι ἥξει τήμερον ἐξ ὧν ἀπαγγέλλουσιν ἥκοντές τινες ἀπὸ Σουνίου καὶ καταλιπόντες ἐκεῖ αὐτό. δῆλον οὖν ἐκ τούτων [τῶν ἀγγέ-

5 λων] ὅτι ἥξει τήμερον, καὶ ἀνάγκη δὴ εἰς αὔριον ἔσται, ὦ Σώκρατες, τὸν βίον σε τελευτᾶν.

ΣΩ. ἀλλ᾽, ὦ Κρίτων, τύχῃ ἀγαθῇ, εἰ ταύτῃ τοῖς θεοῖς φίλον, ταύτῃ ἔστω· οὐ μέντοι οἶμαι ἥξειν αὐτὸ τήμερον.

44 KP. πόθεν τοῦτο τεκμαίρῃ;

ΣΩ. ἐγώ σοι ἐρῶ. τῇ γάρ που ὑστεραίᾳ δεῖ με ἀποθνήσκειν ἢ ᾗ ἂν ἔλθῃ τὸ πλοῖον.

KP. φασί γέ τοι δὴ οἱ τούτων κύριοι.

5 ΣΩ. οὐ τοίνυν τῆς ἐπιούσης ἡμέρας οἶμαι αὐτὸ ἥξειν ἀλλὰ τῆς ἑτέρας. τεκμαίρομαι δὲ ἔκ τινος ἐνυπνίου ὃ ἑώρακα ὀλίγον πρότερον ταύτης τῆς νυκτός· καὶ κινδυνεύεις ἐν καιρῷ τινι οὐκ ἐγεῖραί με.

KP. ἦν δὲ δὴ τί τὸ ἐνύπνιον;

10 ΣΩ. ἐδόκει τίς μοι γυνὴ προσελθοῦσα καλὴ καὶ εὐειδής,

b λευκὰ ἱμάτια ἔχουσα, καλέσαι με καὶ εἰπεῖν· ‘ὦ Σώκρατες,

ἤματί κεν τριτάτῳ Φθίην ἐρίβωλον ἵκοιο.

ΚΡ. ἄτοπον τὸ ἐνύπνιον, ὦ Σώκρατες.

ΣΩ. ἐναργὲς μὲν οὖν, ὥς γέ μοι δοκεῖ, ὦ Κρίτων.

ΚΡ. λίαν γε, ὡς ἔοικεν. ἀλλ', ὦ δαιμόνιε Σώκρατες, 5
ἔτι καὶ νῦν ἐμοὶ πιθοῦ καὶ σώθητι· ὡς ἐμοί, ἐὰν σὺ ἀπο-
θάνῃς, οὐ μία συμφορά ἐστιν, ἀλλὰ χωρὶς μὲν τοῦ ἐστερῆ-
σθαι τοιούτου ἐπιτηδείου οἷον ἐγὼ οὐδένα μή ποτε εὑρήσω,
ἔτι δὲ καὶ πολλοῖς δόξω, οἳ ἐμὲ καὶ σὲ μὴ σαφῶς ἴσασιν,
ὡς οἷός τ' ὢν σε σῴζειν εἰ ἤθελον ἀναλίσκειν χρήματα, c
ἀμελῆσαι. καίτοι τίς ἂν αἰσχίων εἴη ταύτης δόξα ἢ δοκεῖν
χρήματα περὶ πλείονος ποιεῖσθαι ἢ φίλους; οὐ γὰρ πείσον-
ται οἱ πολλοὶ ὡς σὺ αὐτὸς οὐκ ἠθέλησας ἀπιέναι ἐνθένδε
ἡμῶν προθυμουμένων. 5

ΣΩ. ἀλλὰ τί ἡμῖν, ὦ μακάριε Κρίτων, οὕτω τῆς τῶν
πολλῶν δόξης μέλει; οἱ γὰρ ἐπιεικέστατοι, ὧν μᾶλλον ἄξιον
φροντίζειν, ἡγήσονται αὐτὰ οὕτω πεπρᾶχθαι ὥσπερ ἂν
πραχθῇ.

ΚΡ. ἀλλ' ὁρᾷς δὴ ὅτι ἀνάγκη, ὦ Σώκρατες, καὶ τῆς τῶν d
πολλῶν δόξης μέλειν. αὐτὰ δὲ δῆλα τὰ παρόντα νυνὶ ὅτι οἷοί
τ' εἰσὶν οἱ πολλοὶ οὐ τὰ σμικρότατα τῶν κακῶν ἐξεργάζεσθαι
ἀλλὰ τὰ μέγιστα σχεδόν, ἐάν τις ἐν αὐτοῖς διαβεβλημέ-
νος ᾖ. 5

ΣΩ. εἰ γὰρ ὤφελον, ὦ Κρίτων, οἷοί τ' εἶναι οἱ πολλοὶ
τὰ μέγιστα κακὰ ἐργάζεσθαι, ἵνα οἷοί τ' ἦσαν καὶ ἀγαθὰ τὰ
μέγιστα, καὶ καλῶς ἂν εἶχεν. νῦν δὲ οὐδέτερα οἷοί τε· οὔτε
γὰρ φρόνιμον οὔτε ἄφρονα δυνατοὶ ποιῆσαι, ποιοῦσι δὲ τοῦτο
ὅτι ἂν τύχωσι. 10

ΚΡ. ταῦτα μὲν δὴ οὕτως ἐχέτω· τάδε δέ, ὦ Σώκρατες, e

εἰπέ μοι. ἆρά γε μὴ ἐμοῦ προμηθῇ καὶ τῶν ἄλλων ἐπιτη-
δείων μή, ἐὰν σὺ ἐνθένδε ἐξέλθῃς, οἱ συκοφάνται ἡμῖν
πράγματα παρέχωσιν ὡς σὲ ἐνθένδε ἐκκλέψασιν, καὶ ἀναγ-
5 κασθῶμεν ἢ καὶ πᾶσαν τὴν οὐσίαν ἀποβαλεῖν ἢ συχνὰ
χρήματα, ἢ καὶ ἄλλο τι πρὸς τούτοις παθεῖν; εἰ γάρ τι
45 τοιοῦτον φοβῇ, ἔασον αὐτὸ χαίρειν· ἡμεῖς γάρ που δίκαιοί
ἐσμεν σώσαντές σε κινδυνεύειν τοῦτον τὸν κίνδυνον καὶ ἐὰν
δέῃ ἔτι τούτου μείζω. ἀλλ' ἐμοὶ πείθου καὶ μὴ ἄλλως ποίει.

ΣΩ. καὶ ταῦτα προμηθοῦμαι, ὦ Κρίτων, καὶ ἄλλα
5 πολλά.

ΚΡ. μήτε τοίνυν ταῦτα φοβοῦ—καὶ γὰρ οὐδὲ πολὺ
τἀργύριόν ἐστιν ὃ θέλουσι λαβόντες τινὲς σῶσαί σε καὶ ἐξ-
αγαγεῖν ἐνθένδε. ἔπειτα οὐχ ὁρᾷς τούτους τοὺς συκοφάντας
ὡς εὐτελεῖς, καὶ οὐδὲν ἂν δέοι ἐπ' αὐτοὺς πολλοῦ ἀργυρίου;
b σοὶ δὲ ὑπάρχει μὲν τὰ ἐμὰ χρήματα, ὡς ἐγὼ οἶμαι, ἱκανά·
ἔπειτα καὶ εἴ τι ἐμοῦ κηδόμενος οὐκ οἴει δεῖν ἀναλίσκειν
τἀμά, ξένοι οὗτοι ἐνθάδε ἕτοιμοι ἀναλίσκειν· εἷς δὲ καὶ
κεκόμικεν ἐπ' αὐτὸ τοῦτο ἀργύριον ἱκανόν, Σιμμίας ὁ Θη-
5 βαῖος, ἕτοιμος δὲ καὶ Κέβης καὶ ἄλλοι πολλοὶ πάνυ.
ὥστε, ὅπερ λέγω, μήτε ταῦτα φοβούμενος ἀποκάμῃς σαυτὸν
σῶσαι, μήτε, ὃ ἔλεγες ἐν τῷ δικαστηρίῳ, δυσχερές σοι
γενέσθω ὅτι οὐκ ἂν ἔχοις ἐξελθὼν ὅτι χρῷο σαυτῷ· πολ-
c λαχοῦ μὲν γὰρ καὶ ἄλλοσε ὅποι ἂν ἀφίκῃ ἀγαπήσουσί σε·
ἐὰν δὲ βούλῃ εἰς Θετταλίαν ἰέναι, εἰσὶν ἐμοὶ ἐκεῖ ξένοι οἵ
σε περὶ πολλοῦ ποιήσονται καὶ ἀσφάλειάν σοι παρέξονται,
ὥστε σε μηδένα λυπεῖν τῶν κατὰ Θετταλίαν.

5 ἔτι δέ, ὦ Σώκρατες, οὐδὲ δίκαιόν μοι δοκεῖς ἐπιχειρεῖν
πρᾶγμα, σαυτὸν προδοῦναι, ἐξὸν σωθῆναι, καὶ τοιαῦτα σπεύ-
δεις περὶ σαυτὸν γενέσθαι ἅπερ ἂν καὶ οἱ ἐχθροί σου σπεύσαιέν
τε καὶ ἔσπευσαν σὲ διαφθεῖραι βουλόμενοι. πρὸς δὲ τούτοις

καὶ τοὺς ὑεῖς τοὺς σαυτοῦ ἔμοιγε δοκεῖς προδιδόναι, οὕς σοι
ἐξὸν καὶ ἐκθρέψαι καὶ ἐκπαιδεῦσαι οἰχήσῃ καταλιπών, καὶ   d
τὸ σὸν μέρος ὅτι ἂν τύχωσι τοῦτο πράξουσιν· τεύξονται δέ,
ὡς τὸ εἰκός, τοιούτων οἷάπερ εἴωθεν γίγνεσθαι ἐν ταῖς
ὀρφανίαις περὶ τοὺς ὀρφανούς. ἢ γὰρ οὐ χρὴ ποιεῖσθαι
παῖδας ἢ συνδιαταλαιπωρεῖν καὶ τρέφοντα καὶ παιδεύοντα, σὺ   5
δέ μοι δοκεῖς τὰ ῥᾳθυμότατα αἱρεῖσθαι. χρὴ δέ, ἅπερ ἂν ἀνὴρ
ἀγαθὸς καὶ ἀνδρεῖος ἕλοιτο, ταῦτα αἱρεῖσθαι, φάσκοντά γε δὴ
ἀρετῆς διὰ παντὸς τοῦ βίου ἐπιμελεῖσθαι· ὡς ἔγωγε καὶ
ὑπὲρ σοῦ καὶ ὑπὲρ ἡμῶν τῶν σῶν ἐπιτηδείων αἰσχύνομαι μὴ   e
δόξῃ ἅπαν τὸ πρᾶγμα τὸ περὶ σὲ ἀνανδρίᾳ τινὶ τῇ ἡμετέρᾳ
πεπρᾶχθαι, καὶ ἡ εἴσοδος τῆς δίκης εἰς τὸ δικαστήριον ὡς
εἰσῆλθεν ἐξὸν μὴ εἰσελθεῖν, καὶ αὐτὸς ὁ ἀγὼν τῆς δίκης
ὡς ἐγένετο, καὶ τὸ τελευταῖον δὴ τουτί, ὥσπερ κατάγελως   5
τῆς πράξεως, κακίᾳ τινὶ καὶ ἀνανδρίᾳ τῇ ἡμετέρᾳ διαπεφευ-
γέναι ἡμᾶς δοκεῖν, οἵτινές σε οὐχὶ ἐσώσαμεν οὐδὲ σὺ σαυτόν,   46
οἷόν τε ὂν καὶ δυνατὸν εἴ τι καὶ μικρὸν ἡμῶν ὄφελος ἦν.
ταῦτα οὖν, ὦ Σώκρατες, ὅρα μὴ ἅμα τῷ κακῷ καὶ αἰσχρὰ ᾖ
σοί τε καὶ ἡμῖν.   ἀλλὰ βουλεύου—μᾶλλον δὲ οὐδὲ βου-
λεύεσθαι ἔτι ὥρα ἀλλὰ βεβουλεῦσθαι—μία δὲ βουλή· τῆς   5
γὰρ ἐπιούσης νυκτὸς πάντα ταῦτα δεῖ πεπρᾶχθαι, εἰ δ᾿ ἔτι
περιμενοῦμεν, ἀδύνατον καὶ οὐκέτι οἷόν τε. ἀλλὰ παντὶ
τρόπῳ, ὦ Σώκρατες, πείθου μοι καὶ μηδαμῶς ἄλλως ποίει.

ΣΩ.   ὦ φίλε Κρίτων, ἡ προθυμία σου πολλοῦ ἀξία εἰ   b
μετά τινος ὀρθότητος εἴη· εἰ δὲ μή, ὅσῳ μείζων τοσούτῳ
χαλεπωτέρα. σκοπεῖσθαι οὖν χρὴ ἡμᾶς εἴτε ταῦτα πρακτέον
εἴτε μή· ὡς ἐγὼ οὐ νῦν πρῶτον ἀλλὰ καὶ ἀεὶ τοιοῦτος οἷος
τῶν ἐμῶν μηδενὶ ἄλλῳ πείθεσθαι ἢ τῷ λόγῳ ὃς ἄν μοι   5
λογιζομένῳ βέλτιστος φαίνηται. τοὺς δὴ λόγους οὓς ἐν τῷ

ἔμπροσθεν ἔλεγον οὐ δύναμαι νῦν ἐκβαλεῖν, ἐπειδή μοι
ἥδε ἡ τύχη γέγονεν, ἀλλὰ σχεδόν τι ὅμοιοι φαίνονταί μοι,
c καὶ τοὺς αὐτοὺς πρεσβεύω καὶ τιμῶ οὕσπερ καὶ πρότερον·
ὧν ἐὰν μὴ βελτίω ἔχωμεν λέγειν ἐν τῷ παρόντι, εὖ ἴσθι
ὅτι οὐ μή σοι συγχωρήσω, οὐδ᾽ ἂν πλείω τῶν νῦν παρόν-
των ἡ τῶν πολλῶν δύναμις ὥσπερ παῖδας ἡμᾶς μορμο-
5 λύττηται, δεσμοὺς καὶ θανάτους ἐπιπέμπουσα καὶ χρημάτων
ἀφαιρέσεις. πῶς οὖν ἂν μετριώτατα σκοποίμεθα αὐτά; εἰ
πρῶτον μὲν τοῦτον τὸν λόγον ἀναλάβοιμεν, ὃν σὺ λέγεις
περὶ τῶν δοξῶν. πότερον καλῶς ἐλέγετο ἑκάστοτε ἢ οὔ,
d ὅτι ταῖς μὲν δεῖ τῶν δοξῶν προσέχειν τὸν νοῦν, ταῖς
δὲ οὔ; ἢ πρὶν μὲν ἐμὲ δεῖν ἀποθνῄσκειν καλῶς ἐλέγετο,
νῦν δὲ κατάδηλος ἄρα ἐγένετο ὅτι ἄλλως ἕνεκα λόγου
ἐλέγετο, ἦν δὲ παιδιὰ καὶ φλυαρία ὡς ἀληθῶς; ἐπιθυμῶ
5 δ᾽ ἔγωγ᾽ ἐπισκέψασθαι, ὦ Κρίτων, κοινῇ μετὰ σοῦ εἴ τί
μοι ἀλλοιότερος φανεῖται, ἐπειδὴ ὧδε ἔχω, ἢ ὁ αὐτός,
καὶ ἐάσομεν χαίρειν ἢ πεισόμεθα αὐτῷ. ἐλέγετο δέ πως,
ὡς ἐγῷμαι, ἑκάστοτε ὧδε ὑπὸ τῶν οἰομένων τὶ λέγειν,
ὥσπερ νυνδὴ ἐγὼ ἔλεγον, ὅτι τῶν δοξῶν ἃς οἱ ἄνθρωποι
e δοξάζουσιν δέοι τὰς μὲν περὶ πολλοῦ ποιεῖσθαι, τὰς δὲ μή.
τοῦτο πρὸς θεῶν, ὦ Κρίτων, οὐ δοκεῖ καλῶς σοι λέγεσθαι;
—σὺ γάρ, ὅσα γε τἀνθρώπεια, ἐκτὸς εἶ τοῦ μέλλειν ἀπο-
47 θνῄσκειν αὔριον, καὶ οὐκ ἂν σὲ παρακρούοι ἡ παροῦσα συμ-
φορά· σκόπει δή—οὐχ ἱκανῶς δοκεῖ σοι λέγεσθαι ὅτι οὐ
πάσας χρὴ τὰς δόξας τῶν ἀνθρώπων τιμᾶν ἀλλὰ τὰς μέν,
τὰς δ᾽ οὔ, οὐδὲ πάντων ἀλλὰ τῶν μέν, τῶν δ᾽ οὔ; τί φῄς;
5 ταῦτα οὐχὶ καλῶς λέγεται;

ΚΡ. καλῶς.

ΣΩ. οὐκοῦν τὰς μὲν χρηστὰς τιμᾶν, τὰς δὲ πονηρὰς μή;

ΚΡ. ναί.

ΣΩ. χρησταὶ δὲ οὐχ αἱ τῶν φρονίμων, πονηραὶ δὲ αἱ 10
τῶν ἀφρόνων;

ΚΡ. πῶς δ' οὔ;

ΣΩ. φέρε δή, πῶς αὖ τὰ τοιαῦτα ἐλέγετο; γυμναζόμενος
ἀνὴρ καὶ τοῦτο πράττων πότερον παντὸς ἀνδρὸς ἐπαίνῳ καὶ b
ψόγῳ καὶ δόξῃ τὸν νοῦν προσέχει, ἢ ἑνὸς μόνου ἐκείνου ὃς
ἂν τυγχάνῃ ἰατρὸς ἢ παιδοτρίβης ὤν;

ΚΡ. ἑνὸς μόνου.

ΣΩ. οὐκοῦν φοβεῖσθαι χρὴ τοὺς ψόγους καὶ ἀσπάζεσθαι 5
τοὺς ἐπαίνους τοὺς τοῦ ἑνὸς ἐκείνου ἀλλὰ μὴ τοὺς τῶν
πολλῶν.

ΚΡ. δῆλα δή.

ΣΩ. ταύτῃ ἄρα αὐτῷ πρακτέον καὶ γυμναστέον καὶ
ἐδεστέον γε καὶ ποτέον, ᾗ ἂν τῷ ἑνὶ δοκῇ, τῷ ἐπιστάτῃ καὶ 10
ἐπαΐοντι, μᾶλλον ἢ ᾗ σύμπασι τοῖς ἄλλοις.

ΚΡ. ἔστι ταῦτα.

ΣΩ. εἶεν. ἀπειθήσας δὲ τῷ ἑνὶ καὶ ἀτιμάσας αὐτοῦ τὴν c
δόξαν καὶ τοὺς ἐπαίνους, τιμήσας δὲ τοὺς τῶν πολλῶν [λό-
γους] καὶ μηδὲν ἐπαϊόντων, ἆρα οὐδὲν κακὸν πείσεται;

ΚΡ. πῶς γὰρ οὔ;

ΣΩ. τί δ' ἔστι τὸ κακὸν τοῦτο, καὶ ποῖ τείνει, καὶ εἰς 5
τί τῶν τοῦ ἀπειθοῦντος;

ΚΡ. δῆλον ὅτι εἰς τὸ σῶμα· τοῦτο γὰρ διόλλυσι.

ΣΩ. καλῶς λέγεις. οὐκοῦν καὶ τἆλλα, ὦ Κρίτων, οὕτως,
ἵνα μὴ πάντα διΐωμεν, καὶ δὴ καὶ περὶ τῶν δικαίων καὶ
ἀδίκων καὶ αἰσχρῶν καὶ καλῶν καὶ ἀγαθῶν καὶ κακῶν, περὶ 10
ὧν νῦν ἡ βουλὴ ἡμῖν ἐστιν, πότερον τῇ τῶν πολλῶν δόξῃ
δεῖ ἡμᾶς ἔπεσθαι καὶ φοβεῖσθαι αὐτὴν ἢ τῇ τοῦ ἑνός, εἴ τίς d
ἐστιν ἐπαΐων, ὃν δεῖ καὶ αἰσχύνεσθαι καὶ φοβεῖσθαι μᾶλλον
ἢ σύμπαντας τοὺς ἄλλους; ᾧ εἰ μὴ ἀκολουθήσομεν, δια-

φθεροῦμεν ἐκεῖνο καὶ λωβησόμεθα, ὃ τῷ μὲν δικαίῳ βέλτιον
5 ἐγίγνετο τῷ δὲ ἀδίκῳ ἀπώλλυτο. ἢ οὐδέν ἐστι τοῦτο;

ΚΡ. οἶμαι ἔγωγε, ὦ Σώκρατες.

ΣΩ. φέρε δή, ἐὰν τὸ ὑπὸ τοῦ ὑγιεινοῦ μὲν βέλτιον
γιγνόμενον, ὑπὸ τοῦ νοσώδους δὲ διαφθειρόμενον διολέσωμεν
πειθόμενοι μὴ τῇ τῶν ἐπαϊόντων δόξῃ, ἆρα βιωτὸν ἡμῖν ἐστιν
e διεφθαρμένου αὐτοῦ; ἔστι δέ που τοῦτο σῶμα· ἢ οὐχί;

ΚΡ. ναί.

ΣΩ. ἆρ' οὖν βιωτὸν ἡμῖν ἐστιν μετὰ μοχθηροῦ καὶ
διεφθαρμένου σώματος;

5 ΚΡ. οὐδαμῶς.

ΣΩ. ἀλλὰ μετ' ἐκείνου ἆρ' ἡμῖν βιωτὸν διεφθαρμένου,
ᾧ τὸ ἄδικον μὲν λωβᾶται, τὸ δὲ δίκαιον ὀνίνησιν; ἢ φαυλό-
τερον ἡγούμεθα εἶναι τοῦ σώματος ἐκεῖνο, ὅτι ποτ' ἐστὶ τῶν
48 ἡμετέρων, περὶ ὃ ἥ τε ἀδικία καὶ ἡ δικαιοσύνη ἐστίν;

ΚΡ. οὐδαμῶς.

ΣΩ. ἀλλὰ τιμιώτερον;

ΚΡ. πολύ γε.

5 ΣΩ. οὐκ ἄρα, ὦ βέλτιστε, πάνυ ἡμῖν οὕτω φροντιστέον
τί ἐροῦσιν οἱ πολλοὶ ἡμᾶς, ἀλλ' ὅτι ὁ ἐπαΐων περὶ τῶν
δικαίων καὶ ἀδίκων, ὁ εἷς καὶ αὐτὴ ἡ ἀλήθεια. ὥστε πρῶτον
μὲν ταύτῃ οὐκ ὀρθῶς εἰσηγῇ, εἰσηγούμενος τῆς τῶν πολλῶν
δόξης δεῖν ἡμᾶς φροντίζειν περὶ τῶν δικαίων καὶ καλῶν καὶ
10 ἀγαθῶν καὶ τῶν ἐναντίων. 'ἀλλὰ μὲν δή,' φαίη γ' ἄν
τις, 'οἷοί τέ εἰσιν ἡμᾶς οἱ πολλοὶ ἀποκτεινύναι.'

b ΚΡ. δῆλα δὴ καὶ ταῦτα· φαίη γὰρ ἄν, ὦ Σώκρατες.
ἀληθῆ λέγεις.

ΣΩ. ἀλλ', ὦ θαυμάσιε, οὗτός τε ὁ λόγος ὃν διεληλύθα-
μεν ἔμοιγε δοκεῖ ἔτι ὅμοιος εἶναι καὶ πρότερον· καὶ τόνδε δὲ

αὖ σκόπει εἰ ἔτι μένει ἡμῖν ἢ οὔ, ὅτι οὐ τὸ ζῆν περὶ πλεί- 5
στου ποιητέον ἀλλὰ τὸ εὖ ζῆν.

ΚΡ. ἀλλὰ μένει.

ΣΩ. τὸ δὲ εὖ καὶ καλῶς καὶ δικαίως ὅτι ταὐτόν ἐστιν,
μένει ἢ οὐ μένει;

ΚΡ. μένει.

                                                   10

ΣΩ. οὐκοῦν ἐκ τῶν ὁμολογουμένων τοῦτο σκεπτέον,
πότερον δίκαιον ἐμὲ ἐνθένδε πειρᾶσθαι ἐξιέναι μὴ ἀφιέντων
Ἀθηναίων ἢ οὐ δίκαιον· καὶ ἐὰν μὲν φαίνηται δίκαιον, c
πειρώμεθα, εἰ δὲ μή, ἐῶμεν. ἃς δὲ σὺ λέγεις τὰς σκέψεις
περί τε ἀναλώσεως χρημάτων καὶ δόξης καὶ παίδων τροφῆς,
μὴ ὡς ἀληθῶς ταῦτα, ὦ Κρίτων, σκέμματα ᾖ τῶν ῥᾳδίως
ἀποκτεινύντων καὶ ἀναβιωσκομένων γ’ ἄν, εἰ οἷοί τ’ ἦσαν, 5
οὐδενὶ ξὺν νῷ, τούτων τῶν πολλῶν. ἡμῖν δ’, ἐπειδὴ ὁ λόγος
οὕτως αἱρεῖ, μὴ οὐδὲν ἄλλο σκεπτέον ᾖ ἢ ὅπερ νυνδὴ ἐλέγο-
μεν, πότερον δίκαια πράξομεν καὶ χρήματα τελοῦντες τούτοις
τοῖς ἐμὲ ἐνθένδε ἐξάξουσιν καὶ χάριτας, καὶ αὐτοὶ ἐξάγοντές d
τε καὶ ἐξαγόμενοι, ἢ τῇ ἀληθείᾳ ἀδικήσομεν πάντα ταῦτα
ποιοῦντες· κἂν φαινώμεθα ἄδικα αὐτὰ ἐργαζόμενοι, μὴ οὐ
δέῃ ὑπολογίζεσθαι οὔτ’ εἰ ἀποθνήσκειν δεῖ παραμένοντας καὶ
ἡσυχίαν ἄγοντας, οὔτε ἄλλο ὁτιοῦν πάσχειν πρὸ τοῦ ἀδικεῖν. 5

ΚΡ. καλῶς μέν μοι δοκεῖς λέγειν, ὦ Σώκρατες, ὅρα δὲ
τί δρῶμεν.

ΣΩ. σκοπῶμεν, ὦ ἀγαθέ, κοινῇ, καὶ εἴ πῃ ἔχεις ἀντι-
λέγειν ἐμοῦ λέγοντος, ἀντίλεγε καί σοι πείσομαι· εἰ δὲ μή, e
παῦσαι ἤδη, ὦ μακάριε, πολλάκις μοι λέγων τὸν αὐτὸν
λόγον, ὡς χρὴ ἐνθένδε ἀκόντων Ἀθηναίων ἐμὲ ἀπιέναι· ὡς
ἐγὼ περὶ πολλοῦ ποιοῦμαι πείσας σε ταῦτα πράττειν, ἀλλὰ
μὴ ἄκοντος. ὅρα δὲ δὴ τῆς σκέψεως τὴν ἀρχὴν ἐάν σοι 5
ἱκανῶς λέγηται, καὶ πειρῶ ἀποκρίνεσθαι τὸ ἐρωτώμενον ᾗ 49
ἂν μάλιστα οἴῃ.

ΚΡ. ἀλλὰ πειράσομαι.

ΣΩ. οὐδενὶ τρόπῳ φαμὲν ἑκόντας ἀδικητέον εἶναι, ἢ
5 τινὶ μὲν ἀδικητέον τρόπῳ τινὶ δὲ οὔ; ἢ οὐδαμῶς τό γε
ἀδικεῖν οὔτε ἀγαθὸν οὔτε καλόν, ὡς πολλάκις ἡμῖν καὶ ἐν
τῷ ἔμπροσθεν χρόνῳ ὡμολογήθη; [ὅπερ καὶ ἄρτι ἐλέγετο]
ἢ πᾶσαι ἡμῖν ἐκεῖναι αἱ πρόσθεν ὁμολογίαι ἐν ταῖσδε ταῖς
ὀλίγαις ἡμέραις ἐκκεχυμέναι εἰσίν, καὶ πάλαι, ὦ Κρίτων,
10 ἄρα τηλικοίδε γέροντες ἄνδρες πρὸς ἀλλήλους σπουδῇ δια-
b λεγόμενοι ἐλάθομεν ἡμᾶς αὐτοὺς παίδων οὐδὲν διαφέροντες;
ἢ παντὸς μᾶλλον οὕτως ἔχει ὥσπερ τότε ἐλέγετο ἡμῖν·
εἴτε φασὶν οἱ πολλοὶ εἴτε μή, καὶ εἴτε δεῖ ἡμᾶς ἔτι τῶνδε
χαλεπώτερα πάσχειν εἴτε καὶ πρᾳότερα, ὅμως τό γε ἀδικεῖν
5 τῷ ἀδικοῦντι καὶ κακὸν καὶ αἰσχρὸν τυγχάνει ὂν παντὶ
τρόπῳ; φαμὲν ἢ οὔ;

ΚΡ. φαμέν.

ΣΩ. οὐδαμῶς ἄρα δεῖ ἀδικεῖν.

ΚΡ. οὐ δῆτα.

10 ΣΩ. οὐδὲ ἀδικούμενον ἄρα ἀνταδικεῖν, ὡς οἱ πολλοὶ
οἴονται, ἐπειδή γε οὐδαμῶς δεῖ ἀδικεῖν.

c ΚΡ. οὐ φαίνεται.

ΣΩ. τί δὲ δή; κακουργεῖν δεῖ, ὦ Κρίτων, ἢ οὔ;

ΚΡ. οὐ δεῖ δήπου, ὦ Σώκρατες.

ΣΩ. τί δέ; ἀντικακουργεῖν κακῶς πάσχοντα, ὡς οἱ
5 πολλοί φασιν, δίκαιον ἢ οὐ δίκαιον;

ΚΡ. οὐδαμῶς.

ΣΩ. τὸ γάρ που κακῶς ποιεῖν ἀνθρώπους τοῦ ἀδικεῖν
οὐδὲν διαφέρει.

ΚΡ. ἀληθῆ λέγεις.

10 ΣΩ. οὔτε ἄρα ἀνταδικεῖν δεῖ οὔτε κακῶς ποιεῖν οὐδένα
ἀνθρώπων, οὐδ᾽ ἂν ὁτιοῦν πάσχῃ ὑπ᾽ αὐτῶν. καὶ ὅρα, ὦ
d Κρίτων, ταῦτα καθομολογῶν, ὅπως μὴ παρὰ δόξαν ὁμολογῇς·

οἶδα γὰρ ὅτι ὀλίγοις τισὶ ταῦτα καὶ δοκεῖ καὶ δόξει. οἷς
οὖν οὕτω δέδοκται καὶ οἷς μή, τούτοις οὐκ ἔστι κοινὴ βουλή,
ἀλλὰ ἀνάγκη τούτους ἀλλήλων καταφρονεῖν ὁρῶντας ἀλλή-
λων τὰ βουλεύματα. σκόπει δὴ οὖν καὶ σὺ εὖ μάλα πότε- 5
ρον κοινωνεῖς καὶ συνδοκεῖ σοι καὶ ἀρχώμεθα ἐντεῦθεν
βουλευόμενοι, ὡς οὐδέποτε ὀρθῶς ἔχοντος οὔτε τοῦ ἀδικεῖν
οὔτε τοῦ ἀνταδικεῖν οὔτε κακῶς πάσχοντα ἀμύνεσθαι ἀντι-
δρῶντα κακῶς, ἢ ἀφίστασαι καὶ οὐ κοινωνεῖς τῆς ἀρχῆς;
ἐμοὶ μὲν γὰρ καὶ πάλαι οὕτω καὶ νῦν ἔτι δοκεῖ, σοὶ δὲ εἴ e
πῃ ἄλλῃ δέδοκται, λέγε καὶ δίδασκε. εἰ δ᾽ ἐμμένεις τοῖς
πρόσθε, τὸ μετὰ τοῦτο ἄκουε.

ΚΡ. ἀλλ᾽ ἐμμένω τε καὶ συνδοκεῖ μοι· ἀλλὰ λέγε.

ΣΩ. λέγω δὴ αὖ τὸ μετὰ τοῦτο, μᾶλλον δ᾽ ἐρωτῶ· 5
πότερον ἃ ἄν τις ὁμολογήσῃ τῳ δίκαια ὄντα ποιητέον ἢ
ἐξαπατητέον;

ΚΡ. ποιητέον.

ΣΩ. ἐκ τούτων δὴ ἄθρει. ἀπιόντες ἐνθένδε ἡμεῖς μὴ
πείσαντες τὴν πόλιν πότερον κακῶς τινας ποιοῦμεν, καὶ 50
ταῦτα οὓς ἥκιστα δεῖ, ἢ οὔ; καὶ ἐμμένομεν οἷς ὡμολογή-
σαμεν δικαίοις οὖσιν ἢ οὔ;

ΚΡ. οὐκ ἔχω, ὦ Σώκρατες, ἀποκρίνασθαι πρὸς ὃ ἐρωτᾷς·
οὐ γὰρ ἐννοῶ. 5

ΣΩ. ἀλλ᾽ ὧδε σκόπει. εἰ μέλλουσιν ἡμῖν ἐνθένδε εἴτε
ἀποδιδράσκειν, εἴθ᾽ ὅπως δεῖ ὀνομάσαι τοῦτο, ἐλθόντες οἱ
νόμοι καὶ τὸ κοινὸν τῆς πόλεως ἐπιστάντες ἔροιντο· ‘εἰπέ
μοι, ὦ Σώκρατες, τί ἐν νῷ ἔχεις ποιεῖν; ἄλλο τι ἢ τούτῳ
τῷ ἔργῳ ᾧ ἐπιχειρεῖς διανοῇ τούς τε νόμους ἡμᾶς ἀπολέσαι b
καὶ σύμπασαν τὴν πόλιν τὸ σὸν μέρος; ἢ δοκεῖ σοι οἷόν τε
ἔτι ἐκείνην τὴν πόλιν εἶναι καὶ μὴ ἀνατετράφθαι, ἐν ᾗ ἂν
αἱ γενόμεναι δίκαι μηδὲν ἰσχύωσιν ἀλλὰ ὑπὸ ἰδιωτῶν ἄκυροί
τε γίγνωνται καὶ διαφθείρωνται;’ τί ἐροῦμεν, ὦ Κρίτων, 5

πρὸς ταῦτα καὶ ἄλλα τοιαῦτα; πολλὰ γὰρ ἄν τις ἔχοι, ἄλλως τε καὶ ῥήτωρ, εἰπεῖν ὑπὲρ τούτου τοῦ νόμου ἀπολλυμένου ὃς τὰς δίκας τὰς δικασθείσας προστάττει κυρίας εἶναι.

c ἢ ἐροῦμεν πρὸς αὐτοὺς ὅτι 'ἠδίκει γὰρ ἡμᾶς ἡ πόλις καὶ οὐκ ὀρθῶς τὴν δίκην ἔκρινεν;' ταῦτα ἢ τί ἐροῦμεν;

ΚΡ. ταῦτα νὴ Δία, ὦ Σώκρατες.

ΣΩ. τί οὖν ἂν εἴπωσιν οἱ νόμοι· 'ὦ Σώκρατες, ἦ
5 καὶ ταῦτα ὡμολόγητο ἡμῖν τε καὶ σοί, ἢ ἐμμενεῖν ταῖς δίκαις αἷς ἂν ἡ πόλις δικάζῃ;' εἰ οὖν αὐτῶν θαυμάζοιμεν λεγόντων, ἴσως ἂν εἴποιεν ὅτι 'ὦ Σώκρατες, μὴ θαύμαζε τὰ λεγόμενα ἀλλ' ἀποκρίνου, ἐπειδὴ καὶ εἴωθας χρῆσθαι τῷ ἐρωτᾶν τε καὶ ἀποκρίνεσθαι. φέρε γάρ, τί ἐγκαλῶν

d ἡμῖν καὶ τῇ πόλει ἐπιχειρεῖς ἡμᾶς ἀπολλύναι; οὐ πρῶτον μέν σε ἐγεννήσαμεν ἡμεῖς, καὶ δι' ἡμῶν ἔλαβε τὴν μητέρα σου ὁ πατὴρ καὶ ἐφύτευσέν σε; φράσον οὖν, τούτοις ἡμῶν, τοῖς νόμοις τοῖς περὶ τοὺς γάμους, μέμφῃ τι ὡς οὐ καλῶς
5 ἔχουσιν;' 'οὐ μέμφομαι,' φαίην ἄν. 'ἀλλὰ τοῖς περὶ τὴν τοῦ γενομένου τροφήν τε καὶ παιδείαν ἐν ᾗ καὶ σὺ ἐπαιδεύθης; ἢ οὐ καλῶς προσέταττον ἡμῶν οἱ ἐπὶ τούτῳ τεταγμένοι νόμοι, παραγγέλλοντες τῷ πατρὶ τῷ σῷ σε ἐν

e μουσικῇ καὶ γυμναστικῇ παιδεύειν;' 'καλῶς,' φαίην ἄν. 'εἶεν. ἐπειδὴ δὲ ἐγένου τε καὶ ἐξετράφης καὶ ἐπαιδεύθης, ἔχοις ἂν εἰπεῖν πρῶτον μὲν ὡς οὐχὶ ἡμέτερος ἦσθα καὶ ἔκγονος καὶ δοῦλος, αὐτός τε καὶ οἱ σοὶ πρόγονοι; καὶ εἰ τοῦθ' οὕτως
5 ἔχει, ἆρ' ἐξ ἴσου οἴει εἶναι σοὶ τὸ δίκαιον καὶ ἡμῖν, καὶ ἅττ' ἂν ἡμεῖς σε ἐπιχειρῶμεν ποιεῖν, καὶ σοὶ ταῦτα ἀντιποιεῖν οἴει δίκαιον εἶναι; ἢ πρὸς μὲν ἄρα σοι τὸν πατέρα οὐκ ἐξ ἴσου ἦν τὸ δίκαιον καὶ πρὸς δεσπότην, εἴ σοι ὢν ἐτύγχανεν, ὥστε ἅπερ πάσχοις ταῦτα καὶ ἀντιποιεῖν, οὔτε κακῶς ἀκού-

οντα ἀντιλέγειν οὔτε τυπτόμενον ἀντιτύπτειν οὔτε ἄλλα 51
τοιαῦτα πολλά· πρὸς δὲ τὴν πατρίδα ἄρα καὶ τοὺς νόμους
ἐξέσται σοι, ὥστε, ἐάν σε ἐπιχειρῶμεν ἡμεῖς ἀπολλύναι
δίκαιον ἡγούμενοι εἶναι, καὶ σὺ δὲ ἡμᾶς τοὺς νόμους καὶ
τὴν πατρίδα καθ' ὅσον δύνασαι ἐπιχειρήσεις ἀνταπολλύναι, 5
καὶ φήσεις ταῦτα ποιῶν δίκαια πράττειν, ὁ τῇ ἀληθείᾳ τῆς
ἀρετῆς ἐπιμελόμενος; ἢ οὕτως εἶ σοφὸς ὥστε λέληθέν σε
ὅτι μητρός τε καὶ πατρὸς καὶ τῶν ἄλλων προγόνων ἁπάντων
τιμιώτερόν ἐστιν πατρὶς καὶ σεμνότερον καὶ ἁγιώτερον
καὶ ἐν μείζονι μοίρᾳ καὶ παρὰ θεοῖς καὶ παρ' ἀνθρώποις b
τοῖς νοῦν ἔχουσι, καὶ σέβεσθαι δεῖ καὶ μᾶλλον ὑπείκειν καὶ
θωπεύειν πατρίδα χαλεπαίνουσαν ἢ πατέρα, καὶ ἢ πείθειν ἢ
ποιεῖν ἃ ἂν κελεύῃ, καὶ πάσχειν ἐάν τι προστάττῃ παθεῖν
ἡσυχίαν ἄγοντα, ἐάντε τύπτεσθαι ἐάντε δεῖσθαι, ἐάντε εἰς 5
πόλεμον ἄγῃ τρωθησόμενον ἢ ἀποθανούμενον, ποιητέον
ταῦτα, καὶ τὸ δίκαιον οὕτως ἔχει, καὶ οὐχὶ ὑπεικτέον οὐδὲ
ἀναχωρητέον οὐδὲ λειπτέον τὴν τάξιν, ἀλλὰ καὶ ἐν πολέμῳ
καὶ ἐν δικαστηρίῳ καὶ πανταχοῦ ποιητέον ἃ ἂν κελεύῃ ἡ
πόλις καὶ ἡ πατρίς, ἢ πείθειν αὐτὴν ᾗ τὸ δίκαιον πέφυκε· c
βιάζεσθαι δὲ οὐχ ὅσιον οὔτε μητέρα οὔτε πατέρα, πολὺ δὲ
τούτων ἔτι ἧττον τὴν πατρίδα;' τί φήσομεν πρὸς ταῦτα, ὦ
Κρίτων; ἀληθῆ λέγειν τοὺς νόμους ἢ οὔ;
ΚΡ. ἔμοιγε δοκεῖ. 5
ΣΩ. 'σκόπει τοίνυν, ὦ Σώκρατες,' φαῖεν ἂν ἴσως οἱ
νόμοι, 'εἰ ἡμεῖς ταῦτα ἀληθῆ λέγομεν, ὅτι οὐ δίκαια ἡμᾶς
ἐπιχειρεῖς δρᾶν ἃ νῦν ἐπιχειρεῖς. ἡμεῖς γάρ σε γεννήσαντες,
ἐκθρέψαντες, παιδεύσαντες, μεταδόντες ἁπάντων ὧν οἷοί τ'
ἦμεν καλῶν σοὶ καὶ τοῖς ἄλλοις πᾶσιν πολίταις, ὅμως προ- d
αγορεύομεν τῷ ἐξουσίαν πεποιηκέναι Ἀθηναίων τῷ βουλομένῳ,

ἐπειδὰν δοκιμασθῇ καὶ ἴδῃ τὰ ἐν τῇ πόλει πράγματα καὶ
ἡμᾶς τοὺς νόμους, ᾧ ἂν μὴ ἀρέσκωμεν ἡμεῖς, ἐξεῖναι λαβόντα
5 τὰ αὑτοῦ ἀπιέναι ὅποι ἂν βούληται. καὶ οὐδεὶς ἡμῶν τῶν
νόμων ἐμποδών ἐστιν οὐδ' ἀπαγορεύει, ἐάντε τις βούληται
ὑμῶν εἰς ἀποικίαν ἰέναι, εἰ μὴ ἀρέσκοιμεν ἡμεῖς τε καὶ ἡ
πόλις, ἐάντε μετοικεῖν ἄλλοσέ ποι ἐλθών, ἰέναι ἐκεῖσε ὅποι
e ἂν βούληται, ἔχοντα τὰ αὑτοῦ. ὃς δ' ἂν ὑμῶν παραμείνῃ,
ὁρῶν ὃν τρόπον ἡμεῖς τάς τε δίκας δικάζομεν καὶ τἆλλα τὴν
πόλιν διοικοῦμεν, ἤδη φαμὲν τοῦτον ὡμολογηκέναι ἔργῳ ἡμῖν
ἃ ἂν ἡμεῖς κελεύωμεν ποιήσειν ταῦτα, καὶ τὸν μὴ πειθόμενον
5 τριχῇ φαμεν ἀδικεῖν, ὅτι τε γεννηταῖς οὖσιν ἡμῖν οὐ πεί-
θεται, καὶ ὅτι τροφεῦσι, καὶ ὅτι ὁμολογήσας ἡμῖν πείσεσθαι
οὔτε πείθεται οὔτε πείθει ἡμᾶς, εἰ μὴ καλῶς τι ποιοῦμεν,
52 προτιθέντων ἡμῶν καὶ οὐκ ἀγρίως ἐπιταττόντων ποιεῖν ἃ ἂν
κελεύωμεν, ἀλλὰ ἐφιέντων δυοῖν θάτερα, ἢ πείθειν ἡμᾶς ἢ
ποιεῖν, τούτων οὐδέτερα ποιεῖ. ταύταις δή φαμεν καὶ σέ, ὦ
Σώκρατες, ταῖς αἰτίαις ἐνέξεσθαι, εἴπερ ποιήσεις ἃ ἐπινοεῖς,
5 καὶ οὐχ ἥκιστα Ἀθηναίων σέ, ἀλλ' ἐν τοῖς μάλιστα.' εἰ οὖν
ἐγὼ εἴποιμι· 'διὰ τί δή;' ἴσως ἄν μου δικαίως καθάπτοιντο
λέγοντες ὅτι ἐν τοῖς μάλιστα Ἀθηναίων ἐγὼ αὐτοῖς ὡμολο-
γηκὼς τυγχάνω ταύτην τὴν ὁμολογίαν. φαῖεν γὰρ ἂν ὅτι
e 'ὦ Σώκρατες, μεγάλα ἡμῖν τούτων τεκμήριά ἐστιν, ὅτι σοι
καὶ ἡμεῖς ἠρέσκομεν καὶ ἡ πόλις· οὐ γὰρ ἄν ποτε τῶν ἄλλων
Ἀθηναίων ἁπάντων διαφερόντως ἐν αὐτῇ ἐπεδήμεις εἰ μή σοι
διαφερόντως ἤρεσκεν, καὶ οὔτ' ἐπὶ θεωρίαν πώποτ' ἐκ τῆς
5 πόλεως ἐξῆλθες, ὅτι μὴ ἅπαξ εἰς Ἰσθμόν, οὔτε ἄλλοσε
οὐδαμόσε, εἰ μή ποι στρατευσόμενος, οὔτε ἄλλην ἀποδημίαν
ἐποιήσω πώποτε ὥσπερ οἱ ἄλλοι ἄνθρωποι, οὐδ' ἐπιθυμία σε
ἄλλης πόλεως οὐδὲ ἄλλων νόμων ἔλαβεν εἰδέναι, ἀλλὰ ἡμεῖς

σοι ἱκανοὶ ἦμεν καὶ ἡ ἡμετέρα πόλις· οὕτω σφόδρα ἡμᾶς c
ᾑροῦ καὶ ὡμολόγεις καθ᾿ ἡμᾶς πολιτεύσεσθαι, τά τε ἄλλα καὶ
παῖδας ἐν αὐτῇ ἐποιήσω, ὡς ἀρεσκούσης σοι τῆς πόλεως. ἔτι
τοίνυν ἐν αὐτῇ τῇ δίκῃ ἐξῆν σοι φυγῆς τιμήσασθαι εἰ ἐβού-
λου, καὶ ὅπερ νῦν ἀκούσης τῆς πόλεως ἐπιχειρεῖς, τότε 5
ἑκούσης ποιῆσαι. σὺ δὲ τότε μὲν ἐκαλλωπίζου ὡς οὐκ ἀγα-
νακτῶν εἰ δέοι τεθνάναι σε, ἀλλὰ ᾑροῦ, ὡς ἔφησθα, πρὸ τῆς
φυγῆς θάνατον· νῦν δὲ οὔτ᾿ ἐκείνους τοὺς λόγους αἰσχύνῃ,
οὔτε ἡμῶν τῶν νόμων ἐντρέπῃ, ἐπιχειρῶν διαφθεῖραι, πράτ-
τεις τε ἅπερ ἂν δοῦλος ὁ φαυλότατος πράξειεν, ἀποδιδράσκειν d
ἐπιχειρῶν παρὰ τὰς συνθήκας τε καὶ τὰς ὁμολογίας καθ᾿ ἃς
ἡμῖν συνέθου πολιτεύεσθαι. πρῶτον μὲν οὖν ἡμῖν τοῦτ᾿ αὐτὸ
ἀπόκριναι, εἰ ἀληθῆ λέγομεν φάσκοντές σε ὡμολογηκέναι
πολιτεύσεσθαι καθ᾿ ἡμᾶς ἔργῳ ἀλλ᾿ οὐ λόγῳ, ἢ οὐκ ἀληθῆ.᾿ 5
τί φῶμεν πρὸς ταῦτα, ὦ Κρίτων; ἄλλο τι ἢ ὁμολογῶμεν;

ΚΡ. ἀνάγκη, ὦ Σώκρατες.

ΣΩ. ᾿ἄλλο τι οὖν,᾿ ἂν φαῖεν, ᾿ἢ συνθήκας τὰς πρὸς
ἡμᾶς αὐτοὺς καὶ ὁμολογίας παραβαίνεις, οὐχ ὑπὸ ἀνάγκης
ὁμολογήσας οὐδὲ ἀπατηθεὶς οὐδὲ ἐν ὀλίγῳ χρόνῳ ἀναγκασθεὶς e
βουλεύσασθαι, ἀλλ᾿ ἐν ἔτεσιν ἑβδομήκοντα, ἐν οἷς ἐξῆν σοι
ἀπιέναι, εἰ μὴ ἠρέσκομεν ἡμεῖς μηδὲ δίκαιαι ἐφαίνοντό σοι
αἱ ὁμολογίαι εἶναι. σὺ δὲ οὔτε Λακεδαίμονα προῃροῦ οὔτε 5
Κρήτην, ἃς δὴ ἑκάστοτε φῂς εὐνομεῖσθαι, οὔτε ἄλλην οὐδε-
μίαν τῶν Ἑλληνίδων πόλεων οὐδὲ τῶν βαρβαρικῶν, ἀλλὰ 53
ἐλάττω ἐξ αὐτῆς ἀπεδήμησας ἢ οἱ χωλοί τε καὶ τυφλοὶ καὶ
οἱ ἄλλοι ἀνάπηροι· οὕτω σοι διαφερόντως τῶν ἄλλων Ἀθη-
ναίων ἤρεσκεν ἡ πόλις τε καὶ ἡμεῖς οἱ νόμοι δῆλον ὅτι· τίνι
γὰρ ἂν πόλις ἀρέσκοι ἄνευ νόμων; νῦν δὲ δὴ οὐκ ἐμμενεῖς 5
τοῖς ὡμολογημένοις; ἐὰν ἡμῖν γε πείθῃ, ὦ Σώκρατες· καὶ
οὐ καταγέλαστός γε ἔσῃ ἐκ τῆς πόλεως ἐξελθών.

"σκόπει γὰρ δή, ταῦτα παραβὰς καὶ ἐξαμαρτάνων τι τούτων τί ἀγαθὸν ἐργάσῃ σαυτὸν ἢ τοὺς ἐπιτηδείους τοὺς

b σαυτοῦ. ὅτι μὲν γὰρ κινδυνεύσουσί γέ σου οἱ ἐπιτήδειοι καὶ αὐτοὶ φεύγειν καὶ στερηθῆναι τῆς πόλεως ἢ τὴν οὐσίαν ἀπολέσαι, σχεδόν τι δῆλον· αὐτὸς δὲ πρῶτον μὲν ἐὰν εἰς τῶν ἐγγύτατά τινα πόλεων ἔλθῃς, ἢ Θήβαζε ἢ Μέγαράδε—

5 εὐνομοῦνται γὰρ ἀμφότεραι—πολέμιος ἥξεις, ὦ Σώκρατες, τῇ τούτων πολιτείᾳ, καὶ ὅσοιπερ κήδονται τῶν αὑτῶν πόλεων ὑποβλέψονταί σε διαφθορέα ἡγούμενοι τῶν νόμων, καὶ βεβαιώσεις τοῖς δικασταῖς τὴν δόξαν, ὥστε δοκεῖν ὀρθῶς τὴν

c δίκην δικάσαι· ὅστις γὰρ νόμων διαφθορεύς ἐστιν σφόδρα που δόξειεν ἂν νέων γε καὶ ἀνοήτων ἀνθρώπων διαφθορεὺς εἶναι. πότερον οὖν φεύξῃ τάς τε εὐνομουμένας πόλεις καὶ τῶν ἀνδρῶν τοὺς κοσμιωτάτους; καὶ τοῦτο ποιοῦντι ἄρα ἄξιόν

5 σοι ζῆν ἔσται; ἢ πλησιάσεις τούτοις καὶ ἀναισχυντήσεις διαλεγόμενος—τίνας λόγους, ὦ Σώκρατες; ἢ οὕσπερ ἐνθάδε, ὡς ἡ ἀρετὴ καὶ ἡ δικαιοσύνη πλείστου ἄξιον τοῖς ἀνθρώποις καὶ τὰ νόμιμα καὶ οἱ νόμοι; καὶ οὐκ οἴει ἄσχημον [ἂν]

d φανεῖσθαι τὸ τοῦ Σωκράτους πρᾶγμα; οἴεσθαί γε χρή. ἀλλ' ἐκ μὲν τούτων τῶν τόπων ἀπαρεῖς, ἥξεις δὲ εἰς Θετταλίαν παρὰ τοὺς ξένους τοὺς Κρίτωνος; ἐκεῖ γὰρ δὴ πλείστη ἀταξία καὶ ἀκολασία, καὶ ἴσως ἂν ἡδέως σου ἀκούοιεν ὡς γελοίως

5 ἐκ τοῦ δεσμωτηρίου ἀπεδίδρασκες σκευήν τέ τινα περιθέμενος, ἢ διφθέραν λαβὼν ἢ ἄλλα οἷα δὴ εἰώθασιν ἐνσκευάζεσθαι οἱ ἀποδιδράσκοντες, καὶ τὸ σχῆμα τὸ σαυτοῦ μεταλλάξας· ὅτι δὲ γέρων ἀνήρ, σμικροῦ χρόνου τῷ βίῳ λοιποῦ ὄντος ὡς τὸ

e εἰκός, ἐτόλμησας οὕτω γλίσχρως ἐπιθυμεῖν ζῆν, νόμους τοὺς μεγίστους παραβάς, οὐδεὶς ὃς ἐρεῖ; ἴσως, ἂν μή τινα λυπῇς· εἰ δὲ μή, ἀκούσῃ, ὦ Σώκρατες, πολλὰ καὶ ἀνάξια σαυτοῦ.

ΚΡΙΤΩΝ

53e

ὑπερχόμενος δὴ βιώσῃ πάντας ἀνθρώπους καὶ δουλεύων—
τί ποιῶν ἢ εὐωχούμενος ἐν Θετταλίᾳ, ὥσπερ ἐπὶ δεῖπνον 5
ἀποδεδημηκὼς εἰς Θετταλίαν; λόγοι δὲ ἐκεῖνοι οἱ περὶ
δικαιοσύνης τε καὶ τῆς ἄλλης ἀρετῆς ποῦ ἡμῖν ἔσονται; ἀλλὰ 54
δὴ τῶν παίδων ἕνεκα βούλει ζῆν, ἵνα αὐτοὺς ἐκθρέψῃς καὶ
παιδεύσῃς; τί δέ; εἰς Θετταλίαν αὐτοὺς ἀγαγὼν θρέψεις τε
καὶ παιδεύσεις, ξένους ποιήσας, ἵνα καὶ τοῦτο ἀπολαύσωσιν;
ἢ τοῦτο μὲν οὔ, αὐτοῦ δὲ τρεφόμενοι σοῦ ζῶντος βέλτιον 5
θρέψονται καὶ παιδεύσονται μὴ συνόντος σοῦ αὐτοῖς; οἱ γὰρ
ἐπιτήδειοι οἱ σοὶ ἐπιμελήσονται αὐτῶν. πότερον ἐὰν μὲν εἰς
Θετταλίαν ἀποδημήσῃς, ἐπιμελήσονται, ἐὰν δὲ εἰς Ἅιδου
ἀποδημήσῃς, οὐχὶ ἐπιμελήσονται; εἴπερ γέ τι ὄφελος αὐτῶν
ἐστιν τῶν σοι φασκόντων ἐπιτηδείων εἶναι, οἴεσθαί γε χρή. b
    ἀλλ', ὦ Σώκρατες, πειθόμενος ἡμῖν τοῖς σοῖς τροφεῦσι
μήτε παῖδας περὶ πλείονος ποιοῦ μήτε τὸ ζῆν μήτε ἄλλο
μηδὲν πρὸ τοῦ δικαίου, ἵνα εἰς Ἅιδου ἐλθὼν ἔχῃς πάντα ταῦτα
ἀπολογήσασθαι τοῖς ἐκεῖ ἄρχουσιν· οὔτε γὰρ ἐνθάδε 5
σοι φαίνεται ταῦτα πράττοντι ἄμεινον εἶναι οὐδὲ δικαιότερον
οὐδὲ ὁσιώτερον, οὐδὲ ἄλλῳ τῶν σῶν οὐδενί, οὔτε ἐκεῖσε
ἀφικομένῳ ἄμεινον ἔσται. ἀλλὰ νῦν μὲν ἠδικημένος ἄπει,
ἐὰν ἀπίῃς, οὐχ ὑφ' ἡμῶν τῶν νόμων ἀλλὰ ὑπ' ἀνθρώπων· c
ἐὰν δὲ ἐξέλθῃς οὕτως αἰσχρῶς ἀνταδικήσας τε καὶ ἀντικα-
κουργήσας, τὰς σαυτοῦ ὁμολογίας τε καὶ συνθήκας τὰς πρὸς
ἡμᾶς παραβὰς καὶ κακὰ ἐργασάμενος τούτους οὓς ἥκιστα
ἔδει, σαυτόν τε καὶ φίλους καὶ πατρίδα καὶ ἡμᾶς, ἡμεῖς τέ 5
σοι χαλεπανοῦμεν ζῶντι, καὶ ἐκεῖ οἱ ἡμέτεροι ἀδελφοὶ οἱ ἐν
Ἅιδου νόμοι οὐκ εὐμενῶς σε ὑποδέξονται, εἰδότες ὅτι καὶ
ἡμᾶς ἐπεχείρησας ἀπολέσαι τὸ σὸν μέρος. ἀλλὰ μή σε
πείσῃ Κρίτων ποιεῖν ἃ λέγει μᾶλλον ἢ ἡμεῖς.' d
    ταῦτα, ὦ φίλε ἑταῖρε Κρίτων, εὖ ἴσθι ὅτι ἐγὼ δοκῶ

ἀκούειν, ὥσπερ οἱ κορυβαντιῶντες τῶν αὐλῶν δοκοῦσιν
ἀκούειν, καὶ ἐν ἐμοὶ αὕτη ἡ ἠχὴ τούτων τῶν λόγων βομβεῖ
5 καὶ ποιεῖ μὴ δύνασθαι τῶν ἄλλων ἀκούειν· ἀλλὰ ἴσθι, ὅσα γε
τὰ νῦν ἐμοὶ δοκοῦντα, ἐὰν λέγῃς παρὰ ταῦτα, μάτην ἐρεῖς.
ὅμως μέντοι εἴ τι οἴει πλέον ποιήσειν, λέγε.

ΚΡ. ἀλλ᾽, ὦ Σώκρατες, οὐκ ἔχω λέγειν.

e ΣΩ. ἔα τοίνυν, ὦ Κρίτων, καὶ πράττωμεν ταύτῃ, ἐπειδὴ
ταύτῃ ὁ θεὸς ὑφηγεῖται.

126

Glossary

λύω, λύσω, ἔλυσα, λέλυκα, λέλυμαι, ἐλύθην: loosen, ransom

	PRESENT		**FUTURE**		
	Active	Middle/Pass.	Active	Middle	Passive
Primary Indicative	λύω λύεις λύει λύομεν λύετε λύουσι(ν)	λύομαι λύε(σ)αι λύεται λυόμεθα λύεσθε λύονται	λύσω λύσεις λύσει λύσομεν λύσετε λύσουσι(ν)	λύσομαι λύσε(σ)αι λύσεται λυσόμεθα λύσεσθε λύσονται	λυθήσομαι λυθήσε(σ)αι λυθήσεται λυθησόμεθα λυθήσεσθε λυθήσονται
Secondary Indicative	ἔλυον ἔλυες ἔλυε(ν) ἐλύομεν ἐλύετε ἔλυον	ἐλυόμην ἐλύε(σ)ο ἐλύετο ἐλυόμεθα ἐλύεσθε ἐλύοντο			
Subjunctive	λύω λύῃς λύῃ λύωμεν λύητε λύωσι(ν)	λύωμαι λύῃ λύηται λυώμεθα λύησθε λύωνται			
Optative	λύοιμι λύοις λύοι λύοιμεν λύοιτε λύοιεν	λυοίμην λύοιο λύοιτο λυοίμεθα λύοισθε λύοιντο	λύσοιμι λύσοις λύσοι λύσοιμεν λύσοιτε λύσοιεν	λυσοίμην λύσοιο λύσοιτο λυσοίμεθα λύσοισθε λύσοιντο	λυθησοίμην λυθήσοιο λυθήσοιτο λυθησοίμεθα λυθήσοισθε λυθήσοιντο
Imp	λῦε λύετε	λύε(σ)ο λύεσθε			
Pple	λύων, λύουσα, λύον	λυόμενος, λυομένη, λυόμενον	λύσων, λύσουσα, λύσον	λυσόμενος, λυσομένη, λυσόμενον	λυθησόμενος, λυθησομένη, λυθησόμενον
Inf.	λύειν	λύεσθαι	λύσειν	λύσεσθαι	λυθήσεσθαι

2nd sg. mid/pass -σ is often dropped except in pf. and plpf. tenses: ε(σ)αι → ῃ,ει   ε(σ)ο → ου

AORIST			PERFECT		
Active	Middle	Passive	Middle	Passive	
			λέλυκα λέλυκας λέλυκε λελύκαμεν λελύκατε λελύκασι(ν)	λέλυμαι λέλυσαι λέλυται λελύμεθα λέλυσθε λελύνται	**Primary Indiative**
ἔλυσα ἔλυσας ἔλυε(ν) ἐλύσαμεν ἐλύσατε ἔλυσαν	ἐλυσάμην ἐλύσα(σ)ο ἐλύσατο ἐλυσάμεθα ἐλύσασθε ἐλύσαντο	ἐλύθην ἐλύθης ἐλύθη ἐλύθημεν ἐλύθητε ἐλύθησαν	ἐλελύκη ἐλελύκης ἐλελύκει ἐλελύκεμεν ἐλελύκετε ἐλελύκεσαν	ἐλελύμην ἐλέλυσο ἐλέλυτο ἐλελύμεθα ἐλέλυσθε ἐλέλυντο	**Secondary Indiative**
λύσω λύσῃς λύσῃ λύσωμεν λύσητε λύσωσι(ν)	λύσωμαι λύσῃ λύσηται λυσώμεθα λύσησθε λύσωνται	λυθῶ λυθῇς λυθῇ λυθῶμεν λυθῆτε λυθῶσι(ν)	λελύκω λελύκῃς λελύκῃ λελύκωμεν λελύκητε λελύκωσι(ν)	λελυμένος ὦ ———— ᾖς ———— ᾖ ———— ὦμεν ———— ἦτε ———— ὦσιν	**Subjunctive**
λύσαιμι λύσαις λύσαι λύσαιμεν λύσαιτε λύσαιεν	λυσαίμην λύσαιο λύσαιτο λυσαίμεθα λύσαισθε λύσαιντο	λυθείην λυθείης λυθείη λυθεῖμεν λυθεῖτε λυθεῖεν	λελύκοιμι λελύκοις λελύκοι λελύκοιμεν λελύκοιτε λελύκοιεν	λελυμένος εἴην ———— εἴης ———— εἴη ———— εἴημεν ———— εἴητε ———— εἴησαν	**Optative**
λῦσον λύσατε	λῦσαι λύσασθε	λύθητι λύθητε		λέλυσο λέλυσθε	**Imp**
λύσᾱς, λύσᾱσα, λῦσαν	λυσάμενος, λυσαμένη, λυσάμενον	λυθείς, λυθεῖσα, λυθέν	λελυκώς, λελυκυῖα λελυκός	λελυμένος, λελυμένη λελυμένον	**Pple**
λῦσαι	λύσασθαι	λυθῆναι	λελυκέναι	λελύσθαι	**Inf.**

Adapted from a handout by Dr. Helma Dik (http://classics.uchicago.edu/faculty/dik/niftygreek)

δίδωμι, δώσω, ἔδωκα, δέδωκα, δέδομαι, ἐδόθην: give

	Present	Imperfect	Aorist
Active	δίδωμι δίδομεν δίδως δίδοτε δίδωσιν διδόασιν	ἐδίδουν ἐδίδομεν ἐδίδους ἐδίδοτε ἐδίδου ἐδίδοσαν	ἔδωκα ἔδομεν ἔδωκας ἔδοτε ἔδωκεν ἔδοσαν
Imp	δίδου δίδοτε		δός δότε
Pple	διδούς, διδοῦσα, διδόν διδόντος, -ούσης, -όντος		δούς, δοῦσα, δόν δόντος, δούσης, δόντος
Inf.	διδόναι		δοῦναι, δόμεναι
Middle	δίδομαι διδόμεθα δίδοσαι δίδοσθε δίδοται δίδονται	ἐδιδόμην ἐδιδόμεθα ἐδίδοσο ἐδίδοσθε ἐδίδοτο ἐδίδοντο	ἐδόμην ἐδόμεθα ἔδου ἔδοσθε ἔδοτο ἔδοντο
Imp	δίδου δίδοσθε		δοῦ δόσθε
Pple	διδόμενος, η, ον		δόμενος, η, ον
Inf.	δίδοσθαι		δόσθαι

τίθημι, θήσω[64], ἔθηκα, τέθηκα, τέθειμαι, ἐτέθην: put, place; make

	Present	Imperfect	Aorist
Active	τίθημι τίθεμεν τίθης τίθετε τίθησιν τιθέασιν	ἐτίθην ἐτίθεμεν ἐτίθεις ἐτίθετε ἐτίθει ἐτίθεσαν	ἔθηκα ἔθεμεν ἔθηκας ἔθετε ἔθηκεν ἔθεσαν
Imp	τίθει τίθετε		θές θέτε
Pple	τιθείς, τιθεῖσα, τιθέν τιθέντος, -είσης, -έντος		θείς, θεῖσα, θέν θέντος, θεῖσα, θέντος
Inf.	τιθέναι		θεῖναι
Middle	τίθεμαι τιθέμεθα τίθεσαι τίθεσθε τίθεται τίθενται	ἐτιθέμην ἐτιθέμεθα ἐτίθεσο ἐτίθεσθε ἐτίθετο ἐτίθεντο	ἐθέμην ἐθέμεθα ἔθου ἔθεσθε ἔθετο ἔθεντο
Imp	τίθεσο τίθεσθε		θοῦ θέσθε
Pple	τιθέμενος, η, ον		θέμενος, η, ον
Inf.	τίθεσθαι		θέσθαι

ἵημι, ἥσω, ἧκα, εἷκα, εἷμαι, εἵθην: send, release, let go

	Present	Imperfect	Aorist
Active	ἵημι ἵεμεν ἵης ἵετε ἵησιν ἱᾶσι	ἵην ἵεμεν ἵεις ἵετε ἵει ἵεσαν	ἧκα εἷμεν ἧκας εἷτε ἧκεν εἷσαν
Imp	ἵει ἵετε		ἕς ἕτε
Pple	ἱείς, ἱεῖσα, ἱέν ἱέντος, ἱείσης, ἱέντος		εἵς, εἷσα, ἕν ἕντος, εἵσης, ἕντος
Inf.	ἱέναι, epic ἱέμεναι[75]		εἷναι
Middle	ἵεμαι ἱέμεθα ἵεσαι ἵεσθε ἵεται ἵενται	ἱέμην ἱέμεθα ἵεσο ἵεσθε ἵετο ἵεντο	εἵμην εἵμεθα εἷσο εἷσθε εἷτο εἷντο
Imp	ἵεσο ἵεσθε		οὗ ἕσθε
Pple	ἱέμενος, η, ον		ἕμενος, η, ον
Inf.	ἵεσθαι		ἕσθαι

ἵστημι, στήσω[89], ἔστην, ἔστηκα, ἔσταμαι, ἐστάθην: stand (still), stop

	Present	1st Aorist (transitive)	Aorist (intransitive)
Active	ἵστημι ἵσταμεν ἵστης ἵστατε ἵστησιν ἱστᾶσιν	ἔστησα ἐστήσαμεν ἔστησας ἐστήσατε ἔστησε ἔστησαν	ἔστην ἔστημεν ἔστης ἔστητε ἔστη ἔστ(ησ)αν
Imp	ἵστη ἵστατε	στῆσον στήσατε	στῆθι στῆτε
Pple	ἱστάς, ἱστᾶσα, ἱστάν ἱστάντος, ἱστᾶσα, ἱστάντος	στήσας, ᾶσα, άν	στάς, στᾶσα, στάν στάντος στάσης στάντος
Inf.	ἱστάναι	στῆσαι	στῆναι, στήμεναι
Middle	ἵσταμαι ἱστάμεθα ἵστασαι ἵστασθε ἵσταται ἵστανται		ἐστησάμην ἐστησάμεθα ἐστήσω ἐστήσασθε ἐστήσατο ἐστήσαντο
Imp	ἵστασο ἵστασθε		στῆσαι στήσασθε
Pple	ἱστάμενος, η, ον		στησάμενος, η, ον
Inf.	ἵστασθαι		στήσασθαι

οἶδα: to know (pf. with pres. sense)

	Perfect		Pluperfect		
Active	οἶδα	ἴσμεν	ᾔδη	ᾖσμεν	
	οἶσθα	ἴστε	ᾔδησθα	ᾖστε	
	οἶδε	ἴσᾱσι	ᾔδει	ᾖσαν	
Imp	ἴσθι	ἴστε			
Pple	εἰδώς, εἰδυῖα, εἰδός				
	εἰδότος, εἰδυίᾱς, εἰδότος				
Inf.	εἰδέναι				
subj/opt	εἰδῶ	εἰδῶμεν	εἰδείην	εἰδεῖμεν	
	εἰδῇς	εἰδῆτε	εἰδείης	εἰδεῖτε	
	εἰδῇ	εἰδῶσι	εἰδείη	εἰδεῖεν	

εἰμί (to be)

	Present		Imperfect		
Active	εἰμί	ἐσμέν	ἦ, ἦν	ἦμεν	
	εἶ	ἐστέ	ἦσθα	ἦτε	
	ἐστίν	εἰσίν	ἦν	ἦσαν	
Imp	ἴσθι	ἔστε			
Pple	ὤν, οὖσα, ὄν				
	ὄντος, οὔσης, ὄντος				
Inf.	εἶναι				
subj/opt	ὦ	ὦμεν	εἴην	εἶμεν	
	ᾖς	ἦτε	εἴης	εἶτε	
	ᾖ	ὦσιν	εἴη	εἶεν	

εἶμι (to go; pres. indicate used as the fut. of ἔρχομαι)

	Present		Imperfect		
Active	εἶμι	ἴμεν	ᾖα	ᾖμεν	
	εἶ	ἴτε	ᾔεισθα	ᾖτε	
	εἶσι	ἴᾱσιν	ᾔειν	ᾖσαν	
Imp	ἴθι	ἴτε			
Pple	ἰών, ἰοῦσα, ἰόν				
	ἰόντος, ἰούσης, ἰόντος				
Inf.	ἰέναι				
subj/opt	ἴω	ἴωμεν	ἴοιμι	ἴοιμεν	
	ἴῃς	ἴητε	ἴοις	ἴοιτε	
	ἴῃ	ἴωσιν	ἴοι	ἴοιεν	

Lysias and Plato's *Crito*:
Running High Frequency Vocabulary List

Below is a running list of words in Lysias I and Plato's *Crito* that are also high frequency words in all of Greek literature. The original high frequency list of 529 words, which account for about 70% of the words in an average classical Greek text, was compiled by Dr. Wilfred Major (Louisiana State U.) and Dr. Anne Mahoney (Tufts U.) and may be found at dcc.dickinson.edu. Lysias I contains 214 of these words; the *Crito*, 273; and Lysias I and the *Crito* combined contain 327 of the original 529 words. The following is a running list of the 327 words that readers will encounter when they read first Lysias I and then Plato's *Crito*. Digital flashcards and a running list for those who are reading just the *Crito* are available online. The number in the left column corresponds to the page in the commentary where the Greek word first occurs; the number on the right, to the number of occurences in the work.

Lysias I (pp. 2-31)

02 ἀλλά: but, 15
02 ἀνήρ, ἀνδρός, ὁ: a man, 27
02 ἀπο-δίδωμι, δώσω, -ἔδωκα, -δέδωκα, -δέδομαι, -εδόθην: give back, allow, assign 2
02 ἄλλος, -η, -ο: other, one...another, 8
02 ἄν: modal adv., 21
02 αὐτός, -ή, -ό: -self; he, she, it; the same, 47
02 δύναμαι, δυνήσομαι, --, --, δεδύνημαι, ἐδυνήθην: to be able, can, be capable, 20
02 ἐν: in, on, among. (+ dat.), 16
02 ἐπί: near, at (+ gen.), to, toward (+ acc), near, at (+ dat.), 15
02 ἔχω, ἕξω, ἔσχον, ἔσχηκα, ἔσχημαι, --:have, hold, possess; be able; be disposed, 13
02 εἰ: if, whether, 13
02 εἰμί, ἔσομαι: to be, exist, 161
02 εὖ: well, 2
02 γάρ: for, since, 31
02 γίνομαι, γενήσομαι, ἐγένομην, γέγονα, γεγένημαι, --: to come to be, become, 19
02 ἡγέομαι, ἡγήσομαι, ἡγησάμην,--, ἥγημαι, ἡγήθην: lead; consider, believe, 14
02 καί: and, also, even, too, 107
02 μικρός, -ή, -όν: small, little; trifle, 2
02 μόνος, -η, -ον: alone, only, solitary, 6
02 ὅς, ἥ, ὅ: who, which, that, 20
02 ὅσπερ, ἥπερ, ὅπερ: very one who, which, 5
02 ὅστις, ἥτις, ὅ τι: whoever, whatever, 6
02 ὅτι: that; because, 17
02 ὁ, ἡ, τό: the
02 οἶδα, ἔσομαι, ἤδη, --, --, -- : to know, 21
02 οὗτος, αὕτη, τοῦτο: this, these, 51
02 οὐ, οὐκ, οὐχ: not, 21
02 οὕτως: in this way, thus, so, 17
02 πάσχω, πείσομαι, ἔπαθον, πέπονθα, --, -- : to suffer, experience, 2
02 πᾶς, πᾶσα, πᾶν: every, all, the whole, 18
02 παρά: from, at, to the side of; in respect to, 9
02 περί: around, about, concerning (+ gen., dat., acc.), 17

02 ποιέω, ποιήσω, ἐποίησα, πεποίηκα, πεποίημαι, ἐποιήθην: to do, make, create, 16

02 πολύς, πολλά, πολύ: much, many, 7

02 πρᾶγμα, τό: deed, act; affair, trouble, 6

02 πρός: to, towards (acc); near, in addition, 7

02 τοιοῦτος, -αύτη, -οῦτο: such, 16

02 τυγχάνω, τεύξομαι, ἔτυχον, τετύχηκα, --, --: to chance upon, get; happen, 6

02 ὑμεῖς: you, 19

02 ὦ: O! oh! (in direct address) 25

02 ὥστε: so that, that, so as to, 8

03 ἄνθρωπος, ὁ: human being, person, 10

03 αἴτιος, -α, -ον: responsible, blameworthy, 2

03 δέ: but, and, on the other hand, 69

03 δεῖ: it is necessary, must, ought (inf.), 5

03 δεινός, -ή, -όν: terrible; wondrous, clever, 3

03 δια-φθείρω, φθερῶ, ἔφθειρα, ἔφθορα, ἔφθαρμαι, εφθάρην: corrupt, lead astray, destroy 5

03 διάνοια, ἡ: thought, intention, purpose, 1

03 ἐκεῖνος, -η, -ον: that, those, 27

03 ἐμός, -ή, -όν: my, mine, 10

03 ἐπιδείκνυμι, -δείξω, -έδειξα, -δέδειχα, -δέδειγμαι, -ἐδείχθην: to prove, point out, show 4

03 ἔργον, τό: work, labor, deed, act, 3

03 εἰς: into, to, in regard to (+ acc.), 21

03 ἤ: or (either...or); than, 18

03 μέγεθος, --εος, τό: magnitude, size, 1

03 μέν: on the one hand, 34

03 νομίζω, νομιῶ, ἐνόμισα, νενόμικα, νενόμισμαι, ἐνομίσθην: believe, think, deem, 4

03 οἰκία, ἡ: a house, home, dwelling, 10

03 οἴομαι, οἶμαι, οἰήσομαι, --, --, ᾠήθην: to suppose, think, imagine, 4

03 οὖν: and so, then; at all events, 10

03 οὐδ-είς, οὐδε-μία, οὐδ-έν: no one, nothing, 15

03 οὔ-τε: and not, neither...nor, 11

03 παῖς, παιδός, ὁ, ἡ: a child, boy, girl; slave, 4

03 πλήν: except, but (+ gen.), 4

03 τε: both, and, 8

03 ὡς: as, thus, so, that; when, since, 19

04 ἀρχή, ἡ: beginning; rule, office, 1

04 ἄγω, ἄξω, ἤγαγον, ἦχα, ἦγμαι, ἤχθην:: to lead, to bring, to carry, to convey, 2

04 δοκέω, δόξω, ἔδοξα, δεδόκηκα, δέδογμαι, ἐδοκήθην: to seem good, think, imagine, 6

04 ἐάν: εἰ ἄν, if (+ subj.), 7

04 ἐγώ: I, 75

04 ἐκ, ἐξ: out of, from (+ gen.), 15

04 ἐπειδή: when, after, since, because, 11

04 ἐθέλω (θέλω), ἐθελήσω, ἠθέλησα, ἠθέληκα, --, --: to be willing, wish, desire, 2

04 ἕνεκα: for the sake of, because of (+gen.), 2

04 εἶπον: aor., said, spoke, 8

04 ἵνα: in order that (+ subj.); where (+ ind.), 9

04 κατά: down, down along (acc.); down from, 5

04 λέγω, λέξω (ἐρέω), ἔλεξα, εἴλοχα (εἴρηκα),, λέλεγμαι, ἐλέχθην: to say, speak 9
04 λυπέω, λυπήσω, ἐλύπησα, λελύπηκα, λελύπημαι, ἐλυπήθην: to cause pain or grief, 2
04 μή-τε: and not, neither...nor, 2
04 νόμος, ὁ: law, custom, 19
04 πράττω, πράξω, ἔπραξα, πέπραχα, πέπραγμαι, ἐπράχθην: do, accomplish, make 36
04 τις, τι: anyone, anything, someone, something, 14
04 τοί-νυν: well then; therefore, accordingly, 5
04 χρῆμα, -ατος, τό: thing, money, goods, 4
04 χρόνος, ὁ: time, 8
05 ἀγαθός, -ή, -όν: good, brave, capable, 1
05 ἀπο-θνήσκω, -θανοῦμαι, -έθανον, τέθνηκα, --, -- : to die off, perish, 2
05 φυλάσσω, φυλάξω, ἐφύλαξα, πεφύλαχα, πεφύλαγμαι, ἐφυλάχθην: keep watch, guard 3
05 ἤδη: already, now, at this time, 4
05 κακός, -ή, -όν: bad, base, cowardly, evil, 7
05 μήτηρ, ἡ: a mother, 3
05 νοῦς, ὁ: mind, thought, reason, attention, 1
05 ὁράω, ὄψομαι, εἶδον, ἑώρακα, ὦμμαι, ὤφθην: to see, look, behold, 5
05 οἷος, -α, -ον: of what sort, as, 7
05 παρα-δίδωμι, δώσω, -έδωκα, -δέδωκα, -δέδομαι, -εδόθην:: to give over, hand over, 1
05 πιστεύω -σω, -σα, πεπιστεύκα, πεπίστευμαι, ἐπιστεύθην: trust, believe in, 1
05 πρῶτος, -η, -ον: first, earliest, 9
05 τελευτάω, τελευτήσω, ἐτέλευσα, τετελεύτηκα, --, --: end, complete, finish; die 2
05 ὑπό: by, because of, from (gen), under (dat) 7
05 ὥσπερ: as, just as, as if, 2
06 ἀπ-όλλυμι, -ολῶ, -ώλεσα, -ολώλεκα, --, --: to destroy, kill, ruin, corrupt, 3
06 ἄνω: up, above, 2
06 ἴσος, -η, -ον: equal to, the same as, like, 1
06 λόγος, ὁ: word, speech, discourse, argument 3
06 μή: not, lest, 12
06 πολλάκις: many times, often, frequently, 2
06 προσ-φέρω, οἴσω, ἤνεγκον, ἐνήνοχα, ἐνήνεγμαι, ἠνέχθην: bring to, apply, ply 1
07 ἀπ-έρχομαι, -ελεύσομαι, -ῆλθον, -ελήλυθα, --, --: to go away, depart, 6
07 δίδωμι, δώσω, ἔδωκα, δέδωκα, δέδομαι, ἐδόθην to give, offer, grant, provide, 2
07 ἑαυτοῦ, -ῆς, -οῦ: himself, her-, its-, them-, 4
07 ἥκω, ἥξω , --, --, --, -- : to have come, be present, 4
07 μετά: with (+ gen.); after (+ acc.), 8
07 πόλις, ἡ: a city, 8
07 ὕστερον: later, 3
08 διά: through (gen.) on account of (acc.), 3
08 ἐνταῦθα: here, there; then, at that time, 1
08 φημί, φήσω, ἔφησα, (εἴρηκα, εἴρημαι, ἐρρήθην): to say, claim, assert, 4
08 γε: at least, at any rate; indeed, 2
08 παύω: to stop, make cease, 2
08 πρότερος, -α, -ον: before, earlier, 2
08 προσ-τίθημι, -θήσω, -έθηκα, -τέθηκα, -τέθειμαι, -ετέθην: to put to, shut; add, 1
08 σύ: you, 8

09 ἀδελφός, ὁ: a brother, 1
09 ἐξ-έρχομαι, -ελεύσομαι, -ῆλθον, -ελήλυθα, --, --: to go out, come out. 2
09 ἔξω: out of (+ gen.); adv. outside, 2
09 ἔρομαι, ἐρήσομαι, ἠρόμην: to ask, enquire, question, 1
09 εἶτα: then, next, and so, therefore, 2
09 ἡμέρα, ἡ: day, 6
09 μεταξύ: betwixt, between, 1
09 θνήσκω, θανοῦμαι (ἐο), ἔθανον, τέθνηκα, --, --,: to die, 1
09 τίς, τί: who? which?, 4
10 ἀ-δικέω, ἀδικήσω , ἠδίκησα, ἠδίκηκα, ἠδίκημαι, ἠδικήθην: be unjust, do wrong, injure 8
10 ἀκούω, ἀκούσομαι, ἤκουσα, ἀκήκοα, --, ἠκούσθην: to hear, listen to, 9
10 ἐχθρός, -ά, -όν: hated, hostile; subst. enemy, 3
10 ἕως: until, as long as, 1
10 μηδ-είς, μηδ-εμία, μηδ-έν: no one, nothing, 8
10 ὅμοιος, -α, -ον: like, resembling, similar, 1
10 οὐκ-έτι: no more, no longer, no further, 1
10 σός, -ή, -όν: your, yours, 2
11 ἀπ-αλλάττω, -αλλάξω, -ήλλαξα, -ήλλαχα, -ήλλαγμαι, -ηλλάγην: set free, release, 1
11 νύξ, νυκτός, ἡ: a night, 5
11 τέχνη, ἡ: art, skill, craft, 1
12 βούλομαι, βουλήσομαι, --, --, βεβούλημαι, ἐβουλήθην: wish, be willing, desire, 6
12 δύο: two, 1
12 ἔρχομαι, ἐλεύσομαι, ἦλθον, ἐλήλυθα, --, --: to come or go, 5
12 γνώμη, ἡ: judgment, resolve, opinion, 5
12 τίθημι, θήσω, ἔθηκα, τέθηκα, τέθειμαι, ἐτέθην: to set, put, place, arrange, 3
13 ἔπ-ειτα: then, next, secondly, 3
13 μιμνήσκω, μνήσω, -σα, μέμνηκα, μέμνημαι, ἐμνήσθην: remind; mid mention, remember 1
13 πείθω, πείσω, ἔπεισα, πέποιθα, πέπεισμαι, ἐπείσθην: to persuade; mid. obey, 6
13 πίστις, ἡ: trust, faith, pledge, 4
13 τότε: at that time, then, 1
13 τρόπος, ὁ: a manner, way; direction, 3
14 ἀξιόω, ἀξιωσω, ἠξίωσα, ἠξίωκα, ἠξίωμαι, ἠξιώθην: to deem or think worthy, 4
14 φανερός, -ά, -όν: visible, manifest, evident, 1
14 μέγας, μεγάλη, μέγα: big, great, important, 1
14 ὅπως: how, in what way; in order that, that, 2
14 τέτταρες, -α: four, 1
15 ἀπ-ικνέομαι, ἀπίξομαι, ἀπικόμην, --, ἀπῖγμαι, --: to come, arrive, 2
15 εἰσ-έρχομαι, -ελεύσομαι, -ῆλθον, -ελήλυθα, --, --: to to go in, enter, 12
15 φίλος, -α, -ον: friendly, dear, 4
15 ἥλιος, ὁ: the sun, 2
15 κατα-λαμβάνω, λήψομαι, -έλαβον, εἴληφα, εἴλημμαι, -ελήφθην: to seize; find, 4
16 ἔτι: still, besides, further, 3
16 εὑρίσκω, εὑρήσω, εὗρον, ηὕρηκα, ηὕρημαι, ηὑρέθην: to find out, discover, 2
16 ἵστημι, στήσω, ἔστησα, ἔστηκα, ἔσταμαι, ἐστάθην: to make stand, set up, stop, 1
16 πάρ-ειμι, -έσομαι: to be near, be present, be at hand, 1
16 πλεῖστος, -η, -ον: most, very many, 2

17 αἱρέω, αἱρήσω, εἷλον, ᾕρηκα, ᕋρημαι, ᕋρέθην: to seize, take; *mid.* choose, 2
17 ἐλάττων, -ον: smaller, fewer, 3
17 ἐρωτάω, -ήσω, ἠρόμην, ἠρώτηκα, ἠρώτημαι, ἠρωτήθην: to ask, question 1
17 μᾶλλον: more, rather, 2
18 δίκαιος, -α, -ον: just, right, lawful, fair, 6
18 κελεύω, κελεύσω, ἐκέλευσα, κεκέλευκα, κεκέλευσμαι, ἐκελεύσθην: bid, order, command, 13
18 πῶς: how? in what way?, 1
18 τοσοῦτος, -αύτη, -οῦτο: so great, so much, 2
19 δίκη, ἡ: justice; lawsuit, trial; penalty, 6
19 τάττω, τάξω, ἔταξα, τέταχα, τέταγμαι, ἐτάχθην: to order; arrange, organize, 1
21 ἄξιος, -α, -ον: worthy of, deserving of, 4
21 ἐπι-τίθημι, -θήσω, -έθηκα, -τέθηκα, -τέθειμαι, -ετέθην: set upon; add; attack 1
21 ἰσχυρός, -ά, -όν: strong, powerful; severe, 2
21 καίτοι: and yet, and indeed, and further, 3
21 νῦν: now; as it is, 3
22 θάνατος, ὁ: death, 3
22 ψυχή, ἡ: breath, life, spirit, soul, 1
23 λαμβάνω, λήψομαι, ἔλαβον, εἴληφα, εἴλημμαι, ἐλήφθην: take, receive, grasp, 12
23 χρή: it is necessary, fitting; must, ought, 1
24 ἅπτω, ἅψω, ἦψα, ἧφθην, ἧμμαι, ἥφθην: to fasten; *mid.* touch, grasp (gen) 1
24 χαίρω, χαιρήσω, ἐχάρην, κεχάρηκα, --, -- : to rejoice, be glad, enjoy, 1
25 ὅδε, ἥδε, τόδε: this, this here, 1
25 ῥᾴδιος, -α, -ον: easy, ready, 1
26 ἀφ-ίημι, -ήσω, -ῆκα, -εῖκα, -εῖμαι, -είθην: to send forth, let loose, release, 1
26 ἥττων, -ον: less, weaker, inferior, 2
26 κατα-λείπω, -λείψω, -έλιπον, -λέλοιπα, --, -- : to leave behind, abandon, 1
26 κρείττων, -ον: better, stronger, superior, 1
26 μένω, μενῶ (έω), ἔμεινα, μεμένηκα, --, -- : to stay, remain, 1
26 τολμάω , -ήσω, -ησα , τετόλμηκα, -- , ἐτολμήθην: to dare, undertake, endure, 1
27 αἰσθάνομαι, αἰσθήσομαι, ᖋσθόμην, --, ᖋσθημαι, -- : perceive, feel, realize (gen) 1
27 ἕτερος, -α, -ον: one of two, other, different, 2
28 γράφω, -ψω, -ψα, γέγραφα, γέγραμμαι, ἐγράφην: write; *mid.* indict, 1
28 γραφή, ἡ: indictment, 1
28 ἐπιχειρέω, -ήσω , -ησα, -κεχείρηκα, -κεχείρημαι, -εχειρήθην: attempt, try, 12
28 ἴδιος, -α, -ον: one's own, peculiar, 2
28 ζητέω, -ήσω, ἐζήτησα, ἐζήτηκα, ἐζήτημαι, ἐζητήθην: to seek, search, inquire, 1
29 ἔνιοι, -αι, -α: some, 1
29 κίνδυνος, ὁ: risk, danger, venture, 1
29 παρα-καλέω, καλέω, ἐκάλεσα, κέκληκα, κέκλημαι, ἐκλήθην: call to, call beside, 1
30 καλός, -ή, -όν: beautiful, noble, fine, 1
30 κεῖμαι: to be set, be placed, lie, 1
30 ὑπέρ: above, on behalf of (gen); beyond (acc) 2
31 καθ-ίστημι, -στήσω, -έστησα, -έστηκα, -έσταμαι, -εστάθην: set up, appoint, establish 1
31 σῶμα, τό: the body, 1
31 χράομαι, χρήσομαι, ἐχρησάμην, --, κέχρημαι, ἐχρήσθην: use, employ, deal with1

Plato's *Crito* (pp. 56-103) – if you are reading only the *Crito* a longer list is online

56 θαυμάζω, θαυμάσομαι, ἐθαύμασα: to wonder, marvel, be astonished, 4

57 οὐδέ: and not, but not, nor, not even, 20

57 παρ-ίστημι, -στήσω, -έστησα, -έστηκα, -έσταμαι, εστάθην: stand at hand, be present 1

57 πῶς: how? in what way?, 5

58 δή: indeed, surely, really, certainly, just, 32

58 φαίνω, φανῶ, ἔφηνα, πέφηνα, πέφασμαι, ἐφάνθην: to show; *mid.* appear, 10

58 φέρω, οἴσω, ἤνεγκον, ἐνήνοχα, ἐνήνεγμαι, ἠνέχθην: bear, carry, bring, endure, 6

58 τύχη, ἡ: chance, luck, fortune, success, 3

58 χαλεπός, -ά, -όν: difficult, hard, harmful, 4

59 ἀνάγκη, ἡ: necessity, force, constraint, 5

59 ἀπό: from, away from. (+ gen.), 9

59 βίος, ὁ: life, 4

59 δῆλος, -η, -ον: clear, evident, conspicuous 8

59 ἐκεῖ: there, in that place, 5

59 μέντοι: however, nevertheless; certainly, 2

59 θεός, ὁ: a god, divinity, 4

60 ἐρέω: I will say or speak, 7

60 γυνή, γυναικός, ἡ: a woman, wife, 1

60 καιρός, ὁ: right moment, time 1

60 καλέω, καλέω, ἐκάλεσα, κέκληκα, κέκλημαι, ἐκλήθην: to call, summon, invite, 1

60 κύριος, -α, -ον: authoritative, legitimate, 2

60 ὀλίγος, -η, -ον: few, little, small, 4

60 που: anywhere, somewhere; I suppose, 5

61 δόξα, ἡ: opinion, reputation, honor, glory, 12

61 ἔοικα: to be like, seem likely (pf. as pres.) 1

61 εἷς, μία, ἕν: one, single, alone, 10

61 ποτέ: ever, at some time, once, 3

61 χωρίς: separately; apart from (gen.) 1

62 σμικρός, -ά, -όν: small, little, 2

63 καλῶς: well, nobly, beautifully, 13

64 ἄλλως: otherwise, in another way, 4

64 ἐάω, ἐάσω, εἴασα, εἴακα, εἴαμαι, εἰάθην: to permit, allow, let be, suffer, 4

64 ἡμεῖς: we, 77

65 ἅμα: at the same time; along with (dat.), 2

65 ἱκανός, -ή, -όν: enough, sufficient; capable 3

65 πάνυ: quite, entirely, exceedingly, 3

65 σαυτοῦ, -ῆ, -οῦ: yourself, 12

66 ἀγαπάω, ἀγαπήσω, ἠγάπησα: love, show affection, be fond of, 1

67 ἀρετή, ἡ: excellence, goodness, virtue, 4

67 ἔθω, -- , -- , εἴωθα: to be accustomed, be in the habit 3

67 μέρος, -εος, τό: a part, share, portion, 3

67 τρέφω, θρέψω, ἔθρεψα, τέτροφα, τέθραμμαι, ἐθρέφθεν: to bring up, raise, rear, 2

67 υἱός, -οῦ, ὁ: a son, child, 1

68 ἅπας, ἅπασα, ἅπαν: every, quite all, 4

68 δυνατός, -ή, -όν: capable, strong, possible, 2

68 ἡμέτερος, -α, -ον: our, ours, 6
68 κακία, ἡ: wickedness, cowardice, 1
68 πρᾶξις, -εως ἡ: action, deed; business, 1
68 ὥρα, ἡ: time; season, period of time, 1
69 ἀ-δύνατος, ον: unable incapable impossible 1
69 ἀεί: always, forever, in every case, 1
69 εἴτε: either...or; whether...or, 8
69 ὅσος, -η, -ον: as much or as; all who, 4
70 πότερος, -α, -ον: which of two? whether? 10 not on list
70 τιμάω, τιμήσω, ἐτίμησα: to honor, value, esteem, 5
71 ἄρα: then, therefore, it seems, it turns out, 16
71 κοινός, -ή, -όν: common, ordinary; public, 4
71 πρίν: until, before, 4
72 μέλλω, μελλήω, ἐμέλλησα: to be about to, intend to, 2
72 οὐκοῦν: therefore, then, accordingly, 4
72 πονηρός, -ά, -όν: bad, evil; wicked, 2
73 αὖ: again, once more; further, moreover, 3
75 ἕπομαι, ἕψομαι, ἑσπόμην: to follow, accompany, escort 1
75 σῶμα, -ατος, τό: the body 4
77 δικαιοσύνη, ἡ: justice, righteousness, 3
78 ἀλήθεια, ἡ: truth, 3
78 ἀληθής, -ές: true, 6
78 ἐναντίος, -α, -ον: opposite, contrary, 1
79 ὁμο-λογέω, ὁμολογήσω, ὡμολόγησα: speak together, agree, 14
79 ζάω, ζήσω, ἔζησα: to live, 7
80 ἐργάζομαι, -- , ἠργασόμην: work, labor, do (acc) to (acc), 4
80 τελέω, τελήσω, ἐτέλησα: to end, complete, fulfill; pay, 1
80 τροφή, ἡ: nourishment, food; upbringing 2
80 χάρις, χάριτος, ἡ: favor, gratitude, thanks, 1
81 ἀπο-κρίνομαι, ἀπο-κρινοῦμαι, --, -- , -κέκριμαι, ἀπο-κρίθη: to answer, reply, 5
81 δράω, δράσω, ἔδρασα, δέδρακα, δέδραμαι, ἐδράθην: to do, 2
81 μάλιστα: especially, in particular, 5
81 πρό: before, in front; in place of (+ gen.), 3
82 ἀλλήλος, -α, -ον: one another, 3
82 δια-λέγομαι: to converse with, discuss 2
82 λανθάνω, λήσω, ἔλαθον, λέληθα, --, -- : escape notice of, act unnoticed 2
82 πλεων, -ον: more, greater, 4
84 δια-φέρω: to differ, surpass, be superior to 2
85 ἀπ-ίστημι, -στήσω, -έστησα, -έστηκα, -έσταμαι, εστάθην: remove; make revolt 1
85 ἄρχω, ἄρξω, ἦρξα, ἦρχα, ἦργμαι, ἤρχθην: to begin; to rule, be leader of, 2
85 διδάσκω: to teach, instruct, 1
85 ἐντεῦθεν: from here, from there, 1
87 ὀνομάζω: to name, call by name, 1
88 κρίνω: to choose, decide; interpret, 1
89 γεννάω, γεννήσω, ἐγέννησα: to beget, engender, bring forth 2
89 πατήρ, ὁ: a father, 6

90 δεσπότης, ὁ: master, lord, 3
90 δοῦλος, ὁ: a slave, 2
91 πατρίς, -ίδος: fatherland, native land, 7
92 φύω, φύσω, ἔφυσα, πέφυκα: to bring forth, beget, be by nature, 1
92 πόλεμος, ὁ: war, battle, fight, 2
92 τάξις, -εως, ἡ: post, order, rank; battle array 4
94 ἐπειδάν: whenever, 15 not on list ????? not so many
95 αἰτία, ἡ: cause, responsibility; (legal) charge 1
97 φεύγω, φεύξομαι, ἔφυγον, πέφευγα, --, -- : to flee, escape; defend in court, 2
97 σφόδρα: very, very much, exceedingly, 2
98 ἔτος, -εως, τό: a year, 1
98 συν-τίθημι, -θήσω, -έθηκα, -τέθηκα, -τέθειμαι, -ετέθην:: put together, understand 1
100 ἀμφότερος, -α, -ον: each of two, both, 1
100 οὐσία, ἡ: property; being; substance, 2
100 πολέμιος, -α, -ον: hostile, of the enemy, 1
100 πολιτεία, ἡ: government, civic life, polity, 1
101 νέος, -α, -ον: young; new, novel, strange, 1
101 τόπος, ὁ: a place, region
102 λοιπός, -ή, -όν: remaining, the rest, 1
102 σχῆμα, -ατος, τό: form, figure, appearance 1
103 ποῦ: where? 1

43616994R00091

Made in the USA
San Bernardino, CA
21 December 2016